Peter Möhring: Mit Krebs leben

Dieses Buch behandelt maligne Erkrankungen als psychosoziales Problem aus der Sicht von psychosomatischen Forschern, Ärzten und Patienten. Diese schildern sowohl ihr subjektives Erleben angesichts maligner Erkrankungen, als auch objektive Befunde und Aussagen, die beispielsweise zu Krankheitsverarbeitung oder Selbsthilfe umgesetzt werden. Diese Art der Darstellung, die mit der „Einführung des Subjekts in die Medizin" (Victor von Weizsäcker) Ernst macht, indem sie in eine wissenschaftliche Publikation subjektive Beschreibungen des Erlebens von Arzt und Patient aufnimmt, ist neu. Krebs und Angst, Angst und Behandlungsmethode, psychosomatisch-onkologische Kooperation, Langzeitkrankheitsverarbeitung, Krebsselbsthilfe werden auch aus Sicht der Erkrankten behandelt, um dem Leser damit ein abgerundetes Bild des Erlebens von Krebs zu vermitteln.

Das Buch wendet sich an alle, die auf Therapeuten- oder Patienten-Seite mit malignen Erkrankungen Berührung haben.

Reihe »edition psychosozial«

Peter Möhring (Hg.)

Mit Krebs leben

Maligne Erkrankungen aus therapeutischer und persönlicher Perspektive

Mit Beiträgen von E. Brähler, E. Brenne-Keuper, J. Matzat, P. Möhring, H.-E. Richter

Psychosozial-Verlag

Bibliografische Information der Deutschen Nationalbibliothek
Die Deutsche Nationalbibliothek verzeichnet diese Publikation in der Deutschen Nationalbibliografie; detaillierte bibliografische Daten sind im Internet über <http://dnb.d-nb.de> abrufbar.

2. Auflage

E-Mail: info@psychosozial-verlag.de
www.psychosozial-verlag.de
Die erste Auflage erschien 1988 im Springer-Verlag.

Umschlaggestaltung: Till Wirth nach einem Reihenentwurf
des Ateliers Warminski
ISBN 978-3-93009-645-9

Vorwort

Wir alle leben mit Krebs, auf die eine oder andere Weise. Nicht nur daß ca. jeder Fünfte an einer malignen Erkrankung stirbt, ca. 40% der Erkrankten (nach Schmale et al. 1983) leben mit einem erkannten und behandelten Krebs länger als 5 Jahre. Es sind hunderttausende, die mit diesen Erkrankungen leben, die gar keine Wahl haben als einen Weg zu finden, damit zurechtzukommen. Die Zahl der nur als Nebenbefund vom Pathologen diagnostizierten Karzinome ist hoch, so daß niemand wissen kann, wie lange diese Menschen schon mit ihrem Krebs leben. Es gibt Beobachtungen über jahrzehntelang mit geringer Geschwindigkeit wachsende Tumoren, die dennoch maligne sind (siehe z.B. Fournier 1982). Es gibt Hypothesen, nach denen das Versagen des Immunsystems zu einem Überhandnehmen maligner Zellen führt, die als Mutanten täglich in jedem Menschen bei der Zellproliferation anfallen (siehe z.B. Schulz u. Raedler 1986). Das würde bedeuten, daß jeder Mensch mit malignen Zellen lebt, die im Normalfall vom Organismus eliminiert werden, unter bestimmten Umständen aber nicht, was dann zur Ausbildung eines Malignoms führt. Mag eine solche Perspektive für den einzelnen unangenehm sein, der sich dann vorstellen kann, daß auch in seinem Körper solches vorgeht, könnte sie doch der allgemeinen Neigung, Krebskranke zu isolieren und das Problem zu verdrängen, entgegenwirken. Wer nicht selbst Krebs hat oder es nicht weiß, der kennt Fälle maligner Erkrankungen in der Verwandtschaft oder bei Freunden und Bekannten, oder am Arbeitsplatz. Es wird unmöglich, an dem Problem maligner Erkrankungen vorbeizugehen, auch wenn wir es – wie auch bei anderen Problemen – gerne täten.

In dieser Situation schien es wichtig, den Erlebnisaspekt maligner Erkrankungen näher zu untersuchen, denn das Erleben ist es ja, was so gefürchtet und gemieden wird. Wie erleben Krebskranke, wie ihre Familie, wie die Therapeuten maligne Erkrankungen? Was für Konsequenzen ergeben sich für mögliche Hilfestellungen und Helfer? Wir, die diese Fragen interessierten, fanden in der Robert-Bosch-Stiftung einen Förderer, für den nicht empirische Untersuchungen im Vordergrund standen, sondern die Auswertung von Erfahrungen, die in Kooperation von Onkologen und Psychosomatikern mit der Entwicklung von Psychotherapie und Beratungsmöglichkeiten für onkologische Patienten und deren Familien gemacht wurden, wodurch ein Ansatz möglich wurde, der wie in der Aktionsforschung für die Beschreibung und Auswertung des Erlebens der Forscher und der Patienten genügend Spielraum läßt, um es als wichtigen Parameter sichtbar werden zu lassen, der weitreichende Konsequenzen nach sich zieht. So nehmen solche Passagen in diesem Buch mehr Raum ein als sonst in wissenschaftlichen Publikationen. Darin wird auch die programmatische Absicht erkennbar, das Erlebnismoment in der Forschung hervorzuheben, und sich dabei des Mittels der Beschreibung und Interpretation zu bedienen, als deren theoretischen Hintergrund ich die Psychoanalyse geeignet finde. Wenn unsere Schlußfolgerungen manchmal eher skeptisch ausfallen, wir auf bestehende Grenzen und Hindernisse hinweisen, die in uns selbst vor der Lösung mancher Probleme stehen, hoffen wir, dazu anzuregen, immer das Hören nach innen mit dem Blick nach außen verbunden zu halten, weil das der Weg ist, wie jeder zu für sich selbst tragfähigen Lösungen gelangen kann.

Die Beiträge thematisieren Krebs aus unterschiedlichem Blickwinkel: In der Einleitung gehe ich auf allgemeine Probleme onkologischer Forschung ein, um mich dann der Darstellung der Situation des Krebskranken zuzuwenden, wie sie sich von außen, aus der Sicht des Beobachters oder Therapeuten ergibt. Danach beschreibt H.E. Richter das Problemfeld Krebs aus psychosozialer, psychosomatischer und familiendynamischer Sicht, und gibt damit eine wissenschaftliche Standortbestimmung (auch 1981 in „Die medizinische Welt“ erschienen). In seinem Beitrag „Wie gehen wir mit unserer Angst um?“ interpretiert er die Beziehung von Krebsangst, Lebensangst und Todesangst aus philosophischer Sicht (Teile dieses Beitrages erschienen in Richter 1981b). Ich greife im folgenden Kapitel das Thema „Angst“ auf und setze es in Beziehung zur Angstabwehr, und verfolge, unter Bezug auf persönliche Erfahrungen, wie Angst und Angstabwehr das Empfinden und Handeln der Behandler beeinflußt. Im nächsten Kapitel setze ich mich mit Möglichkeiten und Grenzen von Psychotherapie bei Patienten mit malignen Erkrankungen und ihren Familien auseinander. Darauf folgen Beispiele von Kooperation und Supervision, sowie von Psychotherapie und Beratung, wie sie innerhalb des o.g. Projektes durchgeführt wurden. Danach beschreibt E. Brenne-Keuper ihren eigenen Weg durch die Krebskrankheit. In diesem persönlichen Bericht kommt ihr Erleben zur Sprache, ihre Stationen und Begleiter erscheinen aus ihrer Sicht. J. Matzat stellt im darauf folgenden Kapitel Selbsthilfegruppen als aussichtsreichen Weg vor, wie Menschen sich gegenseitig helfen können, mit Krebs zu leben, setzt sich aber auch kritisch mit dem Mißbrauch des Selbsthilfegedanken im Gesundheitswesen auseinander. Im letzten Kapitel werden empirische Ergebnisse zum Verhältnis von Langzeit-Krankheitsverarbeitung und Paarbeziehung vorgestellt, wobei ein Forschungsansatz angewandt wurde, der, wie die Autoren hoffen, dem Kliniker für seine Arbeit nützliche Ergebnisse liefern kann. Damit ist das Feld abgesteckt, innerhalb dessen die Begegnung mit den Krebserkrankungen geschieht. Ein wirklicher Dialog findet zwischen denen, die behandeln, und denen, die behandelt werden, noch nicht statt.Er wird hier vorbereitet, indem die Beteiligten an einer Stelle, in einem Buch, zu Wort kommen. Der Leser sei durch die Lektüre angeregt, die Parteien, und auch das Subjektive und das Objektive, miteinander zum Sprechen zu bringen.

Gießen, September 1987 Peter Möhring

Inhaltsverzeichnis

1 Anmerkungen zum Krebsproblem: Theorie und Krankheitssituation

P. Möhring

Die Ursachen für die meisten (nach UICC 1982 85-90%) malignen Tumoren gelten als unbekannt. Es gibt zwar verschiedene Theorien zur Tumorentstehung, von denen jede geeignet ist, den Entstehungsweg einiger Tumorformen zu erhellen, aber eine übergreifende Theorie gibt es nicht, allenfalls Versuche dazu, wie den systemtheoretischen Versuch einer Zusammenschau des bestehenden Wissens von F. Vester (1977). Als anerkannt gelten (nach Sandritter u. Beneke 1974) vor allem die Chromosomentheorie, die Chromosomen-aberrationen sucht, die Protein-Deletionstheorie, die eine primäre Veränderung des Protoplasmas als Krankheitsursache annimmt, die Mutationstheorie, nach der karzinogene Reize die DNS verändern, die Onkogentheorie, nach der in die genetische Information eingeschleuste Partikel, auch Teile von Viren, krebsauslösende Wirkung haben, und genetische Krankheitsmodelle. Alle sind für einige Tumorformen plausibel, können aber nur einen kleinen Teil des Phänomens malignen Wachstums erklären. Ähnliches gilt auch für endokrinologische, immunologische und auch psychologische Forschung, wobei man sich derzeit von „Bindegliedern" wie der Psychoimmunologie (Ader 1981) Erkenntnisse verspricht, durch die verschiedene Einzelergebnisse zusammengeführt und in der Krebsforschung neue Impulse gesetzt werden können. Denn nicht nur die Erkenntnisfortschritte sind im Vergleich zu den enormen Investitionen gering, auch die Behandlungserfolge verbessern sich nur zögernd, was beispielsweise die Deutsche Bundesregierung dazu veranlaßte, im „Krebsbericht" (1980) die Erforschung von Problemen der Krankheitsverarbeitung und Rehabilitation als zukünftig wichtigen Bereich zu definieren.

Die Spuren maligner Erkrankungen reichen weiter in die Geschichte zurück als die der Menschheit: An einem Saurierknochen sollen Korbler (1973) zufolge Zeichen maligner Entartung gefunden worden sein. Krebs, wenngleich zur Metapher des Todes erhöht, stellt, um mit Kothari u. Mehta (1979, S.35) zu sprechen, zwei indischen Krebsärzten, die die internationale Krebsforschung auswerteten und weitreichende Schlußfolgerungen zogen, ein „integrales Moment des biologischen Lebens dar – er ist ein von äußeren Impulsen unabhängiges, dem Organismus angehörendes, universales Phänomen, das sich im Pflanzen- und Tierreich findet, Insekten nicht ausgeschlossen". Eine solche Sichtweise fordert Veränderungen in der Stellung zu malignen Erkrankungen: Keine „Geißel der Menschheit", eher eine, wenngleich unangenehme, Begleiterscheinung des Lebens, die natürlich beseitigt oder zumindest gelindert werden soll – wenn möglich –, aber für den Menschen nicht die Fremdheit des Außerirdischen hat oder eine Strafe Gottes ist. Die genannten Autoren wenden sich in kritischer Weise dagegen, das Krebsproblem in monistisch-kausalistischer Manier „lösen" zu wollen, indem gehofft wird, eines Tages werde „die Ursache" gefunden sein und alle

Krebskranken würden geheilt werden können. Dies führe nur zu einem Verschleiß immer neuer und neu vorgebrachter Ursachen, etwa in Form von immer neuen Entdeckungen von Karzinogenen, die zu vermeiden es gelte. Die Autoren plädieren dafür, Krebs als inneren Bestandteil des Lebens zu sehen und rufen zu einer pragmatischen therapeutischen Haltung auf, die nicht in therapeutischem Nihilismus enden soll, die Erwartung eines endgültigen Sieges über die malignen Erkrankungen aber als Mythos verwirft. Sie verarbeiteten in ihrer Kritik Hunderte von Studien aus dem internationalen Schrifttum und vertraten die Auffassung, daß Krebsforschung und Krebstherapie vielfach auf Illusionen und Irrationalitäten beruht. Sie selbst treten für eine Haltung ein, Krebs als eine Störung des gesamten Organismus zu betrachten und mit therapeutischen Maßnahmen möglichst zurückhaltend zu sein. F. Vester spricht sich in seinem Vorwort zu dem Buch von Kothari und Mehta für eine möglichst viele Teilaspekte maligner Erkrankungen einschließende Sichtweise aus. In der Tat ergeben sich viele Probleme der Krebsforschung aus den sich zumeist konkurrierend und alternativ, nicht ergänzend verstehenden Theorien, der monistischen Sichtweise einzelner Forschergruppen, die jede für sich die Hoffnung auf den Fund des „Steines der Weisen" nicht aufgegeben hat, so daß eine integrierende Theorie maligner Erkrankungen heutzutage noch nicht in Sicht ist. So erscheint zumindest heute eine realistische und ihre Grenzen des Möglichen akzeptierende Haltung angebracht, die nicht resigniert, aber auch nicht Therapie um jeden Preis bis zum letzten erzwingt. Aus dieser Sicht ist es konsequent, sich der familiären und psychischen Situation der Kranken zuzuwenden, um diesen zu helfen, einen wahrhaftigen, jeweils angemessenen, leichteren Umgang mit der Erkrankung zu erreichen. Dabei sollte allerdings nicht außer acht gelassen werden, daß auch die Therapeuten sich sehr häufig sehr schwer damit tun, gegenüber malignen Erkrankungen und den Patienten, die unter ihnen leiden, eine ausgewogene Haltung zu finden. Probleme der Krankheitsverarbeitung stehen nicht nur bei malignen Erkrankungen derzeit im Mittelpunkt psychosomatischer Forschung und Therapie, und es ist sicherlich ein sinnvolles Bemühen, darf aber nicht zum Ersatz für andere, etwa ätiologisch-psychosomatische Fragen werden. Wir werden in diesem Buch das Thema „Krebs" aus unterschiedlicher Sicht betrachten, als in der Tradition einer subjektbezogenen Psychosomatik stehende Autoren den Erlebnisaspekt der jeweiligen Subjekte hervorheben und damit der geläufigen Thematisierung der Krankheitsverarbeitung von außen diejenige von innen entgegensetzen. Diese „dialogische" Konzeption des Buches läßt Subjektives und Objektivierendes, Therapeuten und Patienten zu Wort kommen. Damit soll der Bezugsrahmen für diejenigen erweitert werden, die auf die eine oder andere Weise mit Krebs zu tun haben. Besseres gegenseitiges Verstehen hat schon manchen Konflikt erleichtert, eine Erfahrung, die sich z. B. in der Paartherapie immer wieder bestätigt.

Psychosomatik kann (mindestens) zweierlei sein: Eine Subdisziplin der Medizin, die „leib-seelische Wechselwirkungen" erforscht und auch die Bedeutung familiärer und partnerschaftlicher Interaktionen dabei berücksichtigt und sich in die naturwissenschaftliche Medizin einordnet, wie sie seit dem Durchbruch des Mechanismus gegenüber dem Vitalismus in der Zeit der Romantik besteht, ohne nennenswerte Kritik an ihrem Menschenbild zu üben, oder eine Wissenschaft, die versucht, eine spezielle Sichtweise vom Menschen zu vermitteln, unter derer

Anwendung sich der Stellenwert des vorhandenen Wissens verschiebt und der Mensch in seiner subjektiven Dimension, in seinem Erleben, Denken und Fühlen Mittelpunkt des Interesses wird, seine Erkrankung hinsichtlich ihrer Bedeutung für den Kranken hinterfragt wird, der Mensch nicht als physikalisch-biochemische Maschine, sondern als intentionales Wesen gesehen wird, der mit seiner Umwelt in – z.T. konflikthafter, z.T. für ihn unbewußter – Beziehung steht. Im Grunde ist diese Differenz sehr alt. Schon die thrakischen Ärzte der Antike anerkannten zwar das Wissen ihrer griechischen Kollegen, hielten ihnen aber vor, die Seele der Menschen zu wenig zu berücksichtigen (nach Kudlien 1968). Einen anderen Zugang bieten klinische Beobachtungen, die Zusammenhänge von Krebs und Depression nahelegten, wie etwa von Galenus, dem bekannten römischen Arzt der Antike, die die Medizingeschichte durchziehen und z.B im 19.Jh. auch von so hoch angesehenen und über jeden Zweifel erhabenen Persönlichkeiten wie etwa dem berühmten Pathologen Paget ernstgenommen wurden. Nach Lain Entralgo (o.J.) gab es immer eine psychosomatische Heilkunde, aber kaum eine psychosomatische Pathologie. In diesem Jahrhundert gab die Psychoanalyse wesentliche Anstöße zu einer Weiterentwicklung der Psychosomatik, die psychoanalytisch-psychosomatische Theorie leidet aber bis heute darunter, daß ihr Operationalisierungen nur teilweise gelingen, ihre Begrifflichkeit der naturwissenschaftlichen Medizin bis heute suspekt geblieben ist, und vielleicht zu früh ihre Unschärfen auszuräumen versucht wurde, so daß der Verlust an – wenn auch unscharf formulierter – theoretischer Substanz droht. Verlust droht vor allem da, wo es um die Dimension des Unbewußten und den Gedanken der Betrachtung des Menschen von seiner subjektiven, intentionalen Seite her geht, wie dies von V. v. Weizsäcker (1944) in die Medizin eingebracht und vielleicht am konsequentesten von Wyss (1986) weiterentwickelt worden ist. Es ist im Bereich psychosozialer Forschung ganz geläufig, von Entstehung, Verlauf und Verarbeitung von (auch malignen) Erkrankungen zu sprechen, aber das subjektive Erleben spielt in der Wissenschaft nur eine untergeordnete Rolle, mit Ausnahme der philosophisch-anthropologisch orientierten Medizin und den tiefenpsychologischen Schulen. Im üblichen Wissenschaftsbetrieb von Fragen nach gar unbewußter Bedeutung einer Erkrankung im Leben eines Menschen zu sprechen grenzt in den Augen vieler Empiriker an Mystizismus. Insgesamt betrachtet stehen wir heute vor einer Forschungssituation, die vor allem durch ein Neben- und Geneneinander onkologischer, auch psychosomatisch-onkologischer Forschung gekennzeichnet ist. Der Narzißmus der kleinen Differenzen – um ein Wort Freuds zu verwenden – übertrumpft die Solidarität, die zur Bewältigung einer gemeinsamen Aufgabe nötig ist. Forscher, die es wagen, immer noch Versuche psychosomatisch-onkologischer Ätiologieforschung zu präsentieren, werden auf wissenschaftlichen Kongressen vernichtend kritisiert. Einflüsse psychologischer Parameter auf den Verlauf, für die z.B. die Untersuchungen von Greer et al. (1979), Rogentine et al. (1979) und Derogatis et al. (1979) Anhaltspunkte liefern, sind umstritten, Publikationen über psychotherapeutische Erfolge bei Malignomkranken (z.B. Simonton et al 1978, LeShan 1977) gelten bestenfalls als exotische Kuriositäten. Am wenigsten Kritik rufen Publikationen hervor, die ihre Ergebnisse psychologischer Beforschung als Reaktionen der Probanden auf die Erkrankung interpretieren und so allenfalls den Anspruch somatopsychischer Kausalität stellen. In dieser Situation ist es vielleicht an der Zeit, gerade bei einem emotional so sehr überfrachteten Thema wie Krebs, die Erlebnisdimensionen dieser Erkrankungen hervorzuheben, nicht zuletzt aus der psychoanalytischen Erkenntnis heraus, die Devereux (1973) so trefflich formuliert hat, daß die Begegnung mit einem emotional belastenden Gegenstand beim Beobachter – und erst recht beim Forscher und Therapeuten – Gefühle hervorruft, die Einfluß auf seine Wahrnehmung und seine Reaktionen nehmen. Freud bezeichnete diese als Gegenübertragung, und bemerkte für den Fall, daß sie unangenehm waren, eine Tendenz zu ihrer Abwehr. In der Wissenschaft ist eine häufig verwandte Abwehrform die der Distanzierung. Es wird so getan, als sei das beobachtete Phänomen dem Beobachter so fern wie ein Planet, er selbst ganz objektiv. Zu zeigen, daß dies zumal bei malignen Erkrankungen nicht gelingt, ist ein Anliegen dieses Buches.

Krebserkrankung als Krise von Identität und Familie

Maligne Erkrankungen, auch wenn sie eine günstige Prognose haben, werden von den Kranken und ihrer familiären Umwelt immer als Krise erlebt. Es spricht vieles dafür, bei dem Versuch, die Situation der Krebskranken zu verstehen, die Partner und die Familien in die Überlegungen mit einzubeziehen, sowohl aus sozialmedizinischer Sicht, aus der Partner und Familien als zentrale Faktoren von Belastung und Unterstützung gelten, als auch aus objektbeziehungspsychologisch -psychoanalytischer Sicht, die Aussagen über die Qualität von Beziehung und ihren Wandel im Verlauf von Lebensereignissen macht. Es ist wichtig, die Lücke zwischen der sozialmedizinischen und der individualpsychologischen Ebene durch familien- und paardynamische Theorien zu schließen, denn auf diese Weise können, wie dies kürzlich z.B. für Patienten mit rheumatischen Erkrankungen berichtet wurde (Jordan et al. 1987), interpersonelle Abwehrarrangements hinsichtlich ihrer Rolle im Krankheitsgeschehen erforscht werden, die sowohl bei individualpsychologischer als auch bei sozialmedizinischer Betrachtung im Dunkel bleiben. Auch die Möglichkeiten, sich auf eine chronische Erkrankung einzustellen, sind neben sozialen Parametern durch der Familie eigene Charakteristika begrenzt. Es gibt gewisse, bei Familien, in denen ein Mitglied an Krebs erkrankt ist, häufig anzutreffende typische Beziehungskonstellationen, von denen einige im letzten Kapitel vorgestellt werden. Solche Typen können für Therapeuten klinische Relevanz haben, weil sie es ihm erleichtern, sich grob über Befindlichkeit und Beziehungskonstellation von Patienten zu informieren.

Soziologen (siehe z.B. Gerhard u. Friedrich 1982) weisen der Familie verschiedene gesellschaftliche Funktionen zu: die Versorgungsfunktion, Produktionsfunktion, Sozialisationsfunktion, Sicherungsfunktion, Vermittlungsfunktion und die Gesundheitsfunktion. Die Familie ist nach wie vor der entscheidende Ort für die Sozialisation ihrer Mitglieder. Bei der Wahrnehmung der Gesundheitsfunktion wird anlaßabhängig die Pflege des erkrankten Mitgliedes übernommen. Die Familie bildet einen Risikopuffer gegen Beeinträchtigungen des Kranken. Dabei ist die Familie aber davon bedroht, daß ihre Anpassung an die Erkrankung dysfunktional wird, weil es in der Familie keine Alternative gegenüber der Anpassung an eine neue Situation gibt, es sei denn durch gravierende Veränderungen, etwa ihre Auflösung. So kann die Anpassung an eine neue Situation an einem bestimmten, jeweils verschiedenen Punkt in einen destruktiven Prozeß umschlagen, ohne daß die Familie von sich aus etwas daran zu ändern vermag. So wundert es nicht, wenn Wirsching et al. (1981) bei Familien, bei denen ein Mitglied an Krebs erkrankt ist, eine Situation vorfindet, in der sich alle an der Grenze ihrer Belastbarkeit fühlen, unfähig, Änderungen ihrer Situation herbeizuführen, da diese selbst als bedrohlich und belastend phantasiert werden. Inwieweit Ergebnisse, die Familientherapeuten vorlegen, die charakteristische Merkmale „psychosomatischer Familien" behaupten, zuverlässig sind, wird zukünftige Forschung zeigen. Klinisch sind diese Phänomene zumindest bei manchen Familien, in denen Krankheiten wie Krebs, Colitis ulcerosa, rheumatoide Arthritis bestehen, in typischer Weise anzutreffen. Wahrscheinlich gilt auch für diese Erkrankungen, daß verschiedene Ausgangsbedingungen zum gleichen Ergebnis führen können, also etwa zu einer malignen Erkrankung, und ein typologischer Ansatz den höchsten heuristischen Wert hat. In Familien von Krebskranken werden Harmonisierung und Opferbereitschaft, fehlende Differenzierung der Einzelpersonen (Wirsching et al. 1981b), Aggressionshemmung, emotionale Kälte (Thomas u. Duszynski 1974) oder Risiko-Expositionsbereitschaft (Großarth-Maticek 1979), um nur die wichtigsten zu nennen, beschrieben – Merkmale, die für therapeutische Überlegungen relevant sind, da sie besondere, auf strukturelle Ich-Störungen zugeschnittene Techniken erfordern, die sich vom Vorgehen bei z.B. Patienten mit Neurosen unterscheiden (siehe z.B. Fürstenau 1983, v. Rad u. Sellschopp-Rüpell 1987, Schöttler 1981). Wenn bei Krebskranken die Verarbeitung der Erkrankung nicht gelingt, treffen wir häufig auf Versuche der Verleugnung des Geschehens, die aber mißlingen, weil die dahinterliegende Angst immer wieder durchbricht, und auf starke, manchmal unterdrückte Wut und Trauer wegen der Ungerechtigkeit des Schicksals. Die Folge ist häufig ein emotionaler Rückzug aller Beteiligten, eine Chance zur Veränderung der Situation oder zur Aussprache wird nicht mehr gesehen. Häufig wird dann versucht, die Wahrnehmung der Erkrankung zu vermeiden, sie wird dann bagatellisiert. Die Begegnung mit dem Kranken wird in manchen Fällen schließlich sogar gemieden, um nicht immer wieder an das ungelöste Problem erinnert zu werden. Gelingt dies nicht, und dies tritt dann ein, wenn die traurige Wahrheit so deutlich ist, daß man nicht mehr daran vorbeisehen kann, sind depressive Zusammenbrüche in der Familie die Folge.

Eine so gestörte Interaktion kann eigentlich nur über eine behutsame Klärung der Situation geändert werden, damit sich die Familie schließlich konstruktiv neu orientieren kann, was häufig nur mit Hilfe eines Außenstehenden gelingt, etwa eines Therapeuten. Der Krebskranke ist ein verletzter Mensch. Sein Körper ist versehrt, trägt Spuren einer zumindest potentiell lebensbedrohlichen Erkrankung, hat den Kranken gleichsam im Stich gelassen. Unmerklich hat sich ein Geschehen eingestellt, das ohne Behandlung – und wie oft auch mit – zum Tode führt. Die Haltung zum Leben wird in seiner Tiefe verändert, Verzweiflung und Desintegration können sich einstellen, aber auch die Hoffnung, dem Dasein einen Sinn abringen zu können. Manchmal versuchen Krebskranke in der Krise, um ihr Leben zu kämpfen, wobei Aktivität und Kampfgeist als prognostisch günstige Zeichen gelten (Greer et al. 1979). Für viele stellt sich die Frage, ob sie ihr Leben richtig gelebt haben, Schuldgefühle und Lebensekel können sich einstellen. Die Endlichkeit des Lebens wird schmerzlich vor Augen geführt, was auch die übrigen Familienmitglieder schwer belasten kann. Wesentliche Dimensionen der Identität werden durch maligne Erkrankungen in Frage gestellt, die Erkrankung erzwingt eine zumindest partielle Umstrukturierung von Identität und Beziehungen. Während sich der Mensch in einer sich verändernden Welt selbst ändert, hat er für sich das Gefühl, der gleiche zu sein. Identität in dieser Weise als nur relativ stabile Struktur verstanden bedarf der Bestätigung: sie wird mit der Umwelt „verhandelt". Auch der Körper ist Teil der Identität, daher sind bedeutsame Veränderungen des Körpers ebenfalls von partieller Umstrukturierung von Identität begleitet. Dies gilt sowohl für als positiv erlebte Veränderungen wie etwa Leistungszuwachs durch Training als auch für Vorgänge des Alterns, Krankheiten und Verletzungen. Nach Grunert (1977) gibt es kein intaktes Selbstgefühl ohne das Gefühl körperlicher Integrität, welche untrennbar mit narzißtischer Stabilität verbunden sei, beide seien zwei Seiten desselben Erlebniszusammenhanges. Die Beeinträchtigung des Körpergefühls ziehe zwangsläufig eine narzißtische Kränkung, eine Verletzung des Selbstgefühles nach sich. Im Falle maligner Erkrankungen bleibt der erkrankte Körperteil lebenslang die „Achillesferse", Ort von Angst und Vorsicht, wofür die vielfach belegten Störungen der Sexualfunktion nach Genitalkrebs-Operationen sprechen, die weit über das als organische Beeinträchtigung zu erwartende Maß hinausgehen (siehe z.B. Abitol u. Davenport 1974, für weibliche Patienten, Janssen und Weißbach 1978, für Männer nach Hodenkrebs). Wenn das Genitale betroffen ist, treten noch Beeinträchtigungen der Generativität und der geschlechtlichen Identität hinzu. Der prämorbide Zustand kann im Falle chronischer Erkrankungen, zu denen wir die malignen Erkrankungen rechnen, nicht wieder erreicht werden. Nach Biskup (1982, S. 28) sind die Voraussetzungen für günstige Krankheitsverarbeitung dann gegeben, wenn „der Kranke das als verloren ansieht, was verloren ist, aber auch nicht mehr". Dies zu erreichen ist ein wichtiges Ziel psychotherapeutischer Interventionen, und kann zum Ausgangspunkt dafür werden, qualitativ neue Lebensbereiche und -inhalte zu erschließen.

2 Der Krebs als psychisches Problem

H.-E. Richter

Daß psychische Faktoren auf die Entstehung von Krebs Einfluß haben, ist trotz des Nachweises psychischer Auffälligkeiten bei Krebskranken bisher nicht gesichert, solange überzeugende prospektive Untersuchungen ausstehen. Dagegen besteht kaum mehr Zweifel daran, daß psychische und soziale Bedingungen auf den Verlauf der Krankheit einwirken können. Abgesehen aber von der unmittelbaren Bedeutung der Psyche für das Organgeschehen selbst stellt sich in jedem Einzelfall die Frage: Wie können der Patient und seine Familie die Krankheit verarbeiten, und in welcher Weise kann und sollte der Arzt dabei helfen? Der Wert aller praktischen Lösungsvorschläge bleibt begrenzt, solange in unserer Gesellschaft eine reine Feindbildtheorie von Krankheit und Sterben vorherrscht. Wie kann der Arzt etwas zu akzeptieren helfen, was er – den verbreiteten illusionären Erwartungen folgend – eigentlich überwinden müßte, wenn er, wenn die Medizin im ganzen schon perfekter wäre?

In letzter Zeit finden die psychosozialen Aspekte der Krebserkrankung steigendes Interesse. Man verfolgt vorrangig drei Fragestellungen:

1. Was haben psychosoziale Bedingungen mit der Krebsentstehung zu tun?
2. Welchen Einfluß haben psychosoziale Faktoren auf den Verlauf der Krebserkrankung?
3. Wie sollte man die psychosoziale Betreuung für Krebskranke und ihre Angehörigen gestalten?

Psychosoziale Bedingungen und Krebsentstehung

Seit dem 18. Jahrhundert wird die Annahme diskutiert, daß psychische Faktoren zu Krebs führen könnten. 1783 schrieb der Engländer Burrow in einer Abhandlung über das Karzinom, daß lange anhaltende quälende Gemütsbewegungen als ursächlicher Faktor wirksam seien. Der zu seiner Zeit bedeutende Londoner Anatom Walsh erklärte 1846, daß er selbst so eindeutig von psychischen Faktoren hervorgerufene Krebsfälle beobachtet habe, daß für ihn kein vernünftiger Zweifel an einem entsprechenden Kausalzusammenhang bestehe. Oftmals wurde in den letzten 100 Jahren ein Zusammenhang zwischen Depression und Krebsgenese behauptet, aber auch immer wieder verworfen. Eine an unserem Zentrum von Neumeyer et al. (1978,1980) durchgeführte Studie zeigte, daß brustkrebskranke Frauen im Vergleich zu einer parallelisierten Kontrollgruppe vermehrt Minderwertigkeitsgefühle und depressive Hemmungen im Gießen-Test angeben. Dieser Befund entspricht den Ergebnissen zahlreicher anderer Untersucher. Aber er läßt offen, ob es sich hier um Merkmale handelt, die schon vor der Krebserkrankung bestanden haben und als kausale Risikofaktoren gewertet werden können. Eines steht indessen fest: Patienten, die wegen Depression klinisch behandelt worden sind, erkranken nach epidemiologischen Ermittlungen von Niemi u. Jääkseläinen (1978) nicht häufiger an Krebs als andere. Allerdings hatten von Shekelle et al. (1981, 1983) prospektiv untersuchte Personen, die Depressivität im MMPI angaben, ein zweifach erhöhtes Erkrankungsrisiko für Krebs. Einige Autoren verteidigen aufgrund neuer psychosozialer Erhebungen die These, daß ein psychologisches Krebs-Risikoprofil existiere. Besondere Beachtung haben da die Befunde von Claus Bahne Bahnson (1969, 1979) gefunden, die dieser in den letzten 15 Jahren aufgrund systematischer psychosomatischer Studien ermittelt hat. Von ihren psychischen Merkmalen her gelten nach Bahnson solche Menschen als besonders krebsgefährdet, die unfähig seien, aggressive und feindselige Gefühle zu äußern. Die Betreffenden seien in hohem Grade dazu geneigt, alle unangenehmen Emotionen zu unterdrücken. Sie seien eher besonders entgegenkommend, hilfs- und opferbereit, gewissenhaft und verantwortungsbewußt, äußerlich gut angepaßt und autoritätsgläubig. Hinter einer Fassade von Freundlichkeit und demonstrierter Angstfreiheit werde bei diesen Menschen kaum sichtbar, was sie an Konflikten in sich aufgestaut hätten und in welcher inneren Situation sie sich in Wirklichkeit befänden. Maria Blohmke et al. (1976,1977) haben diese von Bahnson in Amerika ermittelten Ergebnisse zum Anlaß einer vergleichenden Erhebung an gemischt krebskranken Frauen in Heidelberg genommen. Im Vergleich zwischen Krebspatientinnen und einer gleich großen Kontrollgruppe ergab sich dabei eine erstaunlich weitreichende Ähnlichkeit mit den Befunden Bahnsons. Aus einer durchgeführten Diskriminanzanalyse leitet M. Blohmke folgendes psychisches Bild der Krebskranken ab: Sie „verhalten sich äußerlich konform, bejahen die Autorität und negieren subjektive Symptome der Befindlichkeit, d. h. sie fühlen sich körperlich stark. Aggressivität kann nicht gut zum Ausdruck gebracht und damit auch nicht abreagiert werden".

An dem von Blohmke in weitgehender Übereinstimmung mit Bahnson beschriebenen psychologischen Krebsprofil erscheint bemerkenswert, daß es kaum klinische Auffälligkeiten enthält, vielmehr wie die exakte Porträtierung eines braven, disziplinierten, konservativen Durchschnittsbürgers wirkt. Wenn etwas an diesem Persönlichkeitsbild hervorsticht, dann doch allenfalls der besonders hohe Perfektionsgrad der sozialen Anpassung, wobei diese Anpassung im Gegensatz zum Bild der Infarktpersönlichkeit allerdings eher passive Züge trägt. So hat Blohmke bei ihrer Krebskrankengruppe auch erniedrigte Werte für Erfolgsstreben, Wetteifern, Angetriebensein gefunden, die bekanntlich den Infarktrisikotyp charakterisieren. Zahlreiche andere Autoren sind mit Hilfe von statistisch ausgewerteten Fragebogenerhebungen, von Interviewverfahren oder Behandlungsprotokollen zu ähnlichen Ergebnissen wie Bahnson und Blohmke gelangt. Dennoch ist vorläufig eine eher zurückhaltende Bewertung aller dieser psychologischen Befunde geboten. Wir wissen ja heute, daß der Krebs eine chronische Krankheit ist. Es könnten sich in unmittelbarem Zusammenhang mit der Krankheit psychische Veränderungen eingestellt haben, die vorher nicht da waren. Auch ist die Reaktion auf diagnostische und therapeutische Maßnahmen zu bedenken, erst recht auf die Mitteilung der Diagnose, die zumindest bei einem Teil der befragten Patienten erfolgt ist. Selbst für das bisher am gründlichsten psychosomatisch studierte Karzinom, nämlich den weiblichen Brustkrebs, gilt nach wie vor, was

Wirsching (1979) kritisch festgestellt hat: „Trotz der relativ großen Zahl von Studien fehlen ... methodisch eindeutige und reproduzierbare Ergebnisse.“ – Erst breit angelegte prospektive psychosomatische Längsschnittuntersuchungen werden in Zukunft klären können, ob das heute noch ganz überwiegend aus retrospektiven Schlußfolgerungen ermittelte Bild der sog. Krebsrisikopersönlichkeit zutrifft bzw. ob sich überhaupt ein psychologischer Risikofaktor endgültig beweisen läßt. Bis dahin werden gewiß noch ein paar Jahrzehnte vergehen. Seit einiger Zeit werden psychoanalytische und klinisch-psychologische Studien durch sozialepidemiologische Erhebungen an Krebskranken ergänzt. Nichts Sicheres hat sich hinsichtlich der Beziehung zwischen Krebshäufigkeit und Sozialstatus ergeben. Zum Beispiel steht den Autoren, die beim Mammakarzinom ein gehäuftes Vorkommen in den höheren Sozialschichten behaupten, eine nahezu gleich große Untersuchungsgruppe gegenüber, die diese Hypothese nicht bestätigen konnte. Bemerkenswert scheinen indessen unterschiedliche Einflüsse des Sexualverhaltens. So haben Trotnow u. Pauli (1973, 1976) sowie Eicher et al. (1979) in der Vorgeschichte brustkrebskranker Frauen eher besondere sexuelle Zurückhaltung ermittelt. Dabei verdienen die von Herms u. Eicher (1980) in Heidelberg durchgeführten Untersuchungen besondere Beachtung, weil die Autoren hier neuerdings Frauen mit gutartigen und bösartigen Veränderungen verglichen haben, bevor den Patientinnen wie den Ärzten die definitive Diagnose bekannt war. Diese Erhebungen ergeben hinsichtlich des Sexualverhaltens der brustkrebskranken Frauen das gleiche statistische Bild wie die älteren retrospektiven Studien. Die Karzinomträgerinnen berichteten über eine signifikant niedrigere Masturbationsfrequenz, über eine spätere Kohabitarche, über eine vergleichsweise geringere Zahl von Sexualpartnern sowie über eine kleinere Variationsbreite in der Praxis des Sexualverkehrs. Über genau entgegengesetzte Ergebnisse hat man beim weiblichen Genitalkarzinom berichtet. Sowohl beim Zervix- (Gagnon 1950; Wynder 1960, 1969; Rotkin 1955) als auch beim Portiokarzinom (Eicher et al. 1955) scheint das Krebsrisiko durch eine erhöhte Sexualtätigkeit gesteigert zu werden. Derartige Hinweise auf die unterschiedliche pathogenetische Bedeutung des Sexualverhaltens regen dazu an, im neurologischen und endokrinologischen Bereich nach Verbindungsgliedern zu fahnden, die den Zusammenhang zwischen Psyche und immunologischen Prozessen beim Krebs verständlich machen könnten. Besonders japanische und russische Forscher haben zahlreiche tierexperimentelle Studien durchgeführt, um Zusammenhänge zwischen dem Zentralnervensystem und dem Tumorgeschehen aufzuspüren. Teshima et al. (1978) wiesen nach, daß Streß bei Mäusen die Zytotoxizität der Killerzellen herabsetzt. Daß Eingriffe am Hypothalamus das Wachstum bestimmter Karzinome beeinflussen können, zeigte Kavetsky (1966, 1969). Bartrop et al. (1977) haben eindeutige Veränderungen immunologischer Reaktionen bei Personen nachgewiesen, die ein schweres psychisches Trauma erlitten hatten (Partnerverlust). Inwieweit zwischen neurologischen und immunologischen Prozessen in jedem Fall noch hormonale Vorgänge eingeschaltet sind, ist bislang ungenügend geklärt. Über unmittelbare Korrelationen zwischen Psyche und Endokrinium liegen indessen einige bemerkenswerte Einzelergebnisse der psychophysiologischen Tumorforschung vor. Als Beispiel sei der Befund von Kissen u. Rao (1969) genannt, daß Lungenkrebskranke mehr und variabler Adrenalin produzieren und auf eine Krankenhausaufnahme eine weniger ausgeprägte Streßreaktion zeigen als Kontrollpatienten. Rao hat aus seinen Stereoidbefunden einen Vorhersagetest für Lungenkrebspatienten abgeleitet, der eine äußerst geringe Fehlerquote haben soll. Der Hydrokortisonspiegel brustkrebskranker Frauen korreliert mit ihrer Verarbeitung von Traurigkeit und Angst, wie Katz (1969, 1970) gezeigt hat. Frauen mit beeinträchtigter Abwehr von Depression und Angst haben demnach einen erhöhten Hydrokortison- und Kortisonspiegel und zugleich eine schlechtere Prognose. Man hat daraus gefolgert, daß die erhöhte Hydrokortisonproduktion maßgeblich für eine Hemmung des Immunsystems sein könnte. – Obwohl es sich hier z. T. um bemerkenswerte Ergebnisse handelt, ist der Ertrag der psychophysiologischen Krebsforschung vorläufig noch recht begrenzt. Es sind die ersten tastenden, gleichwohl vielversprechenden Vorstöße in ein Gebiet, das zum weit überwiegenden Teil immer noch im Dunkeln liegt.

Psychosoziale Bedingungen und Krankheitsverlauf

Während wir noch wenig Genaues darüber sagen können, welche Bedeutung seelischen Einflüssen für die Krebsentstehung zukommt, können wir bereits mit einiger Sicherheit davon ausgehen, daß der Verlauf von Krebskrankheiten durchaus von psychischen Bedingungen mitgesteuert werden kann. Dies hat sich aus einer Reihe von Untersuchungen herausgestellt, bei welchen man Patientengruppen mit kurzer Überlebensdauer mit solchen Gruppen psychologisch verglichen hat, die länger überlebten. Natürlich sind solche Vergleiche nur dann aussagekräftig, wenn von Gruppen mit annähernd gleichem Schweregrad der Krankheit ausgegangen wird. Blumberg et al. (1954) fanden bei ihrer Vergleichsuntersuchung heraus, daß anhaltende intensive seelische Belastungen bei Krebskranken lebensverkürzend wirken. Mit Hilfe eines der gebräuchlichsten Persönlichkeitstests, dem MMPI, ermittelten sie ferner, daß die Krebskrankheit schneller bei solchen Patienten fortzuschreiten pflegt, die wenig Möglichkeiten haben, sich von inneren Spannungen zu befreien. Achté u. Vauhkonen (1972, 1975) beobachteten, daß zwischen länger und kürzer überlebenden Patienten ein Unterschied hinsichtlich des Krankheitsbewußtseins und des Aufklärungsgrades bestand. Sie fanden nämlich, daß unter den kürzer Überlebenden 42 % den Arzt entweder nicht über die Art ihrer Krankheit befragt hatten oder sich zumindest in einem mangelhaft aufgeklärten Zustand befanden. Unter den länger Überlebenden galt das nur für 17 %. Die finnischen Autoren folgern, „daß es sich bei Patienten, deren Karzinom rascher zum Tode führt, wahrscheinlich um Personen handelt, die eher zur Verdrängung furchterregender Realitäten neigen, als sich diesen zu stellen. Sie verschließen sich eher den ihnen zukommenden Informationen oder erkennen sie nicht als der Wahrheit entsprechend an“. Achté u. Vauhkonen sehen in der Unfähigkeit, sich mit der Wahrheit zu konfrontieren, einen Mangel an psychischer Widerstandskraft, von dem sie annehmen, daß mit ihm eine verringerte körperliche Abwehrkraft gegen den Krebs verbunden sei. Domagk (1964) geht sogar so weit, günstigen psychologischen Bedingungen einen hemmenden Einfluß auf die Bildung von Metastasen zuzutrauen, während Cutler (1954) immerhin festgestellt zu haben glaubt, daß Patienten mit ausgeprägtem positiven

Schicksalsvertrauen auch bei vorhandener Metastasierung z. T. erheblichen Grades eher länger überleben können. Gleichsinnig berichten andere Autoren, wie z.B. Herzberger (1963) von der Abkürzung des Prozesses bei Menschen mit neurotischer Disposition bei zusätzlichen unverarbeiteten psychischen Belastungen. Derartige Ergebnisse stimmen mit Annahmen überein, die viele Kliniker eher intuitiv und ohne systematische Überprüfung gewonnen haben. So versichert etwa der Gießener Röntgenologe Barth (1980), er könne nahezu jedem ihm zur Strahlentherapie überwiesenen Malignompatienten sogleich am Gesicht bzw. an der Stimmungsverfassung anmerken, ob dem Betreffenden ein rasches Ende drohe oder ob er mit einer Therapie noch länger am Leben erhalten werden könne. Zahlreiche Untersuchungen haben sich ferner mit dem Einfluß sozialer Faktoren auf den Verlauf von Krebserkrankungen beschäftigt. Dabei ist deutlich geworden, daß günstige soziale Bedingungen den Prozeß positiv beeinflussen. Lange bekannt ist, daß sozial bessergestellte Patienten im Mittel in früheren Stadien zur Behandlung kommen. Aber auch bei gleichem Ausbreitungsgrad der Krankheit zu Behandlungsbeginn wirken sich die sozialen Verhältnisse noch in signifikantem Ausmaß auf die Zahl der Fünfjahresheilungen aus. Je mehr Patienten unter dem Druck sozialer Schwierigkeiten stehen, um so rascher drohen sie im Durchschnitt der Krankheit zu erliegen. Vor allem bei weiblichen Genitalkarzinomen hat man diesen Befund immer wieder bestätigt. Zu nennen sind hier u.a. die Arbeiten von Kirchhoff et al. (1964).

Psychosoziale Hilfe für Krebskranke und ihre Angehörigen

Die Tatsache, daß psychosoziale Bedingungen zumindest den Verlauf einer Krebskrankheit beeinflussen können, ist ein, aber nicht der einzige Grund, den psychosozialen Aspekt für den praktischen Umgang mit den Patienten und ihren Angehörigen wichtigzunehmen. Auch wenn es sich um eine Krankheit handelte, die organisch völlig eigengesetzlich abliefe bzw. nur körperlichen Maßnahmen unmittelbar zugänglich wäre, hätten wir danach zu fragen: Wie können wir dem Patienten und seiner Familie am besten helfen, dieses Schicksal zu tragen? Die Aufgabe der psychischen Bewältigung der Krankheit bleibt auf jeden Fall bestehen, ganz gleich, ob und wieweit die psychischen Momente das Organgeschehen selbst tangieren. Wie also sollten sich die Betroffenen zu einem Krebs einstellen? Und was sollte der Arzt tun, um diese Einstellung herbeizuführen oder zumindest zu fördern? Es entspricht unserer ärztlichen Erziehung, daß wir in dieser Weise rasch unser Arbeitsziel bestimmen und danach die Mittel festlegen wollen, mit denen wir das Ziel erreichen können. Wir suchen stets eilig nach pragmatischen Normen. Zum Beispiel nach Anweisungen, ob und wie wir dem Kranken die Wahrheit über sein Leiden mitteilen sollen und welche Interventionen zur Verhütung oder zur Behebung psychischer Dekompensation am Platz sind. Darüber gibt es in der Literatur bereits eine Flut von Erfahrungsberichten und von strategischen Handlungsanleitungen. Zu kurz kommt dabei oft eine Vorüberlegung, die mir durchaus wichtig erscheint. Der Krebs ist wie andere schwer heilbare und oft zum Tode führende Krankheiten keineswegs nur ein Problem für die Patienten und ihre Angehörigen. Er berührt uns alle, die wir dereinst sterben müssen und mit dem Karzinom als häufige Todesursache zu rechnen haben. Wie wir Ärzte mit den aktuell Betroffenen umgehen, hängt ganz wesentlich auch davon ab, wie sich unsere Umwelt auf Sterben und Tod einstellt und welcher Auftrag sich aus dieser Einstellung an uns Mediziner ergibt. Wir neigen in unserer alltäglichen Praxis dazu, von unserer persönlichen Verfassung, speziell von unseren existentiellen Ängsten abzusehen, wenn wir unseren Patienten gegenübertreten. Wir sind darin geübt, ja wir halten es geradezu für unsere Pflicht, unsere subjektiven Empfindungen aus unserem ärztlichen Handeln herauszuhalten. Wir fühlen uns dann am perfektesten, wenn wir mit absoluter Nüchternheit und Objektivität wie in einem naturwissenschaftlichen Experiment Befunde registrieren und daraus unsere therapeutischen Interventionen nach sachlichen Zweckmäßigkeiten ableiten. An unserem subjektivem Befinden scheint nur wichtig zu sein, daß wir uns möglichst immerfort fit und in guter Form halten. Unser persönliches Innenleben erscheint uns wie eine reine Privatsache, die mit unserer beruflichen Arbeit nichts zu tun hat. Nun gibt es zweifellos zahlreiche diagnostische und therapeutische Tätigkeiten, in denen es tatsächlich nur auf präzises technisches Funktionieren ankommt. Aber alle unsere einzelnen Handlungen sind dem Umgang mit dem Kranken als Person untergeordnet. Und als Person ist der Patient eben nicht nur ein Bündel von objektivierbaren und quantifizierbaren Prozessen, vielmehr ein Subjekt, das uns in jedem Fall zu einer ganzheitlichen menschlichen Beziehung herausfodert. Wenn wir uns für diesen Kontakt öffnen, treten wir mit den psychischen Merkmalen des Patienten in eine einzigartige persönliche Verbindung. Was der Kranke an psychischer Befindlichkeit zum Ausdruck bringt, erfahren wir nicht nur als eine nur ihn selbst betreffende Eigenschaft, sondern zugleich als eine Ansprache, die uns unmittelbar mitberührt.

Die Sterbeangst, die wir bei einem Tumorkranken wahrnehmen, wirkt in uns hinein, und wir reagieren darauf aufgrund unserer eigenen emotionalen Verfassung. Vielleicht signalisiert uns der Patient seinen Mut, über seine Angst sprechen zu wollen. Ob und wie wir uns darauf einlassen, hängt indessen davon ab, ob wir dazu innerlich bereit und fähig sind. Wenn wir uns im Gespräch wie Ingenieure verhalten, die z.B. einem Krebskranken nur erzählen, was an seinem Organismus wie an einer Maschine defekt ist und welche Reparaturmaßnahmen versucht werden können, so blenden wir einen wesentlichen Teil dessen aus, was für den Kranken selbst wichtig, für uns aber vielleicht zu belastend ist. Für den Patienten käme es darauf an, einen Partner zu finden, der nicht nur technische Informationen vermittelt, sondern zu erkennen gibt, daß er als verläßlicher und stützender Begleiter den bevorstehenden schweren Weg mitgehen wird. Indessen steht es da weder im freien Belieben des Arztes, wie er sich verhält, noch ist seine Motivation allein durch seine spezifisch individuelle Struktur bestimmt. Die vielfältigen Hemmungen und Blockierungen im Dialog zwischen Patient und Arzt sind vielmehr eingebettet in eine übergreifende gesellschaftliche Grundhaltung gegenüber Krankheit und Sterben in dieser historischen Phase. Um so wichtiger erscheint es, sich von dieser allgemeinen Grundhaltung ein Bild zu machen. Sie ist gekennzeichnet durch eine nur ganz allmählich nachlassende Tendenz, das Sterbenmüssen als existentielle Notwendigkeit zu verdrängen. Niemand zweifelt zwar daran, daß er sterben muß. Aber die meisten rücken dieses

Wissen von ihrem Ich fort. Sie fürchten sich, sich fortgesetzt mit ihrer Endlichkeit konfrontieren zu müssen. Sie leben in einem Bewußtsein des Als-ob. Als ob sie durch Training, richtiges Essen, Vermeidung von Umweltgiften und mit Hilfe einer stetig fortschreitenden Medizin den Tod ewig hinausschieben könnten. Bei jedem, der um sie herum stirbt, trösten sie sich mit dem Nachweis von zufälligen Ursachen, die sie selbst vermeiden zu können phantasieren. Dieser da hat zuviel geraucht, jener hat falsch gegessen, ist zu spät zum Arzt gegangen oder ist nicht gründlich genug behandelt worden usf. Man sieht, wenn man will, nirgends einen allgemein verbindlichen, absolut unentrinnbaren Tod. „Plötzlich verschied unerwartet ...", diese stereotype Formel der Todesanzeigen besagt nicht nur etwas über einen einzelnen Todesfall, man möchte sich damit auch vergewissern, daß eigentlich jeder Tod unerwartet sei, daß keiner ihn erwarten müsse. In dem Maße, in dem der Tod für die meisten seinen religiösen Sinn eingebüßt hat, ist er zum bloßen Feind geworden, den man für prinzipiell besiegbar halten möchte.

In meinem Buch „Der Gotteskomplex" (1979) habe ich die psychohistorische Entwicklung nachzuzeichnen versucht, die dazu geführt hat, daß seit der Renaissance der Glaube an Gott weitgehend durch den Glauben an die Allmacht des Menschen ersetzt worden ist. Unser Traum vom ewigen Fortschritt schließt die magische Hoffnung ein, daß wir durch Weiterentwicklung von Naturwissenschaft und Technik schließlich in die Lage kommen müßten, uns ein unermeßlich langes Leben in Jugendlichkeit, Frische und Potenz zu sichern. Und in der Phase der rasanten Fortschritte der Medizin erschienen wir Ärzte vielen anstelle der Priester als die berufenen Wegbereiter dieses neuen Heils. Wir könnten, ja wir sollten anstelle des Heils im Jenseits ein sich endlos ausdehnendes Leben im Diesseits garantieren. Aber diese Omnipotenzhoffnungen entlarven sich inzwischen mehr und mehr als illusionär. Die äußere Natur, die man sich definitiv unterwerfen zu können glaubte, droht durch Vergiftung oder durch Ausplünderung ihrer Ressourcen das menschliche Überleben zu gefährden. Die technische Ausbeutung ihrer Geheimnisse führt im Falle der Nuklearrüstung sogar unmittelbar an den Rand der allgemeinen Selbstzerstörung. Und die relative Stagnation der medizinischen Erfolge zeigt, daß auch der Beherrschung der inneren Natur unseres Organismus engere Grenzen gesetzt sind, als es noch vor wenigen Jahrzehnten den Anschein hatte. Der Kampf gegen den Krebstod ist ebensowenig wie der gegen den Infarkttod zu gewinnen. Diese sich allmählich auch in der Öffentlichkeit ausbreitende Erkenntnis könnte uns Ärzte auf längere Sicht vielleicht sowohl von unheilvoller Überforderung seitens des Publikums wie von falscher Selbstüberforderung entlasten. Man könnte sich an den Gedanken gewöhnen, daß viele an Krebs sterben, ohne daß sie selbst durch falsche Lebensweise, ohne daß die Industrie durch Produktion von Kanzerogenen und ohne daß wir Ärzte durch mangelhafte Diagnostik oder Therapie dafür die Schuld tragen. Aber es ist schwer, das Sterben hinzunehmen, wenn man es in keinen Sinn mehr einordnen kann. Wo ist ein Ausweg? Wo findet man Halt, wenn die immer noch weitverbreitete Ersatzreligion der Illusion von der durch technischen Fortschritt machbaren menschlichen Allmacht schwindet?

Nichts ist da bisher entschieden. Bisher registrieren wir in der Medizin nur eines mit Sicherheit: Das Sterben ist seit einiger Zeit wieder zu einem öffentlichen Thema geworden. Die Fähigkeit und der Mut, auf den Tod überhaupt hinzuschauen, scheinen, wenn auch ganz allmählich, wieder anzuwachsen. Zwar sind wir noch weit von den Verhältnissen des 17., 18. Jahrhunderts entfernt, als man für unheilbar Kranke ganze Bibliotheken von sog. Sterbehilfebüchern bereithielt, mit deren Unterstützung sich die Kranken bewußt und aktiv für ihr Lebensende rüsteten. Aber der Tod ist auch nicht mehr das absolute Tabu wie noch bis vor kurzer Zeit. Das besagt nicht etwa, daß die Angst vor ihm als solche schwände. Offenbar tritt heute sogar mehr von dieser Angst zutage. Die Verdrängungskraft verliert nach und nach einiges von ihrer Wirksamkeit. Dadurch brechen Anteile der Angst durch, die vordem total verdeckt gewesen waren. Immerhin mehrt sich allem Anschein nach die Zahl der Menschen, die ihre Angst gewissermaßen austragen wollen. Die wissen wollen, wie es um sie steht, welchen Schrecken ihnen z.B. die Diagnose Krebs auch bereitet. Parallel dazu nimmt unter ärztlichen Kollegen ebenfalls die Neigung zu, den Patienten mehr als früher zu sagen. Diese Tendenz hängt auf ärztlicher Seite davon ab, daß man sich zumindest weitgehend von den idealisierenden Riesenerwartungen des Publikums distanzieren und daß man die Schuldgefühle mindern kann, die sich sonst aus dem Mißverhältnis zwischen dem, was man meint, können zu sollen, und em, was man wirklich kann, herleiten. Um mit Krebskranken offen zu sprechen, muß der Arzt sich von dem überlastenden Gewissensdruck freimachen, daß er eigentlich bei jeder Krankheit erfolgreich sein müßte. Er tut gut, von der darin insgeheim versteckten Größenphantasie abzurücken. Der Arzt, der sich seine Hilflosigkeit bei vielen unheilbaren Fällen nicht verzeihen kann, vermag seine Patienten weder glaubwürdig zu trösten noch zu ermutigen, da er eigentlich selbst die Stärkung bräuchte, die er den Kranken vermitteln möchte. Deshalb greifen auch alle Diskussionen zu kurz, die nur auf pragmatischer Ebene klären wollen, wann, was und wie Krebskranken über ihr Leiden mitgeteilt werden sollte. Entscheidend ist, ob der Arzt als Person mit sich selbst, mit dem Wert seiner Arbeit und vor allem mir seiner eigenen Endlichkeit ausgesöhnt ist. Dann wird er relativ ungestört von inneren Spannungen mit einem Patienten in der Weise sprechen können, daß er bei diesem nicht etwa eine Diagnose nur ablädt:„So, nun bin ich's los!“ Sondern er wird gerade jetzt seine persönliche Zuwendung anbieten, in dem Wissen, daß niemand einsamer ist als in dem Augenblick, da er erstmalig hört, daß er krebskrank ist. Wichtig ist indessen, daß die persönliche Zuwendung zum Patienten bereits vor der Diagnosemitteilung angebahnt worden ist. Je mehr der Kranke schon einen festen Halt durch eine Vertrauensbildung an den Arzt gefunden hat, um so eher vermag er die schlimme Information zu verarbeiten.

Jedenfalls ist P. Drings (1980) zuzustimmen, der kürzlich festgestellt hat: „Es besteht heute eine weitgehende Übereinstimmung, daß der Tumorpatient seine Krankheit verstehen sollte. Dies gilt ganz besonders, wenn eine tumorspezifische Behandlung angezeigt und möglich ist.“ Übereinstimmung besteht auch hinsichtlich der Empfehlung, daß die Aufklärung durch den behandelnden Arzt selbst und nicht durch Dritte, also etwa durch Psychologen oder Seelsorger, erfolgen sollte. Derjenige, der die Verantwortung für die Behandlung der Tumorkrankheit trägt, sollte als erster dem Kranken Rede und Antwort stehen. Ausschlaggebend ist für die psychische Unterstützung des Tumorpatienten, daß dieser sich nicht alleingelassen fühlt. Nach drei Seiten hin besteht für ihn die

Möglichkeit, hilfreiche Kontakte zu nutzen. Ein Bereich ist die Therapie. Hier steht die Beziehung zum behandelnden Arzt obenan. In der Klinik ist natürlich auch die Kommunikation mit dem übrigen stationären Team von Bedeutung. Ein zweiter Bereich ist der Kontakt mit der Familie. Nicht wenige Kranke könnten die eigene Angst besser verarbeiten, wenn ihre erschreckten Angehörigen sich nicht von ihnen zurückziehen und sich gegen sie defensiv abschirmen würden. Ist man in der Familie indessen fähig und bereit, die Krankheit als gemeinsames Problem zu akzeptieren und zu tragen, ist der psychische Gewinn nicht nur für die Patienten, sondern auch für die familiären Partner hoch einzuschätzen. In letzter Zeit wird eine dritte Kontaktebene als zusätzlich wichtig erkennbar: das ist die Beziehung der Patienten untereinander. Mehr und mehr Krebskranke schließen sich zu Selbsthilfegruppen zusammen und bilden bereits heute einen nicht unbeachtlichen Zweig innerhalb der breitgefächerten sog. Selbshilfebewegung. Einige erläuternde Bemerkungen zu den drei Kontaktfeldern, zunächst zum Bereich Therapie:

Hier hat Drings einige beachtliche kritische Überlegungen und Empfehlungen formuliert: „In der modernen Medizin wird der Tumorpatient von sehr vielen, oft zu vielen Personen (mehreren Ärzten, dem Pflegepersonal, technischem Personal und Sozialarbeitern) betreut. Er benötigt aber unbedingt eine einzige Bezugsperson. Sie soll der Hausarzt sein, wenn er die Hauptlast der Betreuung trägt. Wenn der Patient langfristig stationär behandelt wird, muß einer der Kliniker für den Patienten erkennbar die Führung übernehmen. Damit ist eine Aufgabenteilung, eine plurizentrische oder interdisziplinäre Therapie keineswegs in Frage gestellt. Der Patient soll in diesem Team die Persönlichkeit erkennen, auf die er sich besonders beziehen kann. Ohne Bezugspersonen muß er sich in seiner Existenzangst dem für ihn undurchschaubaren modernen Klinikbetrieb ausgeliefert fühlen.“ Was das Krankenhaus anbetrifft, möchte ich die Aussage von Drings dahingehend modifizieren bzw. ergänzen, daß hier nicht nur eine verläßliche Hauptbezugsperson wichtig ist, sondern vor allem auch ein gutes Gemeinschaftsklima auf der Station. Dazu gehört mehreres: Ärzte, Pfleger, Schwestern müssen sich gemeinsam über ihre Erfahrungen mit den Patienten austauschen. Patienten mit ausgeprägten psychischen Schwierigkeiten wirken allemal auf das stationäre Personal belastend. Um so mehr ist es wichtig, daß man sich gemeinsam darüber Gedanken macht, warum wohl dieser oder jene Kranke so besonders auffällig reagiert. Nur selten ist es allein der Druck der Diagnose. In vielen Fällen sind häusliche Konflikte ausschlaggebend, über die der eine oder andere aus dem Stationsteam aufschlußreiche Informationen beisteuern kann. Wenn man sich in der Gruppe bemüht, Verhaltensprobleme der Kranken zu verstehen, ergibt sich daraus meist von selbst eine gemeinsame Strategie des Umgangs, vorausgesetzt, daß innerhalb der Stationsgruppe keine gesteigerten internen Spannungen, etwa durch Rivalitätskonflikte, bestehen. Es ist indessen nicht immer einfach, solche internen Konflikte in Schach zu halten. Zumal auf solchen Stationen, die nur mit chronischen Tumorpatienten belegt sind, lastet auf dem Personal allemal ein besonderer psychischer Druck. Dieser Druck verschärft sich durch Kranke, die ihre Verzweiflung nicht anders als durch fortwährendes Lamentieren oder Sich-Beschweren niederhalten können. Um sich nicht damit zu konfrontieren, wie schlecht sie daran sind, müssen sie ununterbrochen um sich herum Schlimmes und Beanstandenswertes finden, um sich nach außen abzureagieren. Was Wunder, wenn Schwestern, Pfleger und Ärzte dadurch ihrerseits emotional in Mitleidenschaft gezogen werden und in gereizte Stimmung geraten, die sich dann negativ auf die gesamte Stationsatmosphäre auswirkt. Aber es sind nicht erst diese belastenden Reaktionsmuster mancher Patienten, die dem Personal psychisch zu schaffen machen. Der Anblick vieler unabwendbarer tragischer Schicksale an sich bedeutet für die Mitglieder eines onkologischen Teams bereits eine sehr starke Beanspruchung.

Aus solchen Erfahrungen heraus hat sich in den letzten Jahren an manchen Orten eine Zusammenarbeit zwischen stationären Teams und Psychotherapeuten in Form von Balint-Gruppen entwickelt. Da das Modell der Balint-Gruppe heute weit bekannt ist, kann ich mich mit einer knappen skizzenhaften Beschreibung begnügen. Die Stationsgruppe setzt sich mit dem Psychotherapeuten in regelmäßigen Abständen zusammen. Man spricht über die Patienten, die offenbar schlecht mit sich, mit ihrer Krankheit oder mit ihren Angehörigen zurechtkommen und die vielleicht obendrein besondere Kooperationsschwierigkeiten auf der Station bereiten. Die Teammitglieder tragen ihre Beobachtungen zusammen, aber sie reden auch offen über ihre eigenen Gefühle. Der Psychotherapeut unterstützt sie in dem Bemühen, die Verhaltensweisen der Patienten, zugleich indessen die damit zusammenhängenden eigenen Reaktionen besser zu verstehen. Wenn man erst begreifen kann, aus welchen inneren oder familiären Problemen heraus sich manche Kranke auffallend benehmen und um sich herum Angst, Ärger oder sonstwie schlechte Stimmung verbreiten, kommt man oft spontan zu sinnvollen Vorschlägen, wie man mit den Betreffenden geschickter umgehen kann. In einer Balint-Gruppe, die ich selbst mit A. von Vietinghoff-Scheel auf einer Strahlentherapiestation leitete, sah ich es darüber hinaus als einen bemerkenswerten Effekt an, daß Ärzte und Pflegepersonal sich ihrer wichtigen einander ergänzenden Hilfen in der psychosozialen Versorgung besser vergewissern können. Infolge ihrer Konzentration auf das Organgeschehen, das richtig einzuschätzen und therapeutisch zu beeinflussen ihre Hauptaufgabe ist, sind die Ärzte leicht versucht, negative psychische Reaktionen der Patienten zu einseitig als direkte Auswirkung des organischen Prozesses zu werten. Und sie assoziieren oft sofort: Wie kann ich diesen Prozeß bloß noch besser beeinflussen oder zumindest die Symptome lindern? Aber vielfach ergibt sich aus triftigen Anhaltspunkten, daß ein Patient mehr noch als durch seine Krankheit über ein bestimmtes häusliches Problem bedrückt ist. Da leidet z.B. eine Patientin entsetzlich darunter, daß sich ihr Ehemann um so deutlicher von ihr zurückzieht, je kränker sie wird. Von jedem Wochenendurlaub, den sie mit Hoffnungen antritt, kehrt sie entmutigt zurück. Sie hat das Gefühl, für den Mann sei sie bereits tot. Sie sei ihm nur noch lästig. Aber nun merken die Krankenschwestern, daß die Patientin auf der Station so etwas wie ein Ersatzzuhause arrangieren möchte. Und sie gehen darauf ein. Die Kranke bringt wiederholt Leckereien mit. Man setzt sich zu ihr. Es finden kleine Kaffeekränzchen statt. Und dabei kann sie sich manches von ihrem Elend vom Halse reden. Was hier zunächst als außerdienstliche oder gar unerlaubte Vertraulichkeit im Verhalten der Schwestern mißverstanden werden könnte, erweist sich bei genauem Hinsehen als eine überaus nützliche therapeutische Hilfeleistung. Unbelastet durch den ärztlichen Verantwortungsdruck, mit allen Mitteln gegen das Krebswachstum angehen zu müssen, können sich die Schwestern und Pfleger oft unbefangener und gründlicher als die Ärzte der psychosozialen Sorgen der Patienten annehmen. Aber es ist für sie wiederum nützlich, die Chancen, die sie hier haben, genauer zu verstehen und bewußt als Teil ihrer professionellen Arbeit zu nutzen. Die Ärzte wiederum können mit Hilfe des Pflegepersonals nicht nur ihre Erkenntnisse über die Motive der Kranken erweitern. Sie merken, wieviel sie obendrein praktisch davon zu profitieren vermögen, was Schwestern und Pfleger zur psychischen Stabilisierung der Patienten beitragen. Schließlich ist eine zumindest leidlich balancierte psychische Verfassung der Kranken eine entscheidende Bedingung für die Kooperation bei den auf vielfältige Weise unangenehmen Verfahren der Tumortherapie. Daß auch der Klinikpfarrer in diesem Sinne eine wertvolle ergänzende Hilfe leisten kann, versteht sich von selbst. In unserer Balint-Gruppe war der zuständige Klinikpfarrer ein sehr wichtiges Mitglied. Das soeben kurz skizzierte Beispiel der Karzinompatientin mit dem Ehekonflikt leitet zu dem höchst wichtigen Problem der Familienbeziehungen des Krebskranken hinüber. Der Krebskranke braucht die Unterstützung seiner Angehörigen – wenn er in einer Familie lebt -, um seine Krankheit zu verarbeiten. Aber die Angehörigen benötigen ihrerseits auch seine Mithilfe, um die unerwartete Schicksalsbelastung gemeinsam bestehen zu können. Schwelende Konflikte in einer Ehe oder einer Familie werden durch den Einbruch eines Karzinomfalles oft krisenhaft verschärft. Man fühlt, gewisse seit langem drückende Probleme kann man jetzt nicht endlos weiter vor sich herschieben. Vielfach ist es unter diesen Umständen der Kranke selbst, der einen Beziehungskonflikt offensiv angeht und dadurch in der familiären Umgebung Unruhe stiftet. Ich denke da etwa an eine junge brustamputierte krebskranke Frau, die sich bislang widerstandslos ihrem ziemlich launischen und herrischen Ehemann gefügt hatte. Nachdem ihr ihre Lage klar geworden ist, kämpft sie darum, ihre Rolle in der Ehe zu ändern. „Ich weiß, daß ich vielleicht nicht mehr viel Zeit habe. Deshalb will ich alles sagen, was mich drückt und was ich brauche, ganz egal, ob es meinem Mann gefällt." Die Verhaltensänderung der Patientin schockiert und verwirrt den Mann. Es schwebt ihm vor, daß auch er sich ändern müßte, aber in seinen Gefühlen überwiegen Ratlosigkeit und Trotz. Er gerät in panische Vereinsamungsangst, die er bislang durch seine dominante erpresserische Strategie verdeckt hatte. So entspinnt sich zwischen beiden ein irrationaler Kampf. Die Frau ist entschlossen, nicht länger das brave Kind darzustellen. Sie sagt: Die Krankheit und die Therapie zu ertragen, kostet mich soviel Kraft, daß ich einfach die Energie nicht mehr habe, in der Ehe ein kleines, unterwürfiges Kind zu spielen. Ich muß frei atmen können und muß in der Partnerschaft endlich auch verlangen, daß ich mit meinen Bedürfnissen voll zum Zuge komme." Der Mann indessen widersetzt sich ihr wider besseres Wissen. Verzweiflungsszenen, Streitereien und kurzfristige Versöhnungen wechseln miteinander ab. Schließlich suchen beide Zuflucht bei einem Psychotherapeuten. Eine kurze, intensive Paartherapie hilft beiden, die Krise zu bestehen und sich wechselseitig darin zu unterstützen, die Rollenbeziehung in ein neues, beiden dienliches Gleichgewicht zu bringen. Gelegentlich wird außer der Ehe des Krebskranken auch die psychische Stabilität seiner Kinder erschüttert. Solche Familienkrisen, in denen im Zuge einer Krebserkrankung alle Familienmitglieder psychisch oder psychosomatisch dekompensieren, sind nicht selten.

Aber wie bei der zuvor geschilderten Eheproblematik ist der Krebs niemals allein schuld an solchen in die ganze Familie hinein ausstrahlenden psychopathologischen Prozessen. Er wirkt häufig eher wie der so oft zitierte letzte Tropfen, der ein Faß zum Überlaufen bringt. Er aktualisiert vordem verschleierte Probleme. Und wenn wir Psychotherapeuten befaßt werden, sehen wir dann, daß die jeweilige Familie mit der Krebserkrankung deshalb nicht umgehen kann, weil sie aufgrund anderweitiger Spannungen unfähig ist, die neue Belastung zu tragen. Destruktive und niederdrückende Tendenzen sind in der Familie wirksam, und der Krebs fördert wie ein Katalysator das ganze Potential an latenten negativen Gefühlen, Vorwürfen und Ängsten zutage, die nunmehr alle möglichen neurotischen Symptome oder sozialen Verhaltensschwierigkeiten auslösen.

Wir führten an der Gießener Psychosomatischen Klinik im Rahmen eines von der Robert-Bosch-Stiftung unterstützten Projektes Familienberatungen und Familientherapien bei einer Reihe von Krebskranken durch und erforschten hier systematisch Zusammenhänge. Wir bemühten uns in diesen Fällen, Krebspatienten vom Druck schwerwiegender Familienkonflikte zu entlasten, aber auch zugleich die Angehörigen zu unterstützen. Ist die Krankheit unheilbar, ist es späterhin für die Hinterbliebenen, insbesondere für die Kinder, von allergrößter Bedeutung, daß der Abschied von dem Sterbenden in der Gewißheit geleistet werden kann, daß man miteinander im reinen ist und nicht etwa durch die Bürde unbewältigter Haß- und Schuldgefühle beschwert ist. So kommt es vor, daß wir uns auch nach dem Tode eines Krebskranken noch um die eine oder andere Familie weiter kümmern. Wir wissen ja, daß es allgemein nach Todesfällen im familiären Umfeld eine erhöhte Anfälligkeit für Krankheiten, insbesondere für psychogene Störungen gibt. Das Sterben am Krebs ist eine besonders schwere psychische Aufgabe, nicht nur für den unmittelbar Betroffenen, sondern auch für die Angehörigen, die dieses Schicksal mit zu verarbeiten haben. Gar nicht selten sieht man, daß zwar ein Patient selbst in seiner Krebskrankheit oder gerade durch diese psychisch in bewundernswertem Grade reift, während seine familiären Bezugspersonen mit ihm nicht Schritt zu halten vermögen und ihre Ängste nicht bewältigen können. Schließlich kann er sterben, aber die anderen können ihn nicht sterben lassen und dekompensieren in hilfloser Verzagtheit noch vor oder nach Eintritt des Todesfalles. Deshalb bedeutet Familientherapie bei Krebskranken, daß man nicht nur die Hilfsdienste der Angehörigen zum Wohl des urspünglichen Kranken zu fördern trachtet. Labile, gefährdete Angehörige benötigen auch – und vielfach sogar in besonderem Maße – therapeutische Fürsorge, um in der Bewältigung der gemeinsamen Aufgabe mithalten zu können. Ich muß mir hier ersparen, an Beispielen zu erläutern, wie wir Familientherapie bei Krebskranken im einzelnen gestalten und welche uns sinnvoll erscheinenden Effekte damit erreicht werden können. Statt dessen noch ein Wort zur Indikation: Obwohl jede Tumorkrankheit die Patienten und ihre Angehörigen psychisch mehr oder weniger erschüttert und labilisiert, sollte die Inanspruchnahme des Psychotherapeuten auf Notfälle beschränkt bleiben. Nur dort, wo eine schwer gestörte Familiendynamik oder sonstige psychopathologische Momente eine Tumorkrankheit zu einer unerträglichen Überforderung werden lassen, sollte der Psychotherapeut zu direkter Intervention herangezogen werden. In allen übrigen Fällen sollte der für die Therapie des Grundleidens zuständige Arzt seine Verantwortung nicht durch Delegation an einen Psychotherapeuten aufspalten. Sollte er sich im Umgang mit manchen psychosozialen Problemen unsicher oder sogar hilflos fühlen, kann er sich vielleicht als Teilnehmer einer Balint-Gruppe Rat holen und sich praxisbegleitend fortbilden. Bekanntlich nutzen niedergelassene Ärzte schon sehr viel länger und in größerem Umfang das zuvor geschilderte Balint-Gruppenmodell, das erst neuerdings auch verstärkt in Krankenhäusern Fuß gefaßt hat.

Balint-Gruppen bieten inzwischen vielen praktizierenden Kollegen die Chance, im Zusammenhang mit aktuellen Fallproblemen theoretische und praktische Lücken zu füllen, die eine einseitig naturwissenschaftlich somatologische Ausbildung hinterlassen hat. Dabei ist das Hauptziel der Balint-Gruppen nicht die Erweiterung psychologischer Kenntnisse, vielmehr die Sensibilisierung und Ermutigung zu einer neuen kommunikativen Grundhaltung. Die Balint-Gruppenmitglieder lernen, sich für ihre Patienten mehr zu öffnen. Und sie lernen ferner, mehr Zutrauen zu ihren bislang meist ungenügend genutzten Fähigkeiten des psychologischen Verstehens und des einfühlsamen Intervenierens zu gewinnen. Es ist das Charakteristikum einer breiten, aktuellen Strömung, daß man bei zahlreichen zumal chronischen organischen Krankheiten auf die Bedeutung psychosozialer Faktoren verstärkt aufmerksam wird. Wie hier beim Krebs studiert man die Auswirkungen der Organkrankheit auf die seelische Situation und auf die sozialen Beziehungen des Kranken. Und zugleich schenkt man dem Einfluß, den die seelischen und sozialen Bedingungen auf den Prozeß der Krankheitsverarbeitung, der Rehabilitation und z. T. sogar auf die organischen Prozesse selbst ausüben, steigende Beachtung. Mir scheint, daß damit eine irreversible Erweiterung des medizinischen Blickfeldes erfolgt und daß die Medizin im ganzen insofern reagieren muß, als sie der psychosozialen Verantwortung im Selbstverständnis des Arztes eine größere Bedeutung als bisher einräumt. Denn man kann die psychosozialen Probleme nicht in toto an eine Sonderdisziplin von Psychotherapeuten und Sozialarbeitern abschieben. Die sog. Organmedizin muß den psychosozialen Aufgabenbereich weitgehend in sich selbst integrieren. Wenn sich nichtsdestoweniger z. Zt. besondere Ansprüche an die Psychotherapie richten, so erscheint das insoweit sinnvoll, als manche Defizite aufzuarbeiten sind, die durch traditionelle Vernachlässigung der psychosozialen Dimension in der Ausbildung und in der Versorgung entstanden sind. Aber nach Aufarbeitung dieser Defizite – sofern diese nicht blockiert werden – wird die Psychotherapie als Spezialdisziplin ihren Aufgabenradius wieder erheblich reduzieren können und müssen.

Indessen ist nicht nur die Aufgabenteilung zwischen der übrigen Medizin und der Psychotherapie ein Problem, das zur Lösung ansteht. Ein Wort ist noch zu sagen zu einer noch grundsätzlicheren Frage, die in letzter Zeit rasch an Bedeutung gewonnen hat: Wie kann, wie sollte sich das Verhältnis zwischen therapeutischer Versorgung und Patientenselbsthilfe weiterentwickeln? Bezeichnenderweise sind es nicht die versorgenden Berufe, sondern die Patienten, die jene Initiativen in Gang gebracht haben und immer noch forcieren, die sich inzwischen zu einer regelrechten Selbsthilfebewegung ausgewachsen haben. Auch zahlreiche Tumorkranke finden sich bei entsprechenden Selbsthilfegruppen ein oder gründen von sich aus solche Gruppen (M. L. Moeller 1978). Dabei gehen die

Patienten von der Vorstellung aus, daß es nicht nur ein Notbehelf sei, sich in diesen Gruppen wechselseitig zu stützen. Sie glauben, bloß passives Empfangen von fachlicher Therapie oder Beratung stärke ihre psychische Widerstandskraft weniger rasch und nachhaltig als die aktive Zusammenarbeit unter Gleichbetroffenen. Hier entwickelt sich z. Zt. eine Art von psychosozialer Eigentherapie in großem Maßstab. Unter den Tumorkranken haben sich die Träger eines künstlichen Darmausganges (ILCO) und brustamputierte Frauen als erste zu größeren Selbsthilfeorganisationen zusammengeschlossen. Wie zu hören ist, empfinden es die meisten Patienten als eine große Erleichterung, mit Leidensgenossen frei und offen über ihre Krankheit und deren Folgen sprechen zu können. Die Gefahr des Verzagens vermindert sich, wenn man mit anderen reden kann, die bereits gelernt haben, ihre Minderwertigkeitsängste zu bannen und der Versuchung zu einer resignativen Selbstisolation zu widerstehen. Gewiß kommt es auch vor, daß die eine oder andere Selbsthilfegruppe fanatisch aggressive Züge annimmt. Die Abwehr von Furcht und depressiven Reaktionen kann überkompensatorisch in eine Flucht nach vorn ausmünden. Kämpferische Selbstbehauptung wird dann u. U. zur Gruppennorm, die zur Unterdrückung von Angst und Schwächegefühlen nötigt, wohingegen Argwohn gegen die entweder als säumig oder überaktiv angeprangerten Ärzte geschürt wird. Solche Schwierigkeiten können nicht ausbleiben. Schließlich finden solche Selbsthilfegruppen ja nicht den Spielraum für eine beliebig freie Entfaltung vor. Alle Kranken und Behinderten unserer Gesellschaft, die ihre Umgebung mit dem Aspekt von Schwäche und Hinfälligkeit konfrontieren, verspüren seitens der Umwelt die Erwartung, sie sollten ein stilles, unauffälliges Schattendasein führen, um die Selbstsicherheit der anderen nicht zu bedrohen. Aus dem Schatten dieses eingeengten Randgruppenstatus herauszutreten, erfordert viel Aufwand und großen Widerstandswillen. Da muß es zu Reibungen kommen, auch hin und wieder mit solchen Ärzten, die unverhüllt ihre Antipathie gegenüber Patienten kundtun, die anstelle traditioneller sanfter Gefügigkeit eine gewisse kritische Ansprüchlichkeit ausdrücken. Es wird noch eines längeren beiderseitigen Lernprozesses bedürfen, ehe die Selbsthilfegruppen und die Ärzteschaft diejenige Form von wechselseitiger hilfreicher Kooperation entwickelt haben werden, die zu wünschen ist. Daß wir Ärzte die Selbsthilfebewegung als solche nur begrüßen können und als ganz wesentlichen neuen Weg zur Förderung psychosozialer Rehabilitation gerade auch von Tumorkranken fördern sollten, erscheint indessen unzweifelhaft.

3 Wie gehen wir mit unserer Angst um?

H.-E. Richter

Unsere Schwierigkeiten, uns Schwerkranken und Sterbenden zuzuwenden und ihnen mehr als eine nur technische Hilfe anzubieten, sind seit einiger Zeit Gegenstand öffentlicher Kritik, aber auch selbstkritischer Überlegungen geworden. Wir haben in der Medizin ursprünglich nur gelernt, Krankheit und Tod zu bekämpfen und Patienten in ihrem Heilungswillen zu bestärken. Aber mit dieser Haltung können wir denjenigen Menschen nicht nützen, die eine unabwendbare schwere Krankheit tragen und die daran sterben müssen. Es dient oft mehr zu unserer eigenen Beschwichtigung, wenn wir auch bei solchen vom Tode gezeichneten Menschen noch hektisch immer weiter untersuchen und nach Ansatzpunkten fahnden, wo wir unseren Kampf fortsetzen können. Es entlastet viele Ärzte, wenigstens gegen irgendwelche Begleit- oder Teilstörungen noch etwas tun zu können, wenn schon die tödliche Grundkrankheit unbeeinflußbar geworden ist. Man glaubt, man müsse jedenfalls bis zum letzten Atemzug des Patienten fortgesetzt handeln, weil Untätigkeit als solche bereits wie eine moralische Kapitulation erscheint. Dabei verkennen wir, daß wir mit dieser blinden Polypragmasie nur unsere eigene Angst unterdrücken, dafür jedoch die Menschen im Stich lassen, die eine unheilbare Krankheit und deren tödlichen Ausgang akzeptieren müssen. Wir entzweien sie gewissermaßen durch unsere Feindbildstrategie mit ihrem Schicksal, anstatt ihnen zu helfen, sich mit diesem auszusöhnen. Aber so verhalten wir uns eben nicht aus mangelnder Fürsorgebereitschaft, sondern gewissermaßen aus Angst vor unserer eigenen Angst. Wir wagen nicht, mit den Patienten gemeinsam ein Problem zu tragen, dem wir uns selbst nicht gewachsen fühlen. Aber dies ist nicht eine spezifische Unfähigkeit der in der Medizin tätigen Berufsgruppen, sondern ein Versagen, das tief in der allgemeinen Grundhaltung unserer modernen westlichen Zivilisation verwurzelt ist. Es geht hier also nicht nur um spezifische Schwierigkeiten des Angst-Ertragens in der Medizin, sondern um die Frage nach dem Umgang mit Angst in unserer Zivilisation schlechthin. Wenn ich also jetzt versuchen werde, einige allgemeinere Betrachtungen über die Bedeutung der Angst und bestimmter Angstabwehrmechanismen in unserer Gesellschaft anzustellen, so führt dies zwar zunächst vom engeren Thema dieses Buches ab. Zugleich hoffe ich indessen, dadurch ein wenig zur Vertiefung des Verständnisses für die verhängnisvolle Fehlhaltung der Medizin beizusteuern. Wir können unseren Patienten nur besser beistehen, wenn wir Gebrechlichkeit und Sterblichkeit zunächst in uns akzeptieren und uns damit zugleich kritisch mit einem verleugnungsfördernden kulturellen Leitbild auseinandersetzen, das dieser Selbsterkenntnis entgegensteht.

Seit Kierkegaard, Heidegger und Jaspers (zit. nach Richter 1979) sind wir gewohnt, Furcht und Angst zu unterscheiden. Jaspers sagt: „Furcht ist auf etwas gerichtet, Angst ist gegenstandslos." In der griechischen Antike gab es die Erscheinung der unbestimmten Weltangst noch nicht. Die Rede war immer nur von dem Furchtaffekt, der den Menschen bei realen Gefahren anfalle. Es hieß, die Furcht gehöre zum Menschsein, weil der Mensch eben ein von Gefahren bedrohtes Leben zu führen habe. Man habe sich der Furcht durch Tapferkeit zu erwehren, lehrte Plato. Weltangst kannte man bei den alten Griechen deshalb nicht, weil das Ganze der Welt eine Ordnung darstellte, einen Kosmos, der vom Guten getragen wurde. Es war eine Haltung des Weltvertrauens, die bis zur Stoa bestehen blieb. Wenn der einzelne ein schreckliches Schicksal erlitt, so konnte er sich immer noch damit trösten, daß sein schlimmes Einzelschicksal kompensiert wurde durch eine große kosmische Ordnung, die Vertrauen verdiente. In der Gnosis und im frühen Christentum kommt erstmalig Weltangst auf. Im Johannes-Evangelium heißt es: „In der Welt habt ihr Angst, aber seid getrost, ich habe die Welt überwunden." Der Mensch verliert im Imperium Romanum zunehmend seine Geborgenheit. Aber gegen die Angst der Ungeborgenheit hilft, wie der Philosoph Schulz (1965) es genannt hat, der Glaube, „daß auch die gefallene Welt eine Schöpfung Gottes ist und als solche von Gott getragen wird". Immerhin existiert das alte Urvertrauen der Griechen nicht mehr. Es müssen *sichtbare* Ordnungen geschaffen werden, die kompensatorisch „das Gute" repräsentieren. Der Kosmos ist nicht mehr an sich gut. Aber Kirche und Staat, die sich miteinander verbinden, übernehmen gewissermaßen stellvertretend und vermittelnd die Repräsentanz des Guten. Sich der Herrschaft von Kirche und Staat anzuvertrauen und sich diesen anscheinend von Gott berufenen Mächten vollständig zu ergeben, heißt, keine Angst haben zu müssen. In der mittelalterlichen Welt braucht man also Kirche und Staat als konkrete Manifestationen Gottes in der Welt. Aber die kompensatorische Wirkung dieser Institutionen schwindet. Die Angst vor der totalen Ungeborgenheit, die Angst, von Gott nicht mehr gehalten zu werden, bricht durch. Dies ist der Anlaß zu einem radikalen Umschlag. Descartes und Galilei weisen den neuen Weg: der Mensch sucht Schutz vor seiner Weltangst im Vertrauen auf *sich selbst* und auf *seine Macht*, die Welt zu berechnen und nach seinen Berechnungen den Weltlauf zu steuern und das Böse im Sinne von unvorhersehbarem Verhängnis mit Naturwissenschaft und Technik in Schach zu halten. Man vertraut auf den ewigen Fortschritt im Sinne einer immer vollständigeren Berechnung und damit Beherrschungsmöglichkeit der Welt. Der Glauben an die Allmacht Gottes ist dem Glauben an die Allmacht des eigenen Intellektes gewichen. Der soll die Gesetze der Welt lückenlos entschlüsseln. Und dem Entschlüsseln soll die technische Beherrschung folgen. Wenn ich alle Ursachen erkenne, werde ich diejenigen Ursachen, die mich mit schlimmen Folgen bedrohen, abwenden können. Es wird mich nichts Unvorhersehbares mehr überfallen können.

Aber während sich im 19. Jahrhundert Naturwissenschaft und Technik immer rasanter entwickeln, entsteht gleichzeitig neue Weltangst. Die Umgestaltung des Lebens durch die Industrialisierung verstärkt gerade nicht das Bewußtsein, in einer zunehmend vernünftigeren Welt immer mehr Geborgenheit und Sicherheit finden zu können. Schließlich hören wir von den mit der Steuerung des sog. Fortschritts beauftragten Experten, daß der Weg, den sie uns bahnen sollen, in die totale Unvernunft führt, daß er nämlich in kaum ermeßlichem Grade eben die Gefahren heraufbeschwört, die auf diese Weise gebannt werden sollten. Man kann nicht mehr dem Satz Hegels Glauben schenken: „Was wirklich ist, das ist vernünftig, und was vernünftig ist, das ist wirklich." Wir müssen also lernen, mit einer neuen gewaltigen Weltangst zu leben. Die Sicherheit des naturwissenschaftlich-technischen Weltbildes schwindet rapide. Viele moderne geistige Strömungen spiegeln die Ratlosigkeit wider. Es gibt Fluchtbewegungen, die wie der Versuch anmuten, in einer großen Regression so etwas wie kindliche Unschuld wiederzugewinnen und in eine mittelalterliche oder gar vormittelalterliche infantile Geborgenheitssituation zurückzukehren. Auf der anderen Seite befinden sich diejenigen, die anstelle dieser Rückzugstendenzen meinen, daß wir von der Verantwortung nicht mehr wegkommen, die Welt, die wir so in Unordnung gebracht haben, selbstverantwortlich und aktiv besser zu ordnen. Das heißt, wir können die Entwicklung der letzten drei, vier Jahrhunderte nicht mehr einfach rückgängig machen. Wir können nicht durch Maschinenstürmerei und Flucht in esoterische Sekten oder ländliche Alternatividylle hoffen, von der Aufgabe loszukommen, die miteinander engstens im globalen Maßstab verflochtenen Probleme der menschlichen Gesellschaft aktiv politisch zu bewältigen. Wir können unsere künstlich-technische Welt nicht wieder einfach in Natur zurückverwandeln und können auch aus unserem Bewußtsein nicht die psychischen komplexhaften Entwicklungen einfach tilgen, die in uns stattgefunden haben.

Wer diese beiden zuletzt genannten Thesen akzeptiert, dem stellt sich die Frage: Was machen wir also mit dem Gemachten? Wie können wir die konkreten unvernünftigen Lebensbedingungen, die wir geschaffen haben, vernünftig umgestalten? Was machen wir mit der Technik, die uns nicht so sehr über den Kopf, vielmehr über unsere Natur als sterbliche Menschenwesen hinausgewachsen ist? Wie können wir sie auf ein Maß bringen, das den Begrenzungen unserer Existenz angemessen ist? Schumacher, Traube und vor allem Jungk, Eppler, Binswanger sind einige von denen, die hierzu wichtige Vorschläge erdacht haben. Die andere Frage lautet: Wie können wir für uns selbst das rechte Maß finden? Pascal hat gefordert, wir müßten anerkennen, daß wir „etwas und nicht alles sind" (nach Richter 1979). Nur wenn wir wirklich ertragen könnten, daß wir nicht unendlich sein können, könnten wir darauf verzichten mit Hilfe einer endlosen Expansion der Technik immer größer werden zu wollen und damit in Wirklichkeit immer verletzlicher zu werden.

Aber ehe wir überhaupt fähig werden, auf die beiden eben formulierten Fragen sinnvolle Antworten zu suchen, müssen wir wohl erst lernen, unsere Angst besser anzuschauen und uns ihr zu stellen. Es ist freilich neuerdings eher üblich, sich vorzumachen, man könne, was immer uns bedrücke, unverzüglich auf irgendeine Weise wegtherapieren oder wegorganisieren. Und man klammert sich an die Illusion, es gebe kein Problem in der Welt, das nicht prinzipiell von speziellen Experten lückenlos berechnet und letztlich handhabbar gemacht werden könne. Man redet sich ferner eine Art von darwinistischem Optimismus ein: das Gute und Richtige werde sich irgendwie automatisch durchsetzen. Das heißt, ehe man die Angst in sich hochkommen läßt, hat man sie schon zu einem sachlichen Problem gemacht, also von sich weggerückt. Oder man verwandelt die große, unheimliche existentielle Angst durch einen unbewußten Abwehrprozeß in die harmlosere Furcht vor irgendeiner begrenzten konkreten Gefahr. Wir Psychotherapeuten sehen viele Patienten mit irgendwelchen neurotischen Befürchtungen, hinter denen eine sehr viel umfassendere existentielle Angst verdeckt ist. Weil die Betreffenden sich z.B. um jeden Preis der Konfrontation mit ihrer Endlichkeit zu entziehen versuchen, bauen sie unbewußt ersatzweise Furchtobjekte auf, die in Wirklichkeit eine konkrete Gefahr darstellen. Sie hoffen, durch die Verschiebung und Relativierung der Angstquelle panische Verzweiflung vermeiden zu können. Wie der einzelne Mensch heutzutage üblicherweise mit seiner individuellen Angst umgeht, stellt in irgendeiner Weise eine Abspiegelung der Art und Weise dar, wie wir alle miteinander unsere Weltangst bewältigen bzw. dieser zu entfliehen versuchen. Um so mehr ist es aufschlußreich, diese individuellen Angstreaktionen genauer anzusehen.

Das allgemeine Angstthema, das wir in der Psychotherapie dominierend vorfinden, ist die Sterbeangst. Das ist nur zu verständlich in einer Gesellschaft, der Größe, Stärke, ewige Fitness und Jugendlichkeit alles bedeuten. Da ist der Tod das unerträgliche Verhängnis schlechthin. Nichts bestätigt die Richtigkeit der These vom unbewußten Unendlichkeitswahn bzw. Gotteskomplex unserer Gesellschaft so überzeugend wie diese Beobachtung, daß kaum jemand mehr sterben oder anderen zu sterben wirklich helfen kann und daß auch die Medizin das Sterben nicht eigentlich zu akzeptieren vermag. Die eigentliche Unmenschlichkeit unserer heutigen Medizin besteht darin, daß sie den Tod pauschal als Feind diffamiert, in dessen Verhütung sie ihren hauptsächlichen Sinn sieht. Im Vorfeld der Sterbeangst findet sich die Angst vor Schwäche, Kleinheit, Gebrechlichkeit. Nur wenn der Mann groß ist, wenn er aufsteigt, wenn er andere unter sich hat, kann er anscheinend mit sich zufrieden sein. Jede Blöße, jede Schwachstelle bedeutet ein bedrohliches Ausgeliefertsein. Da werden die anderen mit einem machen, was sie wollen. Und man verachtet sich selbst. Von Kindheit auf lernt jeder Mann, sich permanent rivalisierend mit anderen zu vergleichen und sich nur dann zu akzeptieren, wenn er irgendwo *vor* anderen oder *über* anderen sein kann. Da brauchen die Armen die noch Elenderen, um sich gegen sie abheben zu können, und die Kranken stabilisieren sich gegen die noch Kränkeren. Und man erfindet für gewisse soziale Gruppen die angebliche Bestimmung natürlicher Unterlegenheit, um den anderen Herrschaft als Fundament von Selbstsicherheit zu garantieren. Lange Zeit hat dieser Trick funktioniert, etwa die Theorie von der natürlichen Schwäche und Gefügigkeit der Frauen oder die Theorie von der rassisch bedingten Inferiorität und Hörigkeit der Kolonialvölker. Seitdem aber diese Zuteilung von Ohnmacht, Passivität und Hörigkeit von den dazu traditionell verurteilten Gruppen immer entschiedener zurückgewiesen wird, überkommt die Bezugsgruppen, die sich mit Hilfe ihres Dominieren-Könnens stabil halten konnten, zunehmende Angst und Unruhe. Der Psychotherapeut erlebt heute scharenweise Männer in panischen Selbstzweifeln und Potenzschwierigkeiten, nachdem sich die Frauen an ihrer Seite verselbständigen und aus der traditionellen Unterwürfigkeit ausbrechen. Und im großen wiederholt sich dieses sozialpsychologische Muster durch die diversen Befreiungsbewegungen, wo immer diese herkömmliche Herrschaftsverhältnisse erschüttern. Die irrationale Verteufelung vieler Emanzipations- und Befreiungsbewegungen seitens der traditionell Mächtigen spiegelt deren enorme Verunsicherung wider. Der Abbau ihrer Macht erscheint diesen wie ein totales Scheitern, wie ein Sturz ins Bodenlose. Das männliche Ideal von Größe und Stärke in unseren Gesellschaften trägt nicht mehr, wenn sich die traditionellerweise unterdrückten sozialen Gruppen nicht länger gefallen lassen, die Kleinheit und die Ohnmacht gewissermaßen als Monopol zu absorbieren. Wenn diese die vormals Mächtigen zwingen, sich ihrerseits am Tragen von Schwachheit und Abhängigkeit zu beteiligen, so bedeutet das für jene zunächst eine Art von Katastrophe, so etwas wie ein Sterben im kleinen. Nicht mehr obenauf sein, nicht mehr grandios potent und in Form sein, heißt für viele in der Tat so viel wie ein nicht mehr lebenswertes Leben zu führen. Sie werden von grauenhaftem Selbsthaß gepackt. Die Betreffenden erleben sich als totaler Versager, als Gescheiterte, wenn sie nicht mehr fit sind, wenn sie ihre Hilfsbedürftigkeit und Abhängigkeit akzeptieren müssen. Sie gehen mit sich selbst in der inhumansten Weise um und verwünschen z.B. ihr natürliches Altern als ein solange als möglich zu verleugnendes und zu vermeidendes Unheil. Sie lassen sich die äußeren Altersmerkmale, wenn es geht, wegoperieren. Sie nehmen Pillen, schauspielern eine tolle Vitalität und klammern sich an die Hoffnung, daß die Medizin vielleicht morgen schon geeignete Methoden zur Verhütung von Abbauprozessen finden werde. Heillose Depression, u. U. mit suizidalen Impulsen, ist die Folge, wenn all diese Illusionen zusammenbrechen.

Damit zeigt sich, daß diese Sterbeangst in Wirklichkeit eine Art von *Lebensunfähigkeit* bedeutet. Uns ist eine kulturelle Grundhaltung anerzogen worden, die einseitig eine bestimmte Lebensform verherrlicht, die nur – unter günstigen sozialen Umständen – in einer bestimmten Altersphase verwirklicht werden kann. Erstrebenswert erscheint nur die Höhe, auf der Höhe des Lebens zu sein. Man muß sich möglichst lange auf dem Höhepunkt halten. Schnell wird vergessen, wer seinen Höhepunkt überschritten hat. Das Leben erscheint als ein Sexualakt, der einzig am Orgasmus, wenn man auf den Höhepunkt gelangt, gemessen wird. Kindheit heißt dann so viel wie *noch nicht* und Alter so viel wie *nicht mehr* richtig leben. Am Kind ist nur wichtig, was aus ihm einmal wird, und am alten Menschen zählt, was er war, als er noch auf der Höhe seiner Kräfte und seiner Macht war. Also müssen die meisten immerfort neidisch sein. Nämlich die Heranwachsenden darauf, was sie noch nicht sind und noch nicht haben, und die Alten darauf, was sie schon verloren haben, wenn sie es je hatten, wenn sie je obenauf, groß und mächtig waren. Und diejenigen, die gerade gewissermaßen auf der Höhe des Lebens sind, müssen schon wieder angstvoll in den Abgrund hinabblicken, in den sie mit dem Altern und Schwachwerden bald hinuntersteigen müssen. Das heißt, unsere Lebensgrundhaltung ist eigentlich *lebensfeindlich*. Sie entwertet den längsten Abschnitt unserer Lebensstrecke. Sie verwehrt uns, jede Lebensphase als in sich gleichermaßen wertvoll zu bejahen. Sie läßt uns daran zweifeln, daß Kindheit und Alter für sich hinreichend erfüllende Lebensmöglichkeiten bieten, obwohl jeder Augenblick seine besonderen qualitativen Erfüllungschancen enthält. Wir sind verblendet durch ein permanentes Rivalitätsdenken, das sich an bloß quantitativen Maßstäben festmacht. Da rivalisieren dann eben auch die verschiedenen Lebensalter miteinander nur nach Kraft, Macht, Größe, Besitz. Die jeweils einzigartigen *qualitativen* Möglichkeiten, die an jedem Lebenspunkt fernab von allen quantitativen Vergleichen gegeben sind, werden als scheinbar unwesentlich verkannt. Das Leben wird also nicht als Ganzes bejaht, sondern nur in irgendwelchen kurzzeitigen quantitativen Aufschwüngen. Deshalb sind wir ja eben auch von einem panischen Fortschrittsdrang getrieben, der uns, was wir aus eigener Kraft nicht können, wenigstens mit Hilfe der Technik bringen soll, nämlich immer mehr Macht über die Natur, auch über unsere eigene. Die Medizin steht unter dem ungeheuren Erwartungsdruck, daß sie, sei es durch Chemie, durch Implantation von Kunststofforganen oder sonstwie ewige Potenz und jugendliche Fitness herbeischaffen soll. Noch einmal sei es gesagt: diese Angst betrifft das Sterben erst sekundär. Primär ist es eine Angst vor dem Leben selbst, oder genauer, vor der Leere eines Lebens, dem man den Sinn entzogen hat. Der Zwang zur Fortschrittsperspektive besagt, daß man nicht das Jetzt und Hier bejahen und ausschöpfen kann, sondern sich immer nur hektisch unterwegs sieht. Das Motto lautet: Immer nur nach vorn und oben blicken. Dabei verliert man den Augenblick und sich selbst und die Mitmenschen in eben diesem Augenblick. Dann ist es wirklich so, daß das Leben zerrinnt. Man erschrickt über das Tempo des Zerrinnens, weil man eben nie und nirgends mit seinem Bewußtsein wirklich verweilt und zur Gegenwart ja sagt. Weil man sich niemals ganz hingibt, niemals alles von sich aktiv einsetzt.

Es ist eindrucksvoll und bezeichnend zugleich, wie sich die Zeitperspektive und der Umgang mit der Endlichkeit verändern kann, wenn Menschen lernen, wesentlicher im Augenblick zu leben, wenn sie ihre Gegenwart mit neuem Sinn erfüllen können. Wir Ärzte können dies bei Menschen beobachten, die an einer tödlichen Krankheit leiden und – wenigstens teilweise – lernen, ihr Sterben zu akzeptieren. Plötzlich können sie die ihnen verbleibende Zeit ganz anders nutzen. Sie können tiefer kommunizieren und ihre Gegenwart viel reicher erfahren und gestalten, als sie das je vermocht hatten. Und so kann für sie die kurze ihnen noch verbleibende Zeitstrecke vom Gehalt her sehr lang werden. Und miteinander können sie auch ihren Partnern dazu verhelfen, daß diese sich mitverändern und diese Phase zusammen mit dem Sterbenden als eine kleine Ewigkeit voll intensivsten Lebens erfahren und auch noch späterhin als ungemein wesentlichen Abschnitt im Bewußtsein bewahren. Der Prozeß vollzieht sich in der Regel als eine mehrfache Wechselwirkung. Weil der Kranke sein Sterben annimmt, vermag er seine noch verbleibende Lebensmöglichkeiten voll auszuschöpfen. Aber umgekehrt ist es auch eine Bedingung der Bejahung des Lebensendes, daß er diese Endphase sinnvoll gestalten kann. Dazu gehört vielfach, daß er mit den anderen, die ihm wichtig sind, noch Konflikte klärt und eine positive Gemeinsamkeit verwirklicht. Man kann schwer sterben oder einen anderen sterben lassen, wenn in der Beziehung unbewältigte Ängste, Rivalitäten, Haß- und Schuldgefühle angestaut sind. Dann verbleibt man unausgesöhnt mit dem Partner wie mit sich selbst. Und das macht eine definitive Trennung unmöglich. Der Tod wird zur unerträglichen Katastrophe.

Dazu möchte ich ein kleines Beispiel aus der Praxis erzählen: Vor 3 Jahren habe ich zusammen mit einer Kollegin eine Familientherapie in der Familie einer jüngeren krebskranken Frau durchgeführt. Bei der Frau war eine Brust operativ entfernt worden, aber es waren schon Metastasen in der Leber aufgetreten, und es war klar, daß die Frau bald sterben mußte. Indessen wagte in der Familie niemand, offen darüber zu reden, obwohl die Diagnose einschließlich der verhängnisvollen Leberbefunde bekannt war. Da konnte die 7jährige Tochter der Frau plötzlich abends nicht mehr einschlafen. Und morgens wollte sie nicht mehr zur Schule gehen. Sie hatte die Zwangsvorstellung, auf dem Schulweg könnte in totes

Tier, z.B. ein toter Vogel, liegen. Ihr 11jähriger Bruder sprach davon, daß das Leben für ihn eigentlich keinen rechten Sinn habe. Er ließ sich mehr und mehr hängen, wurde kontaktscheu und gab Anlaß zur Sorge, er könnte sich womöglich etwas antun. Der Ehemann der Frau suchte regelmäßig nach dem Abendbrot einen Vorwand, sich davonzumachen. Meist landete er in der Dorfkneipe und trank dort mehr, als er je vorher getrunken hatte. Die krebskranke Frau war verzagt und wütend zugleich, weil sie sich von ihrem Mann im Stich gelassen fühlte. Sie haderte auch mit den Ärzten, die manche therapeutischen Maßnahmen nicht rechtzeitig ergriffen hätten und ihr durch allzu rigorose Behandlungsmethoden unnötige Beschwerden bereiteten. Wir besuchten diese Frau regelmäßig zu Hause und veranstalteten mit ihr wie mit der ganzen übrigen Familie gemeinsame Gespräche. Dabei stellte sich heraus, daß die Frau bis zum gegenwärtigen Augenblick niemals in der Familie die Rolle gefunden hatte, die sie sich wünschte. Ihre eigene Mutter war die beherrschende Figur, die im Hause alles regierte und sie noch erheblich bevormundete. Mit ihrem Mann, einem ziemlich weichen und den Kindern gegenüber eher mütterlich empfindenden Menschen, rivalisierte die Patientin erbittert. Sie gönnte ihm nicht, daß die Kinder zu ihm ein ziemlich positives Verhältnis hatten und projizierte auf ihn ihre Selbstvorwürfe, weil sie fühlte, noch nicht selbst voll in die Mutterrolle hineingewachsen zu sein. So redete sie sich ein, die Kinder würden nach ihrem Tode in schlimmes Elend geraten. Sie dürfe deshalb noch nicht sterben, weil sie wegen der angeblichen erzieherischen Unfähigkeit ihres Mannes unentbehrlich sei. Und so infizierte sie mit ihrer Angst die Kinder, denen sie unbewußt die Phantasie übertrug, daß diese nur mit ihr und nicht mit dem Vater würden zurechtkommen können. Indem sie die Kinder, denen sie abends vor dem Schlafengehen immer mehr Zeit widmete, verzweifelt von sich abhängig zu machen suchte, verstärkte sie natürlich deren Angst vor dem bevorstehenden Verlust der Mutter, der den Kindern klar war. Ich kann hier nicht den Verlauf der Therapie ausführlicher schildern. Soviel sei nur gesagt: Es gelang erstens, wieder ein intensives Gespräch zwischen den Eheleuten in Gang zu bringen. Der Mann kümmerte sich wieder intensiv um seine Frau, er ging nicht mehr abends in die Kneipe. Durch seine Zuwendung verringerte sich ihr Selbsthaß, der durch ihre Krankheit und ihre Brustoperation verschärft worden war. Die Stützung durch ihn verminderte ihren Rivalitätsdrang. Sie konnte sich und dem Mann zugestehen, daß er mit den Kindern positiv umgehen konnte und daß diese ihn mochten. Und sie konnte sich zum erstenmal gegen die bevormundende Mutter durchsetzen, indem sie einen sehr vitalen jungen Hund ins Haus holte, obwohl die Mutter sich strikt widersetzte. Dieser Hund, den auch die Kinder mit Begeisterung empfingen, wurde gewissermaßen zum Geschenk der Patientin an die Familie. Der Hund als Symbol der triebhaften Lebensfreude bedeutete, daß die Patientin der Familie zugleich ein positives Stück von sich selbst für die Zukunft hinterließ. Dabei war es für sie wichtig, daß sie sich mit dieser Entscheidung von der Mutter emanzipierte. Mit dem Hund, der mit seiner Wildheit allerlei Unordnung in dem von der Mutter aus pingelig kontrollierten Haushalt stiftete, artikulierte die mit dem Tier identifizierte Patientin viel von ihrer bislang nie voll ausgelebten Impulsivität und fand durch dieses Vehikel auch eine neue Beziehungsform zu den Kindern, indem sie mit diesen gemeinsam glücklich mit dem Tier spielte, soweit es ihre Kräfte zuließen. Die Symptome der

Kinder verloren sich. In den letzten Lebensmonaten der Patientin gestaltete die Familie noch ein recht intensives Zusammenleben. Und man plante gerade noch eine Ferienreise in ein Gebiet, auf das die Mutter sehr neugierig war, als sie plötzlich starb. Nach ihrem Tod haben der Vater und die Kinder ein erstaunliches konfliktfreies Zusammenleben entwickelt. Wir haben die Familie in den 2 Jahren danach in Abständen weiter besucht. Die Kinder haben sich sehr gesund entwikkelt, ohne neurotische Ängste oder depressive Krisen. Der Vater ist sehr fürsorglich und nichtsdestoweniger gleichzeitig beruflich und politisch voll aktiv. Der Hund ist nach wie vor ein wichtiges, von allen geliebtes Bindeglied, das eben auch noch ein Stück der Mutter repräsentiert. Und es ist erstaunlich, wie sich auch die alte Großmutter umgestellt hat. Stolz erzählt sie davon, wie der Hund es arrangiert, sich neben ihr mit den Vorderpfoten auf die Fensterbank zu stützen und, an sie gelehnt, zum Fenster hinauszuschauen. Also wirkt auch bei ihr die Therapie, welche ihre Tochter der Familie wie sich selbst durch den Hund teils symbolisch teils direkt vermittelt hat.

Diese grobe Skizze sollte nur beispielhaft veranschaulichen, daß eine ganze Familie die Sterbeangst bewältigen kann, wenn das eigentliche Problem, nämlich die bislang verfehlte Fähigkeit zu einem erfüllenden Zusammenleben, halbwegs gelöst werden kann. Hier war die Sterbeangst also eigentlich die Angst vor dem Fluch eines nicht mehr korrigierbaren und auflösbaren Konfliktes mit einer Hypothek von Schuldgefühlen und Haß. In dem Augenblick, in dem alle miteinander in einer neuen, offeneren Weise *leben* können, können sie auch das *Sterben* und die Trennung tragen. Es ist fraglos überaus wichtig, daß das Problem des Sterbens nach langer Verleugnung wieder mehr und mehr zu einem Thema der öffentlichen Diskussion und auch der Forschung wird. Diese Fragestellung führt automatisch und notwendig zu einer Besinnung auf den Sinn des Lebens, dessen Endlichkeit wir hinnehmen müssen und das nicht, wie es uns eine illusionsträchtige Fortschrittsideologie glauben machen möchte, mit technischer Hilfe immer großartiger, potenter und schließlich bis zu nahezu undendlicher Dauer quantitativ gesteigert werden kann. Denn wir sehen ja, daß die maßlose Steigerung dieser technischen Anstrengungen zu einem Umschlagen in eine Zerstörung derjenigen Bedingungen zu führen droht, die nicht wir, sondern die uns von der Umwelt her im Griff und denen wir uns in Bescheidenheit zu fügen haben.

Freilich wird uns eine Umbesinnung, eine Umorientierung in unserer fundamentalen Lebenanschauung dadurch überaus erschwert, daß wir uns eine Welt gemacht und technisch-wirtschaftlich organisiert haben, die uns jetzt von außen in vielfältiger Weise in dem alten, verhängnisvollen Denksystem festhält. Man kann dieses System nicht leicht und nicht ohne Bruch und Krise so umgestalten, daß es uns sinnvollere Lebensformen ermöglicht. Nur einen entscheidenden Punkt möchte ich nennen, der den Widerspruch zwischen der Hoffnung auf eine Bewußtseinsänderung und der Macht einer gegenläufigen technischen Entwicklung kennzeichnet. In dem Augenblick, in dem wir jetzt wieder anfangen, uns unserer Angst vor dem Sterben zu stellen und uns da und dort sogar in einem nächsten Schritt mit unserer Gebrechlichkeit auszusöhnen, sind wir mitverantwortlich in eine Atomrüstung wahrhaft gespenstischen Ausmaßes verwickelt. Eben haben wir festgestellt, daß das existentiell unabwendbare Sterben um so eher von dem Sterbenden wie von den Zurückbleibenden als ein Abschiednehmen vollzogen werden kann, je mehr an positiver Kommunikation in den Beziehungen verwirklicht ist. Genau das entgegengesetzte Prinzip, nämlich eine paranoide Polarisierung, kennzeichnet aber die uns umgebende Aufrüstungs- und Konfrontationspolitik, die unser aller Schicksal mehr und mehr bedroht. So konkurriert in uns das Bild einer natürlichen und gemeinsam zu tragenden Hinfälligkeit und Endlichkeit des Menschen mit der unerträglichen Phantasie einer künstlichen Zerstörung der Menschheit schlechthin durch einen Nuklearkrieg. Andererseits schaffen wir ja die Bedingungen für die Möglichkeit einer solchen Katastrophe selbst, indem wir uns zu einer Verfolgungs- und Verteufelungsideologie hinreißen lassen, welche die fatale Rüstungseskalation erst rechtfertigt. In meinem Buch über den „Gotteskomplex" habe ich zu beschreiben versucht, wie es zu der Tendenz kommen kann, aus dem Ohnmachtsgefühl der Gebrechlichkeit und des Leidens in eine Verfolgungsideologie zu entfliehen. Dies ermöglicht, sich aus der Schwachheit in eine aktive Teufelsaustreibungshaltung zu retten. Man glaubt, draußen bekämpfen und ausrotten zu können, wovor man innerlich zu sehr erschrickt. Mögen wir die Absurdität dieses traditionellen Reaktionsmusters nun inzwischen auch hier und da durchschauen, so hat der Fortschritt der Kernwaffentechnik währenddessen eine Realität geschaffen, die so lähmend wirkt, daß vielen eine Umkehr gar nicht mehr möglich scheint. Sie empfinden das angesammelte Vernichtungspotential resignativ als irreversible Vorentscheidung für kriegerisches Handeln. Und in der Tat hat die säbelrasselnde Risikopolitik der letzten Monate deutlich gemacht, wie leichtfertig mit der ungeheuren Gefahr umgegangen wird.

Menschliches Sterben ist nur im Zusammenhang mit befriedigendem menschlichen Zusammenleben möglich. Es benötigt zur Voraussetzung offene, kommunikative Beziehungen. In einem paranoiden, von latenter oder manifester Feindseligkeit erfülltem allgemeinen Klima ist es schwer genug, in mikrogesellschaftlichen Strukturen wie in der Familie oder im Krankenhaus eine Humanisierung von Umgangsweisen zu verwirklichen, die sich alternativ von denjenigen destruktiven Rivalitätsmustern absetzen, die im makrogesellschaftlichen Bereich vorherrschen und sich eben auch weithin bereits in gefährlicher Weise objektiviert haben. Man sollte sich dadurch indessen nicht entmutigen lassen. Aber man sollte klar zu sehen lernen, daß man gut daran tut, sich neben einem Engagement für eine Humanisierung der Betreuung von Kranken und Sterbenden zusätzlich offenzuhalten für ein Engagement, das unser Gesundheitssystem im ganzen und schließlich die Grundwerte der Politik, die in unserem Namen gemacht wird, mit ins Auge faßt. Die Medizin kann niemals menschlicher aussehen als die Gesellschaft, die sich in ihr notwendigerweise widerspiegelt.

4 Angst und Methode in der Krebsbehandlung

P. Möhring

G. Devereux (1973), an dessen Publikation ich mit diesem Titel erinnern will, hat als Ethnologe und Psychoanalytiker den weitreichenden Gedankengang entwikkelt und mit vielen Beispielen belegt, daß insbesondere in den Sozialwissenschaften die Tätigkeit des Forschers in Überschneidung von Beobachter und Beobachtetem stattfindet, die Angst erregt, und daß aus dieser Angst heraus Methoden produziert werden, um ihrer Herr zu werden. Wir können uns diesen Gedanken annähern, indem wir uns vorstellen, wir würden Zeuge einer Auseinandersetzung, beginnend mit Worten, sich steigernd zu Beschimpfungen, Schreien, sie mündet in ein Handgemenge. Wir als Beobachter schätzen die Situation – vermutlich zu verschiedenen Zeitpunkten – als bedrohlich ein. Wir tun dies, in dem bei uns (bewußt oder unbewußt) ein Gefühl von Bedrohung wachgerufen wird, indem wir uns mit der vorgefundenen Situation oder mit Teilen von ihr identifizieren. Die Beobachtung ruft in uns Gefühle hervor, die Angst erregen. Mit der vorhin erwähnten Überschneidung ist die Idendifikation gemeint, mittels derer wir uns affektiv gleichsam in die vorgefundene Situation hineinversetzen, und uns dann wie mitten in ihr, uns in sie hineinversetzt fühlen. Mittels Desidentifikation wehren wir die Angst ab, im Beispiel etwa mit „Pack schlägt sich, Pack verträgt sich". Angstquellen solcher Art gibt es viele. Es kann sich einfach um Fremdes handeln, und Unbekanntes, wie etwa Beobachtungen eines Ethnologen. Es kann aber auch Bekanntes sein, das bei uns Angst auslöst. So ist ja beispielsweise bekannt, daß für herzneurotische Patienten Anfälle auslösende Angstquellen vielfach z.B. Filme sind, in denen jemand stirbt, oder verunfallt, oder das Geräusch des Martinshorns auf der Straße etc. In diesen Fällen gelingt es den neurotischen Beobachtern nicht, soviel Distanz zwischen dem beobachteten Ereignis und sich selbst aufzubringen, um nicht selbst von Angst überflutet zu werden.

Dieser Gedankengang wird dem differenzierten Werk von Devereux zwar nicht gerecht, mag aber als Beispiel genügen, um auf das vorzubereiten, was sich in einem Behandler abspielen kann, der mit Patienten zu tun hat, die an lebensbedrohlichen Erkrankungen leiden. Zunächst ist der Behandler ja noch viel mehr als ein Beobachter: Er ist unmittelbar Teilnehmender, seine Absicht ist der Eingriff, die Einflußnahme, er ist von vornherein viel stärker involviert. Er ist auch viel näher an dem Ereignis der Krankheit als ein Beobachter: Er ist es, der schneidet, bestrahlt, infundiert, er ist es, der die Befunde erhält, der die Entwicklung der Erkrankung verfolgt, z. T. über Jahre. So darf es nicht verwundern, wenn Behandler, die mit malignen Erkrankungen in Berührung kommen, Angst entwickeln. Natürlich sind solche Ängste irrational (Booth 1965), aber solche Irrationalitäten angesichts maligner Erkrankungen gehören wesentlich zum Umgang damit. Nicht nur die Milliarden an Forschungsgeldern, die ohne großen Erfolg für den

Feldzug gegen die „letzte Geisel der Menschheit" aufgewandt werden, nicht nur die Laienätiologie, die noch sehr vom Infektionsmodell (Identifikationsmodell) geprägt ist, weisen darauf hin. Es sind auch die einander jagenden, immer wieder Aufsehen erregenden Entdeckungen von krebserregenden Substanzen, die unsere Berührungsfurcht mit diesen Erkrankungen verwandeln in die Berührungsfurcht vor Hunderten bis Tausenden von Substanzen, vielleicht steckt Irrationales auch in den nichtchirurgischen Behandlungsmethoden, wo quasi der Teufel mit dem Beelzebub ausgetrieben wird, wo Strahlen und Substanzen, die selbst Krebs erzeugen können, dazu eingesetzt werden, Krebs zu bekämpfen (Mehta u. Kothari 1979). Es ist ja schon oft darauf hingewiesen worden, daß die malignen Erkrankungen für uns zur Metapher für Tod und Sterben geworden sind, weil wir sie trotz aller Krebsregister nicht kontrollieren können, weil eindringendes und sich an quasi beliebiger Stelle im Körper fortsetzendes Wachstum uns unheimlich ist, weil der Marasmus der Krebskranken wie im Zeitraffer das Leben zum Tode hin vor Augen führt. Der Assoziationsraum: Hilflosigkeit, Machtlosigkeit, Sterben, Tod, Alter, Siechtum, Endlichkeit, ist in einer Welt, die dem Tod keinen Sinn gibt, sondern ihn nur bekämpft, das Schreckbild schlechthin. Wenngleich diese Angstseite des Krebsproblems in jüngerer Zeit häufig dargestellt wird, gleichsam in den „common sense" eingeht, ist die Rezeption doch viel zu oberflächlich, um dem einzelnen einen Ausweg aus diesem eher epochal angelegten Dilemma aufzeigen zu können. Daher überwiegt im Umgang mit Krebserkrankungen und Krebskranken das, was Psychoanalytiker Abwehr nennen, also die Versuche, das daraus resultierende Konflikt- und Leidenspotential in seinem vollen Umfang nicht zum Vorschein kommen zu lassen. Wir kennen verschiedene solcher Methoden. Die weitgehende Vermeidung affektiver Involvierung im Angesicht von Krankheit zeigt sich bereits bei der überwiegend organisationszentrierten Ausrichtung der Krankenhäuser (etwa im Gegensatz zur personenzentrierten Ausrichtung der psychotherapeutischen Einrichtungen). Dieser Aspekt betrifft zwar gleichermaßen alle Kranken, dennoch gibt es bei den verschiedenen Disziplinen hier weitreichende Unterschiede: man vergegenwärtige sich nur einmal den aufgeräumt-sorglosen Umgangston zwischen Personal und Patienten auf unfallchirurgischen Stationen und vergleiche ihn mit dem Umgangston auf Krebsstationen. Hier wird also die Organisationsorientierung der Krankenhäuser, d.h. die primäre Orientierung auf möglichst reibungslose Funktionsabläufe dazu benutzt, belastende affektive Geschehnisse so weit auszublenden, daß die persönliche emotionale Belastung dadurch reduziert wird. So konnte ich als psychosomatisch/psychotherapeutischer Konsiliararzt die Erfahrung machen, daß ich in einer großen Zahl der Fälle, besonders bei Tumorkranken, dann hinzugezogen wurde, wenn eben diese Organisationszentriertheit durch die Patienten oder deren Angehörige gestört wurde: So z.B., wenn ein Patient mit einer vorgeschlagenen Behandlung nicht einverstanden war, oder generell die Behandlung ablehnen wollte, oder einen chemotherapeutischen Behandlungszyklus unterbrechen oder abbrechen wollte. Auch wenn Patienten besonders dringlich Bedürfnisse gegenüber dem Personal artikulierten, sei es nach Aufklärung, sei es nach Zuwendung, wird der Konsiliarius gerufen, oder wenn ein Patient stumm depressiv, häufiger noch, wenn er weinend depressiv im Bett liegt. Die Patienten vermittelten mir häufig das Gefühl, der psychosomatische Konsiliarius sei quasi aus disziplinarischen Gründen gerufen worden und solle sie nun, da sie gestört hatten, wieder zur Ordnung bringen.

Wenn der oft karikierte theaterhafte bis technische Ablauf der ärztlichen Visiten von Gesten der Zuwendung zu den Patienten unterbrochen wird, so haftet diesen häufig etwas sehr Stereotypes an: ermutigend gemeinte, aber nichtssagende und triviale Freundlichkeiten, die an Situation, Befindlichkeit und Bedürfnissen der Patienten häufig vorbeigehen (Stunder 1987). Sagt etwa ein Patient, es ginge ihm nicht gut, kann er als Reaktion häufig die Enttäuschung seines Arztes hierüber in dessen Gesicht ablesen. Plötzlich ist die Situation geprägt durch die Notwendigkeit, diesem Zustand abzuhelfen. Nun besteht Handlungszwang, um die aufgetretene Bedürfnisspannung möglichst schnell wieder abklingen zu lassen. Solche reflexartig verkürzte Interaktion verspricht noch leidlich zufriedenstellende Resultate, wenn dem Übel tatsächlich abgeholfen werden kann, wenn Möglichkeiten zur Beseitigung der Störung, zur Behandlung bestehen, wenn die Maßnahmen der Ärzte als hilfreich eingeschätzt werden können. Wie verhält sich dies aber in der Onkologie? Hier ist der Ausgang der Behandlung ja oft ungewiß, und wenn es Gewißheit gibt, so weist sie häufig in die Richtung langdauernden Siechtums, chronischer Erkrankung oder sogar des in Kürze zu erwartenden Todes. Hinzu kommt, daß in den langen Phasen konservativer onkologischer Therapie die Beschwerden, über die die Patienten klagen, vielfach als Nebenwirkungen durch die Behandlung selbst verursacht sind. Damit sind die Ärzte selbst, die am Krankenbett stehen, in diesen Fällen die Verursacher des Leidens ihrer Patienten. Dies verstärkt Schuld- und Versagensgefühle, was die Arzt-Patient-Beziehung weiter belastet. So werden diese kritischen Bereiche häufig gemieden, es wird vermieden, über die Tragweite des Geschehens zu sprechen. Die Ärzte können sich hinter ihre therapeutischen Handlungen zurückziehen. Diese werden dann oft zum Repräsentanten der Arzt-Patient-Beziehung. Das Medikament, das zunächst belastet, aber möglicherweise doch für einen späteren Zeitpunkt Linderung verspricht, wird zum Instrument der Begegnung. Diese Instrumentalisierung ärztlichen Handelns ersetzt leider leicht die Begegnung des Arztes mit seinem Patienten, in der dieser auf die Lebenssituation des Kranken eingehen könnte. Damit wird die Wirksamkeit des Medikamentes aber auch zum Gradmesser des Erfolges und der Qualität der Begegnung. Wirkt es, ist es gut, im anderen Fall hat nicht nur das Medikament versagt, sondern auch der mit seiner Wirkung identifizierte Arzt. Die vermiedenen, verleugneten und verdrängten Konflikte, die der Onkologie eigen sind, sind durch diese Methoden der Abwehr keineswegs aus der Welt. Teilweise werden sie verlagert, etwa in die Familien, die nicht ausreichend vorbereitet sind auf den Umgang mit dem Erkrankten, oder die die eigentliche Aufklärungsarbeit noch leisten müssen, weil der Arzt sich etwa nur einem Angehörigen gegenüber geäußert hat. Verfügt die Familie nicht über die Qualitäten, die ihr erlauben, sich der Situation zu stellen, bleiben die Kranken häufig mit ihren Problemen alleine. Ich nehme an, daß Seelsorger vielfach die Belastungen auffangen, die im Zusammenhang mit malignen Erkrankungen bei Patienten und Familien auftreten.

Als ich eine Zeitlang mit Onkologen zusammenarbeitete, war ich zunächst schockiert von dem Jargon, mit dem die (konservative) Therapie bezeichnet wurde: da wurden „Patienten vergiftet“ als Bezeichnung der Infusionstherapie mit Chemotherapeutika. Manche Medikamente, z.B. platinhaltige Chemotherapeutika wurden schlicht als „Gift" bezeichnet. Da wurden Patienten „die Haare vom Kopf geschossen" oder „die Haare vom Kopf geblasen". Patienten werden mit Strahlendosen „beschossen", „bombardiert". Wahrscheinlich ließe sich diese Aufzählung noch erweitern. Gemeinsam ist diesen Bezeichnungen, daß sie jeweils den negativen, schädlichen, aggressiven Aspekt der Maßnahme überbetonen. Als ich einmal einen Kollegen in solchem Zusammenhang auf das Wort „Gift" für ein Medikament ansprach, meinte er, dies würde doch stimmen. Es sei doch ohne Zweifel ein Zellgift, was hier verabreicht werde. Daß dieser Jargon abstoßend wirkt, hat vermutlich auch ein radiologischer Klinikchef bemerkt, der versuchte, solchen Sprachgebrauch in seiner Klinik zu verbieten. Aber das ist geradeso, als wollte man Satire und Karikatur verbieten. Denn so abstoßend nach außen solcher Wortgebrauch wirken mag, nach innen wirkt er entlastend. Als Kontrapunkt der behutsamen, unehrlichen Vorsicht, mit der Krebspatienten begegnet wird, hat er die Aufgabe, ein Stück Wahrheit ans Licht zu bringen, das Worte finden muß: Die Aggressivität der Maßnahmen muß benannt werden, wie auch das Problem des Arztes, der ja des Patienten Leiden lindern und heilen will, wobei in diesen Fällen die Heilung nur eine unsichere Option auf die Zukunft ist, die unmittelbare Behandlungswirkung aber bereits nach Stunden eintritt. Das Erleichternde an dem Jargon liegt wie bei der Satire darin, den Teil der Wahrheit aussprechen zu können, der sonst nicht ausgesprochen werden darf. Generell tragen nicht nur onkologische Patienten, sondern auch onkologische Ärzte, Schwestern und Pfleger viel Unausgesprochenes mit sich herum. Auf meine Nachfragen bekam ich als Erstes in der Regel die Antwort, man habe sich an diese Arbeit mit den Krebskranken gewöhnt. Nun sei es so wie jede andere Arbeit auch. Je mehr Informationen ich im Laufe der Zeit jedoch erhalten konnte, um so stärker veränderte sich dieses anfängliche Bild. Besonders das Pflegepersonal zeigte sich bei näherem Befragen auch nach Jahren noch psychisch erheblich durch die Arbeit auf onkologischen Stationen belastet. Innerhalb der Onkologie bevorzugen die meisten den ambulanten Bereich und den Nachsorgebereich, da sie dort auch häufiger mit den Fällen zu tun haben, in denen die Behandlungen erfolgreich ablaufen, wo sie sich ein Stück gemeinsam mit dem Patienten darüber freuen können, daß ein Befund negativ bleibt, daß kein Rezidiv auftritt. Dort sehen sie auch, wie erleichternd es für die meisten Patienten ist, zu Hause sein zu können, selbst wenn sie dort noch Medikamente nehmen müssen oder unter den Neben- und Nachwirkungen der Behandlung leiden. Dort haben sie eben Berührung mit all den Fällen, die nicht mehr stationär behandelt werden müssen, mit den Fällen, die als Beleg dafür dienen, daß die Mühen der Behandlung sich doch lohnen. Viele Schwestern und Pfleger räumen ein, unter manchen Schicksalen, die sie besonders berühren, noch weit über ihre Dienstzeit hinaus zu leiden. Ohne es zu wollen, werden sie dann am Feierabend oder am Wochenende noch von zumeist besonders tragischen Fällen verfolgt, oder von solchen, die ihnen persönlich nahe sind. So geben viele Onkologieschwestern an, in den ersten Jahren ihrer Tätigkeit auf onkologischen Stationen von ihren Patienten oder von Krebs zu träumen. So weit abzuschalten, daß sie i. allg. nicht mehr von ihrer Berufstätigkeit in ihrer Freizeit tangiert werden, lernen viele erst nach Jahren. Häufig entwickeln sich auch Befürchtungen, selbst Krebs zu haben. Dann werden Ärzte aufgesucht oder heimlich Untersuchungen (z.B. Blutbild) durchgeführt, um sich zu beruhigen. Da das Pflegepersonal das Stationsleben am dichtesten verfolgt, gelingt es ihm auch meistens schlechter, sich von den Patienten zu distanzieren. Schwestern und Pfleger verfügen auch in der Regel über präzisere Informationen über die psychosozialen Lebensbedingungen der Patienten, über ihre Befindlichkeit, ihre Sorgen darüber, ob und wieviel Besuch sie bekommen etc. Kein Wunder, daß sie durch diese Informationen auch in stärkerem Maße belastet sind. Da die Gespräche über die Fälle untereinander angesichts ihrer großen Zahl und der ständigen Involviertheit auch eher als belastend, denn als hilfreich empfunden werden, ist die übliche Art der Bewältigung der psychischen Belastungen durch die Arbeit im onkologischen Bereich, alleine mit sich selbst damit fertig zu werden.

Auch bei den Ärzten sind onkologische Stationen oder Abteilungen nicht sonderlich beliebt. Die jüngeren Kollegen, die während einer Facharztausbildung im Rotationsverfahren auf solche Stationen eingeteilt werden, sind zumeist froh, wenn sie sie nach einer Mindestzeit wieder verlassen dürfen. Ihnen fällt es noch schwerer als den Ärzten, die in Dauerstellen und dann zumeist in Leitungsfunktionen im onkologischen Bereich tätig sind, sich mit der onkologischen Arztrolle zu identifizieren, die ihre Besonderheiten aus dem grundsätzlich lebensbedrohlichen und unheimlichen Charakter der Erkrankungen bezieht, die ihr Gegenstand sind. Die Ideome des „Kampfes gegen den Krebs" sind von der heroischen Einsatzbereitschaft geprägt, durch die es gelingen kann, „Gevatter Hein ein paar Menschen von der Schippe zu holen", wie ich einmal sagen hörte. Hier beziehen Ärzte tatsächlich ihre Kraft aus dem Willen, den Tod zu besiegen. Allerdings erlaubt es die Mentalität und Weltsicht des Kämpfers schlecht, in Distanz zu sich selbst kritische Reflexion zu üben und über Verluste und Fehlschläge zu trauern. Ein Merkmal des Kampfes ist, wie Shatan (1983) dies beschreibt, Trauer zu ersetzen durch Angriff und Vorsicht, also durch eine Haltung, die sich auf einen Feind einstellt. Nun wird ja dieser Feind tatsächlich zuweilen mit Erfolg bekämpft. Bei einigen Tumorformen haben sich in den letzten Jahrzehnten die Behandlungsergebnisse ja wirklich deutlich verbessert, und wem wäre dies sonst zu verdanken, als diesen teilweise bis zur Selbstaufopferung kämpfenden, rastlosen, engagierten und tüchtigen Ärzten und Forschern. Und in der Tat hätte ja niemand etwas dagegen einzuwenden, wenn wirksame und weniger belastende Behandlungsformen für alle malignen Tumoren gefunden werden könnten, so daß die durchschnittliche 5-Jahres-Überlebensrate von 41% (Schmale et al. 1983) weiter steigen würde. Aber es ist die Frage, ob diese skizzierte Kampfhaltung nicht zumindest in solchen Fällen mehr Schaden anrichtet als sie nützen kann, wo es mehr um die Akzeptanz einer Krankheit, einer Behinderung oder einer Reduktion der Lebenserwartung geht, als um eine Restitution. Ich nehme an, daß eine Haltung, die versucht, Krebs als Erscheinungsform des Lebendigen zu akzeptieren, um davon ausgehend Möglichkeiten zur Behandlung zu entwickeln, wie sie beispielsweise Kothari u. Mehta (1979) entwerfen, zur Zeit wohl wenig Chancen hat, akzeptiert zu werden, da sie zu sehr im Gegensatz zu gültigen gesellschaftlichen Leitlinien steht. Auch eine solche akzeptierende Haltung würde das Ziel haben, Krebs zu behandeln und zu heilen, würde aber nicht zu Ratlosigkeit und unsinnigen Verrenkungen führen für den Fall, daß es nicht gelingt. Auch die

Ärzte könnte eine solche Haltung entlasten. Sie bräuchten nicht jeden Kampf zu führen, und ist er noch so aussichtslos, und fordert er noch so viele Opfer. Psychische Belastungen in einem Zusammenhang mit Krebserkrankungen werden also nicht nur dadurch vermieden, daß man versucht, ihnen aus dem Weg zu gehen, es gibt auch noch die oben skizzierte Form der Verteidigung, die psychoanalytisch als Reaktionsbildung bezeichnet wird: Man identifiziert sich mit dem erfolgreichen Kämpfer gegen die todbringende Erkrankung und klammert alles andere, soweit es geht, aus. Diese Seiten klingen so, als ginge es nur darum, Mißstände und fehlgelaufene Entwicklungen aufzuzeigen. In der Tat dürfte es aber sehr schwierig sein, an dem gegenwärtigen Zustand etwas zu ändern. Möglichkeiten zur Aussprache, etwa in Form von Balint-Gruppen, wie sie empfohlen werden, sind sicherlich hilfreich, wenn es darum geht, die anfallenden Belastungen nicht alleine zu tragen, sich der gegenseitigen Solidarität und Anteilnahme seiner Kollegen zu versichern, sich gemeinsam schwierigen Situationen zu stellen, im Gespräch bleiben zu können, um mit seinen Unsicherheiten besser leben zu können. Aber das Thema „Krebs" ist affektiv so stark beladen, daß solche Möglichkeiten selten angeboten und selten in Anspruch genommen werden. Denn das Reden über die Krankheiten und die Leiden evoziert zunächst durch Schweigen und Ablenkung in Schach gehaltene Emotionen, vor denen die Beteiligten Angst haben. Da das Neue zumeist stärker mit Angst besetzt ist, als das Bekannte, wird lieber nach altem Muster weiter gelitten, als sich einer neuen Situation auszusetzen. Das ist bei fast allen Menschen so, seien sie nun Schwestern oder Pfleger, Ärzte oder Psychotherapeuten. Die besondere Situation onkologischer Abteilungen und Stationen bringt es mit sich, daß die Themen Krebs, Leiden und Tod ständig präsent sind. Man muß sich quasi dagegen abschotten, um nicht ständig davon tangiert zu werden. Man muß sich als Arzt vergewissern, daß man derjenige ist, der die Spritzen austeilt und nicht derjenige, der sie empfängt. Man muß sich, und sei es zynisch, sagen, daß man an den Schaltknöpfen der Strahlenkanone sitzt und nicht unter ihr liegt, um von der Angst, die im Raum ist, nicht heimgesucht zu werden. Onkologische Abteilungen und Stationen sind sozusagen chronische Extremsituationen, und machen als solche selbst extreme Reaktionen verständlich. Geht man der Frage nach, auf welche Weise Menschen am besten Extremsituationen, wie etwa Gefängnis, Isolation oder Internierung überstehen, so erweist sich für die Betroffenen als günstig, wenn es ihnen gelingt, sich emotional möglichst wenig von der Situation berühren zu lassen, eine innere Festigkeit und einen Glauben daran zu bewahren, daß die Situation sich ändern kann, ohne sich allerdings im aussichtslosen Kampf dafür zu verbrauchen, sondern sich äußerlich mit der Situation, wie sie nun einmal ist, abzufinden (Stumpfe 1974). Wenn wir dies auf die Extremsituation Onkologie anwenden, erklärt sich hieraus manches: Der emotionale Rückzug vor den Kranken ist ein notwendiger Schutz für sich ansonsten emotional hoffnungslos überfordernde Menschen, die zwar Leiden um sich herum wahrnehmen, es aber nur wenig beeinflussen können. Man muß sich sogar fragen, ob der Versuch, sich emotional zurückzuziehen, psychohygienisch nicht angemessener ist als die Bereitschaft, für das ewig wiederkehrende Leid offen zu bleiben, ohne daran etwas ändern zu können. Daher sollte die psychische Stabilität der onkologisch Tätigen erstes Anliegen von Balint-Gruppenarbeit sein, damit sich überhaupt von hier aus fruchtbare Ansätze zu neuen Beziehungsformen zwischen der Patienten- und der Behandlerseite finden lassen. Auf dem Hintergrund solcher Überlegungen ist zu fragen, ob es psychohygienisch vertretbar sein kann, Einrichtungen zu schaffen, die sich ausschließlich mit Krebskranken befassen. Aus medizinisch-technischen Erwägungen mögen solche Einrichtungen durchaus angemessen sein. Aber sie bringen eine solche Massierung schwerster Lebensprobleme mit sich, die zu kaum zu bewältigenden Gegenübertragungsproblemen der Behandlerseite führen müssen. Wenn Leid und Probleme nicht so massiv auftreten, kann man sich dem auch leichter stellen. So führen einige schwere Fälle auf Allgemeinstationen nicht zu vergleichbar schweren Belastungen des Personals. Hier findet sich Ausgleich durch die Variation der Diagnosen und Prognosen, auch das emotionale Klima auf solchen Stationen ist ausgeglichener.

Wer sich welchen Belastungen aussetzen kann, wem was zuträglich ist, muß jeder schließlich für sich selbst in Erfahrung bringen. Spätestens seit Schmidbauer (1980) wissen wir, daß Angehörige helfender Berufe zumeist unbewußt motiviert sind durch die Absicht, bei anderen erfahrenes eigenes Leid wieder gutzumachen oder auszugleichen. Aggressive Impulse gegen andere, schon gar gegen Leidende, dürfen dabei nicht realisiert werden. Es liegt auf der Hand, daß in der Onkologie solche Bedingungen schwerer zu erfüllen sind als anderswo. So bleiben onkologische Therapeuten zusätzlich in ihren unbewußten Motivationen unbefriedigt, stattdessen laden sie sich Angst vor Krankheit und Tod auf. Die meisten mir bekannten Psychotherapeuten, die in der Onkologie arbeiten, waren irgendwann kurz davor, ihre Tätigkeit dort zu beenden. Diejenigen, die diesen Schritt geschafft haben, wirkten danach zumeist gelöster und ausgeglichener. Da es eine sehr persönliche Sache ist, die eingangs theoretisch skizzierte persönliche Beteiligung an dem, womit wir Umgang haben, zu erleben, erscheint es mir notwendig, meine Arbeit als in der Onkologie tätigen Psychotherapeuten und Psychoanalytiker, meine Wege und Auswege auf diesem Feld zu beschreiben, um damit vielleicht denen eine Hilfestellung zu geben, die sich darüber klar werden wollen, wie ihre Situation als in irgendeiner Weise in der Onkologie Tätige ist.

Ich habe 5 Jahre lang in einem Projekt „Familientherapie mit Krebskranken" mitgearbeitet. Als wissenschaftlicher Bediensteter einer Psychosomatischen Universitätsklinik hatte ich während der ganzen Zeit auch noch andere Tätigkeitsfelder: in einer psychosomatisch/psychotherapeutischen familiendynamisch orientierten Ambulanz, im Psychosomatikunterricht für Studenten, in der das Projekt begleitenden Forschung, als Psychoanalytiker in langfristigen Psychoanalysen. Mir war die Mitarbeit in diesem Projekt angetragen worden, und teils aus pragmatischen Erwägungen, teils aber auch, weil ein naher Verwandter von mir an Krebs gestorben war, sagte ich zu und entschloß mich dazu, mich diesem Gebiet zuzuwenden. Wenngleich das Projekt von vornherein so angelegt war, daß die Therapien vornehmlich als Familientherapien durchgeführt und nicht darauf angelegt waren, die Kranken psychotherapeutisch zu heilen, sondern eher, innerhalb der Familie den Umgang mit der Erkrankung zu erleichtern, um Folgelasten zu vermeiden oder zu lindern, war es doch ein mehr oder weniger bewußtes Motiv von mir, den „eigentlichen" Ursachen der malignen Erkrankungen auf psychoanalytischem Weg auf die Spur zu kommen und damit im nachhinein den Tod meines Familienangehörigen ungeschehen zu machen. Ich denke, viele meiner

Kollegen haben vergleichbare Motive, die persönliche Wurzeln haben und über kurz oder lang zu Enttäuschungsreaktionen führen müssen. Während wir uns noch mit der psychosomatischen Literatur vertraut machten, bemerkte ich schon meine insgeheime Enttäuschung darüber, daß das Projekt nicht definitiv die psychotherapeutische familientherapeutische Heilung von Krebskranken zum Ziel hatte. Aber, so dachte ich, es könne mir ja trotzdem gelingen, denn mit Krebskranken würden wir ja sicherlich genügend Berührung haben.

Meine ersten Berührungen mit den onkologischen Patienten verliefen dann allerdings anders, als ich es erwartet hatte. Nach vielen Jahren das erste Mal wieder bei einer medizinischen Visite dabei, war ich zunächst empört über die Kaltschnäuzigkeit und Unpersönlichkeit der Abläufe wie auch über den unmenschlichen Jargon bei Abwesenheit der Patienten. Und dann sollte es losgehen: einige Patienten wurden als potentiell psychotherapeutisch bedürftig eingestuft und ausersehen, mit den Projektmitarbeitern über ihre psychische Situation zu sprechen. Da saß ich dann also leibhaftig einer krebskranken Frau gegenüber, deren Becken nach den röntgenologischen Befunden angefüllt war mit Tumormassen eines Zervixkarzinoms, die über diesen Befund nicht informiert war und auf der Station durch ihre wechselnd aggressiven und depressiven Ausbrüche aufgefallen war. Während ich mit ihr sprach, mußte ich mir vorstellen, wie es wohl in ihr aussah: die Därme und die Blase angegriffen, die Harnröhre eingeklemmt, allem Anschein nach ein aussichtsloser Fall. Es war nach wenigen Minuten des Gespräches klar, daß die Frau die Ernsthaftigkeit ihres Zustandes ahnte: darüber war sie verzweifelt, dem stand sie fassungslos gegenüber, das empfand sie als grenzenlos ungerecht. Ich vermute, daß ihre und meine Phantasien über ihren Zustand korrespondierten, also meine Phantasien von den ihrigen ausgelöst waren. Während ich mir noch überlegte, wie solches Geschehen umzusetzen war in Worte und ich der Frau zuhörte, wie sie von ihrem Mann und ihren zwei Kindern erzählte, und davon, wie schwer sie es gehabt habe, wurde mir die Tragik dieses Schicksals immer klarer. Eine entsetzliche Geschichte. Wie soll man so etwas akzeptieren können, soviel schreiendes Unglück? Die junge Frau war mir noch im Gedächtnis, als ich schon längst mit anderen Dingen befaßt war. Ich wollte ihr und ihrer Familie helfen, mit ihrem Schicksal fertig zu werden, fühlte mich aber selbst niedergeschlagen und hilflos. Beim nächsten Besuch fühlte sie sich schon vertrauter, was für sie hieß, mir gegenüber mehr von ihrer Verzweiflung zu zeigen. Ich wertete das als Erfolg, fühlte mich selbst aber nur noch hilfloser. Hilflosigkeit und Angst waren die prägenden Gefühle dieser Begegnungen, und was konnte man schon anderes tun als sie zu ertragen versuchen. Der Familie gelang dies schlecht: der Mann war tief unglücklich, mied aber das direkte Gespräch, die Kinder zeigten Verhaltensauffälligkeiten. Auch ich bemerkte bald an mir Verhaltensauffälligkeiten.

Inzwischen waren auch noch andere Fälle hinzugekommen, und ich merkte, wie mir meine regelmäßigen Besuche in der Frauenklinik immer schwerer fielen. Ich begann, mich zu verspäten, ich legte auf dem Weg dorthin Umwege ein, kaufte beim Bäcker oder beim Metzger Dinge, mit denen ich mich stärken und belohnen wollte. Was war geschehen? Waren mir vier bis fünf Fälle schon zu viel, nagte deren Schicksal bereits so stark an mir, daß ich Wirkung zeigte? Ich hatte versucht, den Patienten und Familien möglichst offen entgegenzutreten, so war ich von den Schicksalen, denen ich begegnete, stark berührt worden. Die Auslese, die die onkologischen Kollegen getroffen hatten, hatte uns besonders problematische und schwierige Fälle zugeführt, die auch die Stationsmitarbeiter schon emotional bewegt hatten. Meine affektive Labilisierung ließ Erinnerungen aus meiner eigenen Familie wieder wach werden. Sie ging so weit, daß ich selbst aus Angst, an Krebs erkrankt zu sein, einen Arzt aufsuchte, der mich untersuchte und beruhigen konnte. So hatte ich innerhalb weniger Tage alle die Reaktionen entwickelt, die von in der Onkologie Tätigen bekannt sind. Was aber sollte ich tun? Ich wollte mich ja nicht ebenfalls emotional so abschotten, daß ich kein Gefühl mehr hatte für die Leiden der Patienten. Ich wollte ja so weit offen bleiben, daß ich verstehen konnte, was in den Patienten und Familien vorging, mit denen ich nun zu tun hatte. Wie konnte ein Ausweg aussehen? Spontan konnte ich viel mehr Verständnis für die onkologischen Kollegen und deren Umgang mit den Patienten aufbringen. Nicht, daß ich deren Lösungen billigte, aber sie waren mir emotional einsichtig geworden. Aber wie sollte es mit mir und meiner Tätigkeit in diesem Bereich weitergehen? Weder wollte ich so werden wie jene Kollegen, noch ständig von Ängsten geschüttelt, von Mitgefühl aufgewühlt und Depression niedergeschlagen sein, noch vom Zorn gegen die Ungerechtigkeiten des Lebens getrieben. Aufhören wäre mir als Versagen erschienen, auch wenn ich manchmal Kollegen beneidet habe, die der Psychoonkologie den Rükken gekehrt haben. In den folgenden Jahren lernte ich allmählich, die Gratwanderung zwischen Identifikation und Abwehr, zwischen Mit-Leiden und Distanzieren, Empathie und Differenz zu gehen. Zunächst merkte ich, daß meine Reaktionen „dosisabhängig" waren: solange ich nur mit wenigen Fällen zu tun hatte, konnte ich mich ihnen besser widmen. Auch blieben dann meine eigenen Ängste in erträglichen Maßen. Wurde diese Marke überschritten, merkte ich, daß meine Gesprächsangebote unecht wurden. Zwar bot ich Patienten und Familien dann noch weitere Gespräche an, bis hin zu Hausbesuchen, war aber insgesamt froh, wenn sie keinen Gebrauch davon machten. Solche doppelbödigen Botschaften führten natürlich dazu, daß auf diese Kontakte keine längerfristigen Behandlungen folgten. Dieses „Autoregulativ" war für mich mit Schuldgefühlen verbunden, sobald es mir einsichtig wurde. Zu der Alternative, zu der ich schließlich fand, konnte ich mich aber auch nur schwer durchringen: meine Kapazität für onkologische Behandlungs- und Beratungsfälle zu begrenzen, etwa: mehr als drei langfristige Beratungsfälle vertrage ich nicht nebeneinander. Oder: mehr als 3 Tage in der Woche kann ich mich nicht mit dem psychoonkologischen Bereich befassen. Glücklicherweise war der Leiter des Projektes so großzügig, uns solche Möglichkeiten der Gestaltung unserer Arbeit einzuräumen. Auch waren wir durch die übrigen klinischen und universitären Aufgaben nie ganz von dem Krebsprojekt absorbiert, was sich weniger als Belastung denn als wertvoller Ausgleich bemerkbar machte: der Studentenunterricht, die Ambulanztätigkeit mit neurotischen und funktionell-psychosomatischen Patienten, Tätigkeiten im Bereiche der Universitätsselbstverwaltung, nicht zuletzt die langfristigen Pychoanalysen, die ich durchführte, rundeten die Arbeitstage ab. Die wissenschaftliche Tätigkeit im Zusammenhang mit dem Projekt half sehr zur kritischen Distanzierung: dadurch, daß Therapien, Beratungen, Supervisionen, Teambesprechungen auf onkologischen Stationen nachträglich durchgesprochen wurden, schafften wir uns als Mitarbeiter ein Forum der Entlastung, der Aussprache und des gemeinsamen Tragens des Projektes. Die schriftliche Formulierung des Erlebten, die theoretische Aufarbeitung half gegen den ständigen depressiv-regressiven Sog der Arbeit mit den Krebskranken. So konnte ich der Arbeit schließlich auch Befriedigung abringen, konnte mich den Kranken und den Familien besser stellen, meine Angst in Schach halten, und brauchte mich nicht rigide auf der interaktionellen Ebene mit den Patienten von ihnen zu distanzieren, weil ich nun ausreichend distanzierende Momente in meine Arbeit eingebaut hatte. Ich kam schließlich noch auf den Gedanken, Überlebende und deren Angehörige zu untersuchen, um zu sehen, wie sich eine überstandene Krebskrankheit auf Patienten und Lebensgemeinschaften auswirkt. Diese Idee ließ mich an die Onkologen denken, die am liebsten in der Nachsorge arbeiten, weil sich da die meisten Behandlungserfolge finden lassen. Auch ich hatte nun einen ähnlichen Gedanken entwickelt.

Zusammenfassend waren es also alternative Tätigkeiten, die Metaebene der wissenschaftlichen Aufarbeitung des Erfahrenen, das kollegiale Gespräch, die Beschäftigung mit prognostisch nicht nur ungünstigen Fällen und die persönlich angemessene Dosierung der Behandlungsfälle, die dazu führten, daß ich eine solche Tätigkeit psychisch leidlich ausgeglichen durchführen konnte. Ganz war ich es nie. In diesen 5 Jahren war mir mein Beruf belastender als er das vorher und auch nachher war. Eine wichtige Erfahrung ist noch der Mitteilung wert: Die persönliche Leidensfähigkeit nimmt im Verlauf der Beschäftigung mit Krebskranken zu, und damit wächst auch die Fähigkeit, sich kranken, hoffnungslosen, auch todgeweihten Menschen und ihren Angehörigen zuzuwenden. Allerdings gelingt ein solcher Prozeß sicherlich nur dann, wenn man Möglichkeiten hat, das Erlebte zu verarbeiten. Hierzu können z.B. Balint-Gruppen oder auch psychoanalytische Selbsterfahrung eine geeignete Hilfe sein. Solche Prozesse bringen Entlastung, die dazu führt, daß Belastungen besser ertragen werden können, und führen einen selbst nicht nur zu einer tieferen Auseinandersetzung mit Krankheit und Sterben, sondern geben auch Gelegenheit, dem in der eigenen Lebensgeschichte verankerten persönlichen Bezug zum Thema näherzukommen (je nach Intensität des Selbsterfahrungsprozesses), im günstigen Fall auch unbewußten Motiven, wie Schuldgefühlen, Wiedergutmachungstendenzen, Todeswünschen, und so dem Wiederholungszwang zu entkommen, sozusagen der inneren Institution, die einen in alten und unbefriedigenden Lösungen festhält. Was jeder an psychischer Belastung aushalten kann und will, findet er auf diesem Weg selbst, wenn die Bedingungen es erlauben. Man wird also am Ende eines solchen Prozesses (einer Selbsterfahrung, einer langjährigen Balint-Gruppe) sich nicht unbedingt viel freier von den Belastungen seines Berufes fühlen. Aber man kann ein Gefühl dafür entwickeln, was man sich zutrauen kann. Man wird mit dem Gefühl des Belastetseins besser leben können, es besser ertragen können, aber auch wissen, wo die persönliche Grenze der Leidensfähigkeit liegt. Ich konnte am Ende des Projektes mir zwar zutrauen, mit einigen Krebspatienten zu arbeiten, es waren aber weniger, als ich ursprünglich gedacht hatte. Ich habe in dieser Zeit gelernt, mein emotionales Vermögen besser anzulegen. Eine solche Entwicklung führt schon dazu, daß die Tätigkeit insgesamt befriedigender wird, weil die menschlichen Dimensionen der Begegnungen an Tiefe gewinnen, und nicht mehr jeder Tod eines Patienten als persönliches Scheitern aufgefaßt werden muß.

Wir haben im Verlauf unserer familien- und paartherapeutischen Bemühungen auch Fälle gesehen, die gut verlaufen sind, wo über Jahre kein Rezidiv eintrat. Wir können natürlich nicht wissen, wie diese Fälle ohne psychotherapeutische Begleitung ausgegangen wären. Aber vielleicht haben wir ihnen sogar dabei helfen können, kein Rezidiv zu bekommen. Wer lebt, kann hoffen. Um zufrieden leben zu können, muß man vielleicht hoffen. Wenn wir Krebskranke psychotherapeutisch behandeln, dürfen wir hoffen, daß sie nicht an ihrer Erkrankung sterben. Aber das ist nicht so wahrscheinlich, daß wir damit rechnen dürfen. Insbesondere Familientherapie bei Krebskranken macht nicht nur dann einen Sinn, wenn sie sich zum Ziel setzt, den Kranken zu heilen. Hier geht es entscheidend um die Bewältigung der Folgelasten. Selbst wenn, was ich durchaus für möglich halte, die psychosomatischen Theorien zu Krebsentstehung und Krebsverlauf stimmen, müssen wir uns doch darüber im klaren sein, daß auf absehbare Zeit die Integration psychosomatischen Denkens in die Medizin allenfalls ein Etikettenschwindel sein kann. Dazu ist sie viel zu sehr vom technizistisch-funktionalistischen Denken geprägt. Es wundert nicht, daß etwa H.-E. Richter (1978) die Möglichkeiten zur Verwirklichung psychosomatischer Medizin skeptisch beurteilt. So werden Psychotherapeuten nur marginal mit Krebskranken in Berührung kommen und Onkologen nur marginal psychotherapeutisch/psychosomatisch denken. Dennoch gibt es auch Psychotherapeuten (LeShan 1982) die ausschließlich und im großen Umfang Krebskranke psychotherapeutisch behandeln, oder Menschen wie Frau Kübler-Ross, für die es eine Lebensaufgabe ist, sich Sterbenden zu widmen. Ich habe im Verlauf meiner psychotherapeutischen Bemühungen um Krebskranke die Erfahrung gemacht, daß ich durchaus in der Lage bin, mit diesen Menschen therapeutisch zu arbeiten und meine psychotherapeutisch/psychoanalytische Kompetenz dort fruchtbar zum Einsatz zu bringen. Ich habe nur auch gemerkt, daß ich kein psychotherapeutischer Krebsarzt werde. Aber ich empfinde es durchaus als Erweiterung und Bereicherung meiner Kompetenz, jetzt auch Krebskranke zu behandeln, so wie ich auch Asthmakranke und Zwangskranke behandele. Ich suche in meiner Arbeit Themen, die zum Umfeld der malignen Erkrankungen gehören, nicht zu vermeiden, möchte mich ihnen aber auch nicht ganz widmen. Im Verlauf meiner Tätigkeiten wurde mir klar, daß ich einen mir selbst angemessenen Weg finden mußte, mich in diesem Feld zu bewegen, eine Art von individuellem Adaptations- und Assimilationsprozeß. Aufgrund meiner relativ privilegierten Position hatte ich die Möglichkeit dazu, anders als etwa Onkologieschwestern und -pfleger, die ihre Arbeitsbedingungen weniger variieren können und unter stärkerem Anpassungsdruck stehen. Hier können nur überindividuelle Ansätze helfen, etwa durch flexiblere Gestaltung des Arbeitsplatzes, institutionalisierte Aussprache- und Entlastungsmöglichkeiten, die Belegung von Krankenstationen mit Patienten unterschiedlicher Diagnosen etc.

5 Möglichkeiten und Grenzen von Psychotherapie bei malignen Erkrankungen

P. Möhring

Psychotherapie versteht sich gemeinhin als eine therapeutische Disziplin. Störungen sollen beseitigt werden, eine Heilung, zumindest Besserung soll erreicht und das psychosoziale Wohlbefinden vermehrt werden. Bei chronischen und malignen Erkrankungen ist zu fragen, inwieweit solche Ziele überhaupt erreichbar sind. Eine andere Definition des Zieles von Psychotherapie muß gefunden werden, wenn sie beim Vorliegen eines Diabetes, eines Herzinfarktes oder einer malignen Erkrankung angewandt wird. Nach dem gängigen Psychotherapiebegriff würden wir fordern, diese Erkrankungen Kraft unserer Maßnahmen tatsächlich heilen zu können, so daß der Diabetes oder das Malignom sich tatsächlich zurückbilden würden, und dies als Folge von Fähigkeiten, Fertigkeiten und Techniken des Psychotherapeuten. Derer Fähigkeiten wären in der Tat bemerkenswert, wenn sie in der Lage wären, nur mittels des Gespräches, also ihrer Worte und Techniken, also Interventionen, Klärungen, Deutungen etc. den Menschen in seiner Gesamtheit, bis hin tief hinein in die Regulation hormonaler und zellulärer Mechanismen zu beeinflussen. Es gäbe dann verbale Mittel, einen Prozeß in Gang zu setzen, der dazu führt, daß Stoffwechselprozesse sich normalisieren, ein Organ seine Funktion wieder aufnimmt, oder ein Tumor sich zurückbildet, also das Weiterwachsen der malignen Zellen gebremst wird, die Zellen selbst absterben oder zerstört werden, ursprüngliche Funktionen und Gestalten des Körpers wieder hergestellt werden. Eine solche Perspektive hätte unüberschaubare Konsequenzen für das Selbstverständnis der Medizin und des Menschen. Andererseits vermitteln aber gerade körperliche Erkrankungen weit mehr als etwa Depressionen, Ängste und Zwänge dem Psychotherapeuten einen Eindruck von der Macht des Organischen, vom Schatten des Todes, von dem jede pathologische organische Veränderung gestreift ist. Selbst wenn solche Veränderungen reversibel sind, wenn sie etwa mittels medizinischer Behandlung aufgehoben werden können, weisen sie doch hin auf die Veränderungen, die nicht reversibel sind: auf die Unabwendbarkeit des Alterns, auf die Zunahme von abgelaufener Zeit, Vergangenheit und Geschichte auf Kosten von noch zu erwartender Zeit, Zukunft. Durch organische Veränderungen werden Therapeuten scharf mit ihren Grenzen konfrontiert: Sie können bestenfalls Aufschub erreichen, einen beschleunigten oder vorzeitigen Verfall aufhalten, aber sie werden immer wieder vor der Tatsache des Todes stehen, werden immer wieder vor Tragisches und Nichtverstehbares gestellt.

Patienten mit Myokardinfarkten, Erkankungen des rheumatischen Formenkreises, mit schweren Stoffwechselerkrankungen oder mit malignen Erkrankungen kommen nur selten in den Genuß psychotherapeutischer Behandlung. Die medizinische Regelversorgung ist von der Psychotherapie immer noch sehr weit entfernt. Die typischen Patienten dieser Diagnosegruppen melden auch von sich aus kaum Bedarf für psychotherapeutische Maßnahmen an. Sie haben zwar krankheitsbedingten Leidensdruck, fühlen sich aber selten so sehr im Konflikt mit sich oder ihrer Umwelt, daß sie sich als psychotherapeutischer Behandlung bedürftig einschätzen. Normatives Denken, das Konflikte, Probleme, seelisches Leiden rasch mit Verrücktheit oder Inkompetenz und Insuffizienz gleichsetzt, tut ein Übriges dazu, solche Patientengruppen in der Regel weit vom Psychotherapeuten fernzuhalten. Kommt es dennoch zu solchen unerwarteten Begegnungen, die dann zumeist von psychosomatischen Forschergruppen ausgehen, wird etwa bei Malignomkranken (Muthny et al. 1986) ein hoher Psychotherapiebedarf festgestellt, wie auch bei Dialysekranken (Muthny et al. 1987): die Autoren kommen in ihren Studien für beide Krankheitsgruppen auf etwa 40% der Fälle. Die Psychotherapiemotivation wird von Arbeitsgruppen, die psychotherapeutischen Kontakt mit Malignomkranken (Wirsching et al. 1981) oder Myokardinfarktkranken (Moersch et al. 1980) aufnehmen, als eher gering eingeschätzt. Die mäßigen Prognosen dieser Krankheitsgruppen, die Perspektive, mit der sich auch ein Psychotherapeut häufig nicht abfinden kann, Patienten jahrelang ohne nennenswerte Besserung zu behandeln, nur auf eine Linderung der Beschwerden oder auf eine Akzeptanz, sogar mit Verschlechterung der Befunde hin, tut ein Übriges dazu, daß psychotherapeutische Ansätze im Zusammenhang mit schweren chronischen Erkrankungen bislang insgesamt doch selten sind. Einen Modellversuch, der die Integration des psychosomatischen Arbeitsansatzes in die Krankenversorgung auf einer internistischen Allgemeinstation zum Ziel hat, beschreibt beispielsweise Köhle (1979). Dabei wird die Möglichkeit gleichzeitiger internistischer und psychotherapeutischer Therapie geschaffen, patientenzentrierte psychosomatische Krankenpflege entwickelt und die Station zu einem den Patienten haltenden und stützenden Milieu umgestaltet.

Im klinischen Alltag der meisten Krankenhäuser herrscht jedoch eine organisationszentrierte und funktionalistische Orientierung, die die Kooperation mit Psychotherapeuten erschwert und Differenzen zwischen empirisch-nomotetisch denkenden naturwissenschaftlichen Ärzten und hermeneutisch-ideographisch und personenzentrierten Psychotherapeuten schwer überbrückbar werden läßt. Diejenigen Kollegen, die versuchen, sich das ganze Spektrum der Annäherung an den kranken Menschen anzueignen, die also beispielsweise Internisten und Psychotherapeuten werden, spüren die Integrationsschwierigkeiten am eigenen Leibe. Sie müssen Laborbefunde und pharmakologische Wirkungen beurteilen können, sich aber auch erlebnishaft auf die Schilderungen des Patienten einstellen, um in ihm Leid, Geschichte, Gewordensein, Unbewußtes aufzuspüren. Es sieht so aus, als würden wir mit solchen Differenzen noch ein wenig weiterleben müssen. In den letzten Jahren beginnt sich nun eine Kompromißformel durchzusetzen, mittels derer eine Brücke geschlagen werden soll zwischen den zur Rede stehenden Disziplinen: der Begriff der Krankheitsverarbeitung. Diese allgemeinste Form der Bezeichnung des Umganges von Menschen mit ihrer Erkrankung, die sich unschwer auf das soziale Umfeld des Erkrankten, in erster Linie auf die Familie, ausdehnen läßt, weist dem psychosomatisch-psychotherapeutischen Behandler einen umrissenen Kompetenzbereich zu, der Plausibilität durch die Evidenz einer wie auch immer gearteten „Normalpsychologie" gewinnt: Es leuchtet auch dem psychotherapeutischen Laien ein, daß es für einen Menschen schwer ist, mit einer lebensbedrohlichen Erkrankung umzugehen, daß die Ehepartner, die Kinder voller Angst und Sorge sind, daß eine bange Zukunft Störungen in der Gegenwart hervorrufen kann. Bei solcher auf „profane Seelsorge" reduzierter Psychotherapie verbleibt als verständigungsbedürftiger Gegenstand eben der Umgang des Patienten und seiner Angehörigen mit der Erkrankung. Es soll nicht in Abrede gestellt werden, daß hiermit wichtige Fragen angesprochen sind: Die Untersuchungen von Greer et al. (1979), Rogentine et al. (1979) oder Derogatis et al. (1979) sowie von Becker (1985) legen nahe, daß die Haltung eines Menschen zu seiner Erkrankung sowie generelle Parameter seiner Lebenshaltung durchaus Einfluß nehmen können darauf, ob er eine maligne Erkrankung übersteht oder nicht. Ich halte es aber für problematisch, solche Lebenshaltungen quasi aus dem Stand als Therapeut herbeiführen zu wollen, wie dies durch die kognitive Verhaltenstherapie oder anderer Verfahren der Verhaltensänderung versucht wird. Sich biographisch und tiefenpsychologisch verstehende Therapie versucht ja, den Menschen, auch in seinen aktuellen Beziehungen, aus seinem Gewordensein heraus zu verstehen, d.h. in psychoanalytischer Terminologie, aus den Schicksalen seiner infantilen Partialtriebe, seinen Fixierungen und Wiederholungszwängen, aus seiner Ich-Struktur und aus seinen Objektbeziehungen heraus. Erschlossen werden diese Tiefendimensionen der Persönlichkeit aus der therapeutischen Interaktion, die nach bestimmten technischen Grundsätzen und aus dem Verstehen der emotionalen Bewegung zwischen Therapeut und Patient(en) heraus gestaltet wird. Diagnostische und therapeutische Kompetenz in diesem Sinne schöpft sich aus dem Einmaligkeitscharakter der Begegnung, die sich in einem Begegnungsraum zu einem jeweils spezifischen Verständnis der Situation konstituiert. Dieser Begegnungsraum ist leicht störbar, die innere Befindlichkeit des Therapeuten muß so angelegt sein, daß er weitgehend unbelastet die sich ihm entfaltete Szene mit „freischwebender Aufmerksamkeit" verfolgen kann. Die psychotherapeutische Begegnung und damit auch das Ergebnis, zu dem sie führt, ist also sehr störanfällig, insbesondere gegen funktionalisierende, d.h. verallgemeinernde, objektivierende, entsubjektivierende Prozesse, wie sie in der naturwissenschaftlichen Medizin nicht nur üblich, sondern auch nötig sind. Nötig deshalb, weil in letzterem Fall die Norm, das Mittel, der Mittelwert zum Maß wird, an dem Gesundheit versus Krankheit gemesssen wird. Dabei kommt es aber leicht zur Gleichsetzung von statistischer und sozialer Norm, wie sich am Beispiel der „Compliance" zeigen läßt, eine in der Pharmakologie gebräuchliche Kategorie, mit der die Akzeptanz eines Medikamentes aufgrund seiner Eigenschaften und Verträglichkeit ohne weiteres auch zu einer Verhaltenskategorie umgemünzt werden kann: dann wird gefragt, ob der Patient für die Verabreichung des Mittels und damit für die beabsichtigte Wirkung verträglich ist, oder ob er „Nebenwirkungen", etwa in Form von Widerständen gegen die Behandlung produziere. Und schon gibt es Medikamente und Darreichungsformen, die eine unterschiedliche „Compliance" haben, wie auch auf derselben Sprachebene Patientengruppen mit unterschiedlicher, z.B. psychiatrische Patienten mit schlechter Compliance. Für einen psychotherapeutischen Prozeß ist es problematisch, wenn sein Ziel auf einem solchen Hintergrund abgebildet wird: wenn beispielsweise ein psychosomatischer Konsiliarius mit dem Auftrag gerufen wird, einen Patienten für eine bestimmte Behandlung, beispielsweise für onkologische Chemotherapie, gegen die er sich sperrt, zu motivieren. Dann bedeutet es nämlich keinen Widerspruch mehr, wenn ein Patient innerhalb der hierarchischen Strukturen, in denen er behandelt wird, auch vom Psychotherapeuten eine „Verschreibung" erhält (was in der systemischen Familientherapie ja durchaus üblich ist), und sich auf diese Weise die Arzt-Patient-Interaktion nahtlos in die vorgegebenen Strukturen einfügt: ein Therapeut verschreibt, ein Patient befolgt.

Im Falle chronischer Erkrankung blicken die Patienten nicht nur auf eine familiäre und berufliche Sozialisationsgeschichte zurück, sie sind auch in unterschiedlichem Ausmaß im medizinischen Versorgungssystem sozialisiert und dadurch geprägt. So erwachsen dem Psychotherapeuten beim Patienten mit chronischen Erkrankungen, zu denen die malignen Erkrankungen ja zählen, auch Probleme von dieser Seite her. Patienten und ihre Familien sind zumeist überrascht, ängstlich oder mißtrauisch, wenn sie auf einen Behandler treffen, der ihre Intimität nicht durch Kanülen, Sonden, Messer oder Strahlen verletzt, sondern durch Fragen nach ihrer Befindlichkeit, nach den Beziehungen innerhalb der Familie und nach außen, nach Sexualität, Sorge und Konflikten. Es ist ein schwer verständliches, nichtsdestoweniger existentes Phänomen, daß die meisten Menschen wohl lieber ihren Körper für eine Operation preisgeben als Mitteilungen über ihr Intimleben. Wenn Psychotherapeuten versuchen, Patienten und ihre Familien in ihrem Lebenszusammenhang zu verstehen, gilt es also zuvorderst, mit dem Patienten bzw. der Familie den Begegnungsraum zu schaffen, der es den Patienten ermöglicht, seine Lebenszusammenhänge vor dem Beobachter zu entfalten. Das heißt gleichzeitig, den Schutz der Intimsphäre aufgeben zu können, vor der das Körperliche vom Patienten wie ein Wall aufgetürmt wird, um dem Beobachter den Blick dahinter zu verwehren. Wir müssen es sehr nötig haben, unsere seelische Intimität vor Zugriffen zu schützen, es würde sich lohnen, der Frage nachzugehen, warum.

Ist, wie angedeutet, ein Behandlungsbündnis geschaffen, kann ein therapeutischer Prozeß beginnen. Was kann Psychotherapie bei chronischen körperlichen Erkrankungen überhaupt leisten? Sollen wir glauben, daß sich die Erfolge, die etwa die Arbeitsgruppe um Selvini-Palazzoli (1977) oder um Minuchin (1981) für magersüchtige und kolitiskranke Patienten und deren Familien berichten, sich auch auf Malignomkranke ausweiten lassen? Und wenn ja, in welchem Kontext, in welchem Setting? Die meisten Malignomkranken machen einige stationäre Behandlungsphasen durch, bevor sie nach Hause entlassen werden, geheilt oder nicht, und wo sie dann weiter in hausärztlicher oder auch fachärztlicher Betreuung sind. Zwar werden psychosoziale Versorgungsnetze aufgebaut (Diehl et al. 1981), aber eignen sich diese als Orte psychosomatisch-psychotherapeutischer Interventionen? Unter welchen Bedingungen welche Erfolge zu erreichen sind, ist bislang noch nicht geklärt. Es ist jedoch sehr naheliegend, daß Interventionen im stationären onkologischen Bereich andere Formen, Inhalte und auch Zielsetzungen haben werden als im ambulanten psychotherapeutischen Setting, und daß Zielsetzung und therapeutische Vorgehensweise auch in Abhängigkeit davon sich unterscheiden, ob familien-, paar- oder einzeltherapeutische Maßnahmen durchgeführt werden. Da jeder Krankheitsfall und jeder Ausgang verschieden ist, sowie auch jede Familie, jeder einzelne und jeder Therapeut, führt der Weg zur Orientierung über das angemessene Vorgehen nur über den Einzelfall auf dem

Hintergrund von Erfahrungen mit Patienten, Institutionen und Settings. Auch spielen die medizinischen Prognosen der malignen Erkrankungen bei Verlauf und Verarbeitung natürlich eine große Rolle: Wer als Mann an einem Seminom erkrankt, hat gute Heilungsaussichten, bei den meisten Bronchialkarzinomen ist die Prognose infaust. Solches Wissen und solche Einschätzungen beeinflussen die Behandler in ihrem Handeln, auch wenn sie dies gar nicht bemerken (s. hierzu auch Köhle 1979). So werden wir als Therapeuten in manchen Fällen durchaus optimistisch sein und mit Heilung rechnen, in anderen fast sicher sein, daß ein Patient stirbt. Wie sehr freilich solche Sicherheit von dem durchschnittlich zu erwartenden Ergebnis geprägt ist, und wie wir uns hierüber auch täuschen können, legen gegenteilige Erfahrungen mit größtenteils in ihrer Erkrankung fortgeschrittenen Malignompatienten nahe, die Simonton et al. (1978) sowie LeShan (1977) berichten: Simonton et al. entwickelten eine psychotherapeutische Methode, mit der Malignompatienten ihren Krebs bekämpfen sollen: sie versetzen sie in einen Entspannungszustand, ähnlich dem, wie er bei der Grundübung des autogenen Trainings erreicht wird, und versuchen dann, autosuggestiv mittels Vorstellungsbildern die körpereigene Abwehr gegen die Karzinomzellen zu stimulieren. Sie stellen und sagen sich beispielsweise vor, daß die weißen Blutkörperchen in ihrem Blut wie Eisbären die Krebszellen fressen. Diese Methode, die hier nur ansatzweise und plakativ dargestellt werden kann, soll dazu führen, daß die Überlebenszeit von Patienten mit infausten Prognosen mindestens verdoppelt werden kann. LeShan, einer der Pioniere der psychosomatishen Onkologie, der auch groß angelegte statistische Untersuchungen zur Auslösesituation von malignen Erkrankungen durchgeführt hat, hat ein der humanistischen Psychologie nahestehendes Psychotherapiemodell entwickelt, mit dem er bei der psychotherapeutischen Behandlung von Malignompatienten nach seinen Angaben sehr erfolgreich war: Er behandelte langfristig, z. T. langjährig, ca. 90 Patienten mit weit fortgeschrittenen Tumoren, von denen er schreibt, daß sie von ihren Ärzten bereits aufgegeben waren. Bei ca. 3/4 der Fälle hat er nach seinen Angaben langdauernde Remissionen erreicht, die z. T. jahrzehntelang angehalten haben. Seine Ergebnisse sind vermutlich schwer zu verallgemeinern, weil er, wenn seine Ergebnisse stimmen, ein besonders begabter Therapeut ist, der vielleicht auch besonders stark motivierte, am Leben hängende Patienten hatte, mit denen er gut arbeiten konnte. Bemerkenswert sind die Ergebnisse trotzdem, denn, sollten sie sich bestätigen, die Konsequenzen für die klinisch-therapeutische Arbeit wären sehr groß, die Medizin müßte in einem Ausmaß umgestaltet, „vermenschlicht" werden, das unter den heutigen Bedingungen überhaupt nicht vorstellbar ist. Wenn LeShans Berichte zutreffen, ist er in der Tat ein großer Vorreiter, und es wäre sehr zu wünschen, daß seine Ideen sich durchsetzen.

Denkbar ist aber auch, daß solche Fälle Einzelfälle bleiben, wie auch die von „spontanen" Remissionen von Krebserkrankungen, die ja auch unter psychosomatischen Gesichtspunkten diskutiert werden (Ikemi et al. 1975; Booth 1973), weil es nur wenige Krebskranke gibt, die in der Lage sind, sich gegen ihre Erkrankung zu „wehren", und nur wenige Therapeuten, die bereit und in der Lage sind, dabei zu helfen. LeShan gibt einige Prinzipien seines therapeutischen Vorgehens an, die ich hier kurz anführe: LeShan entwickelte eine von ihm so bezeichnete „Krisentherapie", in der er versucht, eine gute, intensive und wahrhaftige Beziehung zu dem Patienten aufzunehmen. Er vermittelt ihm die Überzeugung, daß er ihm helfen kann. Der Therapeut ist nach seiner Auffassung Führer auf einem Weg, den der Patient noch nicht kennt, auf einem Weg zu einem Leben, in dem es dem Patienten gelingt, er selbst zu sein. LeShan versucht, die Krise, sogar die einer Krebserkrankung, zur Chance zu wenden, zu einem reicheren und erfüllten Leben zu finden. Das therapeutische Konzept LeShans ist eng mit der These der fehlgelaufenen Selbst-Entwicklung von Krebspatienten verbunden, die von einigen psychosomatischen Krebsforschern (z.B. LeShan 1977, Bahnson; 1979, Booth 1973) vertreten wird. Die meisten übrigen Psychotherapiekonzepte in der Onkologie zielen auf die Verbesserung von Bewältigungsmöglichkeiten und Akzeptanz der Behandlung hin, wie z.B. verhaltenstherapeutische Interventionsformen, wie die von Rüddel (1980) beschriebene, oder die psychotherapeutischen Hilfsangebote von Tausch (1980). Psychotherapiekonzepte, die sich zum Ziel setzen, die Heilungschancen ihrer Patienten zu verbessern, unterliegen einer besonders starken Kritik. Dies gilt etwa für Grossarth-Maticek (1979) und die erwähnten Konzepte von Simonton und LeShan. Es ist, als wollte bei dieser entscheidenden Frage psychosomatischer Onkologie keiner dem anderen Erfolge gönnen. Wissenschaftliche Dispute werden hier mit viel Feindseligkeit geführt. Es bedeutete ja in der Tat einen großen Fortschritt, ließe sich nachweisen, daß Psychotherapie den Verlauf von malignen Erkrankungen beeinflußt, und so unwahrscheinlich ist dies ja auch nicht, bedenkt man den möglichen Einfluß von Krankheitsverarbeitungsvariablen auf den Verlauf, und betrachtet man Psychotherapie als eine Variable von Krankheitsverarbeitung. Neben wissenschaftlicher Konkurrenz auf diesem Gebiet dürfte noch ein weiterer Faktor die Hitzigkeit dieser Debatte erklären: Wer jemals selbst psychotherapeutisch mit Malignompatienten gearbeitet hat, weiß, welche psychischen Belastungen dies für den Behandler bedeuten kann, wie er sich eine Haltung abringen muß, die nicht in Resignation oder Zynismus entgleitet. Er muß sich, wie der Patient auch, mit Krebsangst, Todesangst und Sterben auseinandersetzen, soll die Methode seiner Behandlung nicht trivial und flach werden. Man benötigt als Therapeut selbst einige Jahre dazu, annähernd so weit zu kommen, und so ist es nicht weiter verwunderlich, daß sich im Vorfeld der unmittelbar menschlichen Auseinandersetzung mit Tumorerkrankungen Forschungsgruppen stauen, die ihre Methodenkritik und Exaktheitsansprüche als Abwehr ihrer Angst und ihres Unvermögens einsetzen, sich ihrem Forschungsgegenstand empathisch zu nähern. Nur muß sich wissenschaftliche Zuverlässigkeit und empathische Haltung nicht widersprechen. Schließlich hat Freud lebenslang auf der Höhe seiner Zeit versucht, diese Elemente miteinander zu verbinden. Wir sollten dies in einer unserer Zeit angemessenen Weise nachvollziehen. Aber das gelingt nur dann, wenn Methode nicht als Abwehr gegen Angst eingesetzt wird.

Nach soviel Kritik und Abwägung: Was erscheint realistisch, was erscheint möglich als psychotherapeutische Hilfen bei malignen Erkrankungen? Auch die Psychotherapeuten werden die Menschheit nicht vom Krebstod und vom Infarkttod befreien können. Aber sie können doch versuchen, mit ihrer Sicht von Krankheiten in die Onkologie hineinzuwirken, sei dies durch Psychotherapie mit Malignomkranken und deren Familien, sei es durch Kooperationsabkommen mit onkologischen Behandlungseinrichtungen, sei es durch Fortbildungsveranstaltungen in unmittelbarem Bezug zur Arbeitssituation, also in Form von Balint-Gruppen, sei es durch Fortbildung in Form von Integration der Psychoonkologie in den Unterricht von Medizinstudenten, durch Tagungen und Seminare. Psychotherapie in der Onkologie realisiert sich in der Absicht, einem Kranken, oder einer Familie, bei der Auseinandersetzung mit einer malignen Erkrankung zu helfen, wenn ein solches Arrangement gesucht wird. Darin liegt der Sinn, nicht in der Heilung. Was damit erreicht werden kann und im Einzelfall wird, entscheidet sich im Verlauf des Therapieprozesses. Es ist nicht die Aufgabe des Therapeuten, das zu bestimmen, jeder trägt seine Vergangenheit in sich und hat seine Gegenwart und Zukunft für sich. Psychoanalytische Therapeuten helfen Menschen, sich ihrer Möglichkeiten gewahr zu werden. Wer mit Krebskranken und ihren Angehörigen psychotherapeutisch arbeiten will, muß bereit sein anzunehmen, daß die Kranken an ihrer Erkrankung sterben können, trotz aller Bemühungen von Ärzten und auch Psychotherapeuten. Das schützt ihn vor falschen Hoffnungen und Schuldgefühlen und verhindert, daß er in den gleichen Aktionismus verfällt wie die übrigen Krebstherapeuten. Das schließt nicht aus, dem Patienten helfen zu wollen, Selbstheilungskräfte zu aktivieren, sich Gedanken über Beziehungsstrukturen, Ich-Stärke, Störungen, auch über psychosomatisch-onkologische Theorien, und jeweils besondere Belastungen zu machen, die bei dem Patienten und der Familie behandlungsrelevante Parameter sind. Eher ist die Akzeptanz eines potentiellen Todes des Krebspatienten eine Voraussetzung für eine sichere Haltung des Therapeuten. Zu wissen, er kann sterben und ihm helfen zu leben und sein Leben zu finden sind zwei Seiten einer Grenzen annehmenden Haltung, die auf dem Wissen beruht, daß wir in einer antezedenten Welt, in die wir geboren werden, mit unseren Wünschen nicht zu Ende kommen werden, aber die Möglichkeiten einer begrenzten Aneignung dieser Welt voll ausschöpfen können, voll, insoweit sie in uns liegen. Das Gefühl der Fülle des Lebens kommt von innen. Aus solchem Blickwinkel verliert die Frage nach der Heilung von Krebs durch Psychotherapie an Gewicht, die Ausschöpfung des Lebens wird ihr Inhalt, auch wenn die verbleibende Zeit zu Ende geht.

6 Psychotherapeutisch-onkologische Kooperation mit einer Station

P. Möhring

Um in einem Kooperationsprojekt zusammenzuarbeiten, müssen die Vertreter der Disziplinen lernen, sich als komplementär zu begreifen. In dem hier beschriebenen Fall war das Angebot zur Zusammenarbeit von Mitarbeitern eines Projektes „Familientherapie mit Krebskranken" einer gynäkologisch-onkologischen Abteilung unterbreitet worden, da man wußte, daß dort Interesse an einer psychologischen Betreuung der Patienten bestand. Die Abteilung umfaßt eine gynäkologisch-onkologische Ambulanz, eine Station mit ca. 25 Betten sowie Behandlungseinheiten zur konservativen, d. h. medikamentösen und radiologischen Behandlung. Wöchentlich werden etwa 3 Patienten erstmals zur Behandlung aufgenommen, das Einzugsgebiet hat einen Radius von ca. 250 km. Die Verweildauer beträgt ca. 2 – 7 Wochen, i. allg. werden mehrere Behandlungszyklen durchgeführt. Die Mitarbeiter des Projektes beabsichtigten, hier Kontakte zu knüpfen, die in familientherapeutische Settings mündeten, gleichzeitig wollten sie die Situation und das Erleben Krebskranker auf einer solchen Station kennenlernen und die Interaktion zwischen Patienten, Personal und Ärzten beobachten. Ein psychosomatischer familientherapeutischer Arbeitsansatz sollte auf diese Weise innerhalb einer stationären Behandlungseinrichtung entwickelt werden. In der ersten Phase der Zusammenarbeit wurde den Mitarbeitern des Projektes von den Stationsärzten Patientinnen genannt, bei denen der Eindruck entstanden war, daß sie oder ihre Angehörigen es mit der Verarbeitung ihrer Krankheit besonders schwer hatten. Manche Patienten waren sehr depressiv und klammerten sich an die Behandler, manche waren mißtrauisch bis offen feindselig und lehnten zuweilen Behandlungsvorschläge ab. Auch waren manchmal die Fragen und Wünsche der Patienten nicht verständlich. Für solche Probleme erwartete man sich auf der Station eine Entlastung durch die Mitarbeiter des Projektes, die in solchen Fällen als Berater hinzugezogen wurde. Daraus entwickelten sich verschiedene Interventionsformen:

Familien- und Paarberatung

Wenn nach einem Erstgespräch die Notwendigkeit und Motivation zur weiteren familientherapeutischen Behandlung oder zur Paartherapie bestand, boten die Mitarbeiter des Projektes diese Maßnahmen weiterhin an. So entstanden zum Teil langdauernde therapeutische Kontakte, die sich nach der stationären Behandlung fortsetzten, indem die Familien auch zuhause aufgesucht wurden.

Einzelberatung

In vielen Fällen genügte eine direkte Beratung der Patienten, oder es war auch nicht mehr erwünscht. Solchen Patienten wurde z. B. über eine depressive Reaktion hinweggeholfen, oder es wurde ein Entscheidungsproblem psychotherapeutisch bearbeitet.

Diagnostik

Die Kollegen der onkologischen Abteilung waren interessiert zu erfahren, warum beispielsweise eine Patientin mit einer Behandlungsmaßnahme nicht einverstanden war oder warum sie sich auf der Station als Einzelgängerin zurückzog. In solchen Fällen wurde das Problem des Umgangs mit den Patienten auf der Station besonders nachdrücklich erörtert und dabei versucht, eine angemessene Einstellung gegenüber den Patienten zu finden.

Es fiel auf, daß die Mitarbeiter, die in engem und ständigem Kontakt mit den Krebskranken standen, ihre Empathiefähigkeit unterdrückten. Verdrängung, Verleugnung der Leidenssituation der Patienten, Reaktionsbildungen auf ängstigendes Mitgefühl treten auf, eigentlich nehmen die Behandler Zuflucht zu ähnlichen Abwehrformen wie die Patienten, und dort, wo die Abwehr eines Patienten zusammenbricht, wo eine Depression, eine Feindseligkeit offen zutagetritt, entstehen Reibungspunkte auf der Station. Das Miteinander (oder Nebeneinander) auf einer solchen Station ist größtenteils über institutionalisierte Kontakte geregelt, wie Pflege, Therapie, Diagnostik, Essenausteilen. Die Schwachstellen dieses Kommunikationssystems, die Konfliktorte, entstehen da, wo „normales" Verhalten nicht mehr möglich ist, wo die auftretenden Affekte den Schutz des institutionellen Beziehungsrahmens gefährden. Die Einführung einer psychosomatischen und interaktionellen Denkweise gelingt am ehesten an den Orten, wo das bestehende Arrangement durch schwer zu beherrschende affektive Probleme belastet ist. Dichter Kontakt mit dem Team einer solchen onkologischen Station ist eine wichtige Voraussetzung für das Gelingen des Vorhabens. Solange dieser bestand, zeigten die Ärzte und das Pflegepersonal dieser Abteilung größeres Interesse am seelischen Zustand ihrer Patienten, an deren innerer Welt und ihren Gefühlen und Leiden. Die Schwestern als traditionelle Ansprechpartner für Patienten fühlten sich sicherer in der Auffassung, mit dem Eingehen auf solche Fragen einen therapeutischen Beitrag zu leisten. So bewogen z. B. Schwestern Patientinnen zur Teilnahme an Selbsthilfegruppen. Die Möglichkeit, über einzelne Patienten und auch über die Verarbeitung der persönlichen Belastungen, die der tägliche Umgang mit Krebskranken mit sich bringt, zu sprechen, führte zu Entlastung und dadurch wiederum zu höherer Bereitschaft, sich in die Situation der Patienten einzufühlen.

Die zweite Phase der Zusammenarbeit wurde durch einen Vorschlag des Stationsarztes markiert: ob die Mitarbeiter des Projektes eine psychosomatische Sprechstunde abhalten wollten. Diese werteten dies als Zeichen einer zunehmenden Vertrautheit und von Interesse an einer psychosomatischen und familientherapeutischen Denkweise. Die Patienten nahmen dieses Angebot jedoch kaum wahr. Eine Zeitlang sprachen die Familientherapeuten mit allen neu ankommenden Patienten und gewannen so einen deutlichen Einblick in die verschiedenen Möglichkeiten, wie mit der Krankheit umgegangen wird und wie die Behandlung erlebt wird. Wenige Patienten wirkten selbstbewußt und zukunftssicher, ein Teil verleugnete die schwere Erkrankung, obwohl der Stationsarzt allen Patientinnen vorsichtig sagte, daß sie wegen einer bösartigen Tumorerkrankung behandelt wurden und versuchte, ihnen einen Eindruck von der Schwere der Erkrankung zu geben. Manche Patientinnen nahmen die Information an, andere verleugneten sie. Vielen saß die Angst, nicht mehr gesund zu werden, dicht unter der Haut. Die Therapeuten akzeptieren den Umgang der Patienten mit ihrem Wissen. Wenn starke Ängste zutage traten, boten sie an, darüber zu sprechen. An den z. T. eindrucksvollen Darstellungen menschlicher Stärke hatten i. allg. die Ehepartner einen großen Anteil.

Zwei exemplarische Fallberichte

Frau H., 65 Jahre alt, ist zur Bestrahlung eines Korpuskarzinoms überwiesen worden. Sie kennt ihre Diagnose. Sie wird begleitet von ihrem Ehemann, einem netten älteren Herrn. Der Therapeut erklärt seine Absicht, über die Krankheit und darüber, wie die Patientin und ihre Familie damit umgehen, zu sprechen. Die Frau sieht den Therapeuten offen an und sagt: „Also sprechen wir." Es stellt sich heraus, daß der Frau 1950 und 1960 je eine Brust amputiert wurde, jedesmal wegen eines Karzinoms. Jetzt hat sie Angst vor der Bestrahlung, weil sie fürchtet, es könne weh tun. Die Patientin deutet an, daß sie schon so viel mitgemacht hätte durch ihre Krankheiten, wie auch durch ihre Flucht aus der DDR nach dem Krieg. Sie meint, ihr Glaube hätte viel dazu beigetragen, daß sie die bisherigen Erkrankungen so gut überstanden hätte. Sie habe ihr Schicksal immer in Gottes Hand gelegt. Wenn er gewollt hätte, daß sie gegangen wäre, dann wäre sie schon gegangen und auch diesmal werde es wieder so sein. Diese Haltung klingt keineswegs sentimental, zumal die alte Dame mit ihrem Mann und einer Schwester kurz vor dem Gespräch über Formalitäten für den Fall ihres Todes gesprochen hat. Der Ehemann kümmert sich sehr liebevoll um seine Frau, er besucht sie jeden Tag. Sie meint, dies sei selbstverständlich, da sie im umgekehrten Falle genauso verfahren würde. Die Patientin macht aus ihrer Antipathie gegenüber manchen früheren Behandlern keinen Hehl, denen sie es besonders übel genommen hatte, wenn man sie belog. Sie stellt sich als jemand dar, der keinen Konflikt unerledigt läßt. Darüber hinaus signalisiert sie eine hohe Bedürftigkeit nach Zuwendung. Es deutet sich die Angst an, die sie ereilen mag, wenn sie über eine Situation die Kontrolle verliert.

Der Glaube, die innige Beziehung zum Ehemann, die durch seine täglichen Besuche auch realiter erhalten bleibt, und die „Psychohygiene", die die Patientin nicht unter aufgestauten affektiven Spannungen leiden läßt, waren vermutlich Hilfen, die es der Patientin ermöglichten, bisherige Krebserkrankungen zu überstehen. Der Therapeut kam zu der Auffassung, daß diese beiden Menschen mit ihrer Situation sehr gut zurechtkommen. Bezüglich der Schmerzhaftigkeit der Bestrahlung konnte der Therapeut die Patientin beruhigen. Im Anschluß an das Gespräch wurde den Ärzten und Schwestern mitgeteilt, daß es sich hier um eine Patientin handelte, die mit Hilfe des Ehemannes gut mit der Situation fertig wird. Ihre Wahrheitsliebe und Kränkbarkeit wurde hervorgehoben, damit überflüssige Konflikte vermieden werden konnten. Eine weitere Beratung erwies sich als nicht nötig.

Frau G. ist 36 Jahre alt und hat 2 Jahre nach der Geburt ihres zweiten Kindes ein Zervixkarzinom entwickelt, das zu ausgedehnten Metastasierungen im kleinen Becken und in den paraaortalen Lymphknoten geführt hat. Nach einer Operation, bei der das Tumorgewebe nicht vollständig entfernt werden konnte, wurde sie zur Bestrahlung überwiesen. Frau G. war durch depressives und aggressives Verhalten sowie durch ausgeprägte Angst aufgefallen. Beim Gespräch stellte sich heraus, daß die Patientin unter zeitweise panischen Todesängsten litt, die sie nur sehr mühsam beherrschen konnte. Sie war verzweifelt und haderte mit dem Schicksal. Sie hatte große Angst, daß sie nicht mehr gesund werde. Sie verfügte eigentlich über alle Informationen, die ihr sagen mußten, daß sie schwer krebskrank sei. Sie wußte von dem Tumor, der nicht vollständig entfernt werden konnte, von den Metastasen und den Bestrahlungen, die durchgeführt wurden, weil eine Operation nicht möglich war. Die Patientin wollte diese Information nicht dazu verwenden, sich ihren sehr ernsten Zustand voll einzugestehen. Sie hoffte jeden Tag, daß sich ihre Befunde bessern würden und war durch die kontinuierliche Verschlechterung ihres Zustandes, die ihr nicht entging, sehr deprimiert. Es folgten einige Gespräche mit der Patientin, die sie entlasteten. Der Therapeut schlug ein Gespräch gemeinsam mit dem Ehemann vor. Der Mann, ein sehr fleißiger Handwerker, wirkte depressiv. Er überspielte seine Ängste und seine Besorgnis mit nicht enden wollenden Aufmunterungsversuchen, die die Patientin pflichtschuldig annahm. Die Stimmung der Patientin besserte sich nicht. Das Personal fühlte sich von ihr zurückgewiesen. Den Schwestern wurde geholfen, dies nicht als persönliche Zurückweisung und Geringschätzung zu verstehen, sondern als Symptom im Zusammenhang mit der Krankheit. Nach einiger Zeit faßte die Patientin einen Entschluß. Sie drängte auf Entlassung und kam dann ambulant zu den Bestrahlungen, die weiter durchgeführt wurden. Nach der Entlassung besuchte der Therapeut die Familie zuhause. Die Mutter des Ehemannes, selbst nicht gesund, versorgte den Haushalt. Dies bereitete der Patientin große Schuldgefühle. Die 12jährige Tochter wirkte still, zurückgezogen. Der kleine Sohn, der als wildes Kind beschrieben worden war, wirkte im Vergleich zu den Beschreibungen sehr artig. Als Frau G. kurz den Raum verließ, um in der Küche zu arbeiten, sprach Herr G. an, daß er um die Ernsthaftigkeit des Zustandes seiner Frau wußte. Er vermochte es ihr aber nicht zu sagen und bat den Therapeuten, dies auch nicht zu tun. Dem Wunsch wurde entsprochen, da ein sinnvolles Ziel ja nur sein konnte, dem Ehepaar zu ermöglichen, über die Bedrohung durch die Krankheit zu sprechen. Nach kurzer Zeit wurde die Patientin wieder stationär aufgenommen. Dort wurde sie gegenüber Personal und Mitpatienten aggressiv. Sie verlangte nach bevorzugter Behandlung und lief Gefahr, sich zu isolieren. Auch hier wurde in Gesprächen mit dem Personal eine Eskalation des Konfliktes abgewendet, und bei einem therapeutischen Gespräch konnte die Patientin ihre tiefe Trauer über die Situation zum Ausdruck bringen, die vorher durch Aggressivität abgewehrt worden war. Kurz darauf starb sie.

In diesem Beispiel wird deutlich, wie die Schwestern der Station in die Situation der Patientin hineingezogen wurden, ohne dies zu merken. Sie (und die Ärzte) wurden mit den Stimmungen der Patientin konfrontiert, mit ihrer Trauer, Wut, ihrer Unzufriedenheit, sowie dem Versuch, sich durch das Finden eines Schuldigen ein wenig zu erleichtern. Die Bedeutung des Austausches zwischen den Psychotherapeuten und den Mitarbeitern der Station ist hier offenkundig. In dieser Familie lag ein Interaktionskonflikt vor, der massive innere Spannungen und Ängste aus dem Gespräch fernhielt, und der typisch ist: Der Kranke hat das insgeheime Wissen, daß er Krebs hat. Er steckt in der Ambivalenz, die Wahrheit wissen zu wollen, aber Angst davor zu haben. Er hat auch das Gefühl, sich mit seinen vitalen Problemen niemandem anvertrauen zu können. Er hat Angst, den Partner damit zu überlasten, der doch durch ihn sowieso genug Sorgen hat. Er bleibt also in seinem Innersten allein. Der Partner ist in einem ähnlichen Dilemma. Er hat vom Arzt erfahren, daß Chancen zur Heilung kaum oder gar nicht bestehen. Er fühlt sich verpflichtet, den Ehepartner zu ermutigen, was oft für ihn heißt, ihm unaufhörlich Hoffnung zu machen, ihn einzuschwören auf die Zukunft, die Zeit, in der wieder alles gut sein wird. Diese, wenn auch hoffnungslose,

Zukunftsorientierung hilft zwar über manche Gegenwartsprobleme hinweg, hindert die Familie aber daran, das verbleibende Leben mit dem Kranken noch auszuschöpfen. Diese Haltung hilft dem gesunden Partner, seine eigene Depression zu verleugnen. Der Preis dafür ist, daß auch er mit seiner Hoffnungslosigkeit alleine bleibt. Die Folge ist gegenseitige Entfremdung der Partner. Die Kinder spüren das Klima der Unaufrichtigkeit und uneingestandener Panik, das die Eltern umgibt und werden verunsichert. Sie finden keine bewußten Lösungen und gleiten ab in primärprozeßhafte Verarbeitungsformen, wie etwa neurotische Symptome. Hier lag eine familiäre Interaktionsstörung vor. Das Behandlungs- bzw. Interventionsziel war eine bessere Akzeptanz der Situation durch alle Beteiligten, wurde aber nur teilweise erreicht.

Es zeigte sich im Verlauf der Arbeit, daß die Kooperation zwischen den Mitarbeitern des Projekts und der onkologischen Abteilung am besten in einer Weise fortentwickelt wurde, die möglichst weitgehende Zuständigkeit bei dem Team der onkologischen Abteilung beließ. Die Zusammenarbeit mit der Abteilung entwickelte sich dahingehend, daß die Mitarbeiter des Projektes sich mehr und mehr als Berater der Behandler verstanden und selbst innerhalb der stationären Kooperation mit der onkologischen Abteilung seltener therapeutische Aufgaben übernahmen. Die Haupt-Bezugspartner der Patienten sind und bleiben ja die onkologischen Abteilungen mit ihren Ärzten und ihrem Pflegepersonal. Die Hinzuziehung von psychosomatischen Therapeuten ist eine Hilfskonstruktion, die nach Möglichkeit nur vorübergehend angewandt werden sollte. Als Nachteil bringt sie mit sich, daß die Patienten in eine Vertrauenskrise gegenüber ihrem bisherigen Behandler geraten können, weil sie das Gefühl haben müssen, daß diese nicht für alles, was sie im Zusammenhang mit der Krankheit bewegt, zuständig sind. Sie müssen eine neue, vertrauensvolle Beziehung zu Therapeuten anbahnen, die im Normalfall nicht innerhalb einer onkologischen Abteilung ihren Arbeitsplatz haben. Außerdem schafft die konsiliarische Kooperation leicht Rivalitäten zwischen den verschiedenen Behandlergruppen: Wer ist der bessere Therapeut? Aus diesen Gründen entwickelte sich auf die Dauer interaktionsbezogene Balint-Gruppenarbeit als das Modell, das psychosomatisch-onkologische Kooperation am reibungsärmsten verwirklicht. Dennoch bleiben in Sonderfällen, die die onkologischen Therapeuten überfordern, Kooperationsformen nötig, in denen die psychosomatischen Therapeuten direkt an der Behandlungseinrichtung als konsiliarische Berater eingreifen. Die Weiterführung von Kooperation in Form von Balint-Gruppen erhält das gestiegene Interesse an der psychischen Situation der Patienten am Leben, brechen diese Kontakte aber ab, stellen sich bald wieder die alten Verhältnisse her.

Die Kooperationsform „Balint-Gruppe" ist mehr eine Fortbildungsform, stellt aber auch eine Art von Kooperation dar, z.B. dann, wenn ein psychosomatischer Konsiliardienst versucht, dazu überzugehen, seine Kooperationsangebote an die Kliniken in der Form zu gestalten, daß er Balint-Gruppen und Fallkonferenzen anbietet, in der die Mitarbeiter dazu angeregt werden, weitestgehend selbst tätig zu werden. In diesem Sinne entwickelten sich die Kooperationskontakte des Projektes. Diese Form von Fortbildung ermöglicht den Teilnehmern unmittelbare emotionale Erfahrungen, auch wenn sie nicht über ihre eigenen Fälle berichten. Durch die Technik der Balint-Gruppe wird der Wert emotionalen

Erlebens für die Arzt-Patient-Interaktion nahegebracht, und so findet auch negatives emotionales Erleben ausreichend Raum, wenn beispielsweise Teilnehmer durch Angst, Trauer, Verzweiflung angesichts besonders tragischer Fälle irritiert werden. Diese Verbindung von emotionaler und kognitiver Erfahrung, die Arbeit am unmittelbaren Erleben, die Arbeit mit eigenen Fällen, die Sicherheit einer kontinuierlichen Gruppe, der Selbsterfahrungseffekt der Wahrnehmung von Gegenübertragung sind Merkmale von Balint-Gruppen, die sie nach unserer Auffassung anderen Fortbildungsmethoden, etwa Trainigs oder Seminaren, überlegen machen. Zudem sind sie relativ einfach und unbürokratisch zu installieren, erfordern die Koordination von jeweils nur relativ wenigen Personen zu einem bestimmten Zeitpunkt, können über viele Jahre berufsbegleitend laufen und werden auf diese Weise zu einem Kristallisationskern beruflicher Entwicklung im medizinisch-psychosozialen Feld. Der Selbsterfahrungswert einer Balint-Gruppe ist gerade in einem emotional so brisanten Bereich wie der Onkologie durch kein anderes Verfahren zu ersetzen, insbesondere, da solche Gruppen ausreichend flexibel sein können, um den speziellen Bedürfnissen ihrer Teilnehmer Rechnung zu tragen, emotional besonders labile Mitglieder aufzufangen, Sicherheit und Entlastung zu geben, zu lernen, zwischen Nähe und Distanz zu wechseln. Sie müssen auch so flexibel sein, um in der Onkologie akzeptiert werden zu können, da die Bedürfnisse dieser Gruppe von Ärzten und Pflegepersonal weit über das Verstehen von Fällen hinausgehen. Man könnte diese Art von Balint-Gruppenarbeit auch als „flexible Supervision" bezeichnen, weil in dem beweglichen Eingehen des Leiters auf die zwischen Fallarbeit, Selbsterfahrung, Trauerarbeit, Auseinandersetzung mit Wut, Angst, Trauer, und Tod, Entlastung und Abwehr unerträglicher Gefühle schwankenden Bedürfnisse emotional sehr angespannter Gruppenmitglieder ihre Besonderheit liegt.

7 Psychotherapie in der Onkologie: zum Beispiel Paartherapie

P. Möhring

Psychotherapie kann die organische Krebsbehandlung ergänzen und die Krebspatienten und ihre Familien psychisch stabilisieren. Es gibt Hinweise, die dafür sprechen, daß die Überlebensdauer bei Krebs durch psychische Faktoren beeinflust wird (z.B. Derogatis et al. 1979, Greer et al. 1979, Rogentine et al. 1979). Genannt werden vor allem Aktivität und Kampfgeist, sowie Selbstvertrauen als hilfreiche Haltungen, sowie günstige Einschätzung der Krankheitsanpassung. Unabhängig aber von diesem möglichen Einfluß der Verarbeitung auf den Verlauf der organischen Krankheit zeigt sich die Bedeutung von psychischen Faktoren in der Häufigkeit psychischer Störungen bei den Patienten selbst und ihren Familien. Weil Krebskranke häufig damit überlastet sind, die Krankheit, also die Todesbedrohung, die Veränderung des Körperbildes, zu verkraften, geraten sie in chronisch depressive Verstimmungen. Verdrängungsprozesse innerhalb der Familie, besonders sichtbar als Neurotisierung der Kinder, begünstigen auch bei den Angehörigen seelische Störungen, die häufig den Tod des Krebskranken überdauern. Dies sind gute Argumente dafür, das Setting von Psychotherapie in der Onkologie auf Familien und Paare zu erweitern, es sei denn, dies wird von den Patienten nicht gewünscht, etwa, wenn ein Kranker keinen Angehörigen an seiner Krankheit und Behandlung beteiligt wissen will, auch, wenn jemand, was selten ist, mit dem dezidierten Wunsch nach Selbsterfahrung und Erhellung seiner persönlichen Situation kommt, und wissen will, ob er seine Erkrankung in einem sinnvollen Lebenszusammenhang verstehen kann.

Die Bedeutung des Lebenspartners für die Gestaltung des Lebens muß sehr hoch eingeschätzt werden. Schließlich ist die Paarbeziehung Ausdruck und Ergebnis einer bewußt und unbewußt motivierten Wahl, Mittelpunkt der Familie und damit eng mit der Identität jedes Partners verbunden. Die Partner beeinflussen sich im Sinne gegenseitiger Identifikationen und Übertragungen, bis in die Körperwahrnehmung hinein, bei der sich überzufällig hohe Übereinstimmungen der Partner finden (Brähler u. Scheer 1983). Weitere Belege für die Bedeutung des Partners, die sich natürlich auch auf die Verarbeitung belastender Lebensereignisse bezieht, ergeben sich aus den Ergebnissen zur Reaktion auf Partnerverlust. Hier fand z.B. Gove (1973) eine allgemein erhöhte Mortalität der verbleibenden Partner nach Partnerverlust, wie auch Parkes (1974), der auch die psychologischen Reaktionen darauf untersuchte. LeShan (1982) wies erhöhte Krebsmortalität nach Partnerverlust nach. Auch sozialepidemiologische Ansätze tragen der Bedeutung des Partners Rechnung, indem diesem als Konfidanten, als die wichtigste Bezugs- und Vertrauensperson eines Menschen, der unmittelbar auf das psychosoziale Wohlbefinden wirkt, in Gesundheit und Krankheit hochrangige Bedeutung beigemessen wird, z.B. für die Erhaltung psychischer Gesundheit, und in der Rehabilitation, wo die Akzeptanz der Krankenrolle ganz wesentlich vom Partner mitbestimmt wird (siehe z.B. Ziegeler 1982). Cassel (1974) betrachtet die persönlichen Bindungen eines Menschen als Schutz gegen pathologische Belastungsreaktionen, als sein „soziales Immunsystem“, von dem der Partner wichtiger Teil ist. Allerdings weisen unter anderem Brown u. Harris (1974) sowie Gerhardt u. Friedrich (1982) darauf hin, daß psychosoziale Bindungen nicht nur Ressourcen im genannten Sinne sind, sondern auch selbst Belastungen darstellen können. Ehebeziehungen sind nur dann eine Hilfe, wenn sie nicht zu gestört sind, und jede Familie hat nur ein begrenztes Repertoire an Reaktionen auf Krisen zur Verfügung, so daß Belastungen jeweils nur bis zu einem gewissen Umfang kompensiert werden können, jenseits davon wird die Reaktion dysfunktional und damit selbst zur Quelle von Belastungen.

Dies sind die Hintergründe der Indikationsstellung für Paartherapie, welche jetzt in Beispielen vorgestellt wird. Sie bietet (nicht nur) für onkologische Patienten viele Vorteile und stellt eine wichtige Methode psychotherapeutischer Intervention dar, wird aber nur selten angewandt und ist noch nicht weit entwickelt. Sie kann als kurze Beratung oder als langfristige Therapie durchgeführt werden, erfordert aber vom Therapeuten die Fähigkeit zur Empathie und Distanz zu beiden, also sich mit beiden Partnern partiell identifizieren zu können, Koalitionen zu vermeiden und zwischen triangulären und dualen Beziehungsmustern zu wechseln, also selbst die (ödipale) Stufe triangulärer Objektbeziehungen erreicht zu haben. Die Indikation zur Paartherapie kann häufig gestellt werden, da zum einen Krebserkrankungen im Durchschnitt ja doch Erkrankungen von Menschen höherer Lebensabschnitte sind, wo viele Menschen nur noch in einer Lebensgemeinschaft von zwei Personen (Mann und Frau) leben. Zum anderen suchen zuweilen Ehepaare ohne Kinder psychotherapeutische Hilfe im Falle der Belastung durch eine onkologische Erkrankung, vermutlich deshalb, weil in diesen Fällen nicht die Möglichkeit bestand, den vorhandenen Leidensdruck etwa mittels Einbeziehung eines weiteren Familienmitgliedes, z.B. eines Kindes, zu bewältigen, andererseits in den Fällen, wo die Frauen erkranken, die anfallenden Arbeiten im Haushalt oft nicht so aufwendig sind, daß auf Hilfen aus der Elterngeneration oder von Kindern zurückgegriffen werden muß. Die Paare bleiben häufig mit der Krebserkrankung auf sich gestellt und entwickeln daraus eine höhere Motivation, sich therapeutische Hilfe zu holen. Die Bewältigung der Krebserkrankung hängt mit der Paarinteraktion und der Einstellung und psychischen Struktur beider Partner zusammen. Die Ziele der Behandlungen müssen am Einzelfall orientiert unterschiedlich definiert werden. Unter anderem geht es in der Paartherapie darum, positive Anteile der Beziehungen zu verstärken und das häufig hohe Potential an latenter Depressivität und Destruktivität einer Form von Bewältigung zugänglich zu machen. Krankheitsverarbeitung und Paarbeziehung sind im Einzelfall sehr unterschiedlich und erfordern unterschiedliche Vorgehensweisen. Folgende Problembereiche erscheinen in Hinblick auf die Verarbeitung der Erkrankung wichtig: die bewußte Haltung gegenüber der Erkrankung und den möglichen Kosequenzen (neben der Möglichkeit der Heilung: chronische Krankheit, Siechtum, Tod), Übereinstimmung und Realitätsadäquatheit der Definition, unbewußte Bedeutung der Erkrankung.

Fragt man nach den Hindernissen für eine günstige Krankheitsverarbeitung, stößt man auf nicht zu bewältigende und meist nicht kommunizierbare Angst, auf larvierte Depressivität sowie auf mangelnde gegenseitige Resonanz und emotionale Durchlässigkeit der Partner. Diese Interaktionsformen lassen sich z.T. noch Jahre nach der Behandlung feststellen, stellen ein strukturelles Merkmal dieser Paare dar und sind behandlungsbedürftig. Mit einer Paartherapie kann erreicht werden, daß die Patienten mit ihren Partnern die Erkrankung und ihre Folgen besser bewältigen können. Sie werden befähigt, ihr Schicksal zu tragen, damit der Therapeut nicht zum Partnerersatz werden muß, der Schwerkranke in ihrem Leiden anstelle der Angehörigen begleitet. Vier Fallbeispiele sollen die paartherapeutische Vorgehensweise erläutern:

13 Jahre nach einer Sarkomoperation in der Leiste kommt ein 60jähriger Mann wegen psychogener Impotenz zur Behandlung. Die abgelaufene bösartige Erkrankung beschäftigt ihn nicht mehr, auch seine Impotenz scheint mehr ein Problem für seine Frau darzustellen, als für ihn selbst. Allerdings sei er sehr eifersüchtig und leide unter exzessiven Wutausbrüchen, besonders unter Alkohol, wobei es auch zu Handgreiflichkeiten komme. Ansonsten wird die eheliche Beziehung als sehr gut dargestellt. Sehr aufgeregt, ihre Unsicherheit überspielend kommt die Ehefrau zum zweiten Termin mit. Sie tritt fordernd, resolut und vorwurfsvoll auf und beschwert sich heftig über die „Ungezogenheiten" ihres Mannes. Sie ist empört über sein Fehlverhalten. Er gelobt Besserung und gerät dabei so stark unter Druck, daß er weiß im Gesicht wird. Er rechtfertigt sich nicht, auch wenn es leicht möglich gewesen wäre. In einer weiteren Sitzung ist von dem Sarkom die Rede: Man habe gewußt, daß es etwas Bösartiges war. Aber dies sei kaum Anlaß zur Besorgnis gewesen. Während der Zeit der Operation und der nachfolgenden Bestrahlung habe der Mann bewußt versucht, sich abzulenken, etwa durch Spaziergänge und Ausstellungsbesuche. Das Gerede der Mitpatienten über Krankheiten habe ihn so sehr verunsichert, daß er dies immer mied. Angst vor einem Rezidiv oder gar vor dem Tod wird keine angegeben. Die Ehefrau bestätigt diese Angaben im wesentlichen.

Obwohl sich die Impotenz im Anschluß an die Behandlung des Malignoms entwickelt hatte, entschloß sich nach dieser Sitzung der Therapeut, dem Ehepaar zu raten, diese Symptomatik zu akzeptieren, um eine Labilisierung durch eine Therapie der Potenzproblematik zu verhindern. Das Ehepaar brach die Behandlung aus eigenen Stücken ab.

Es war offenbar in einer sado-masochistischen, analen Kollusion (Willi 1975) gefangen. Die Frau übte über den aggressiv gehemmten Mann Kontrolle aus, er konnte seine massiven aggressiven Impulse nur in Ausnahmesituationen zeigen, nämlich unter Alkohol. Dies verstärkte wiederum seine Schuldgefühle und damit seine Aggressionshemmung. Im Rausch war er der Mächtige und verbreitete Angst. Mit der Impotenz konnte er sich seine ansonsten dominierende Partnerin vom Leibe halten. Gleichzeitig entsprach die Impotenz aber auch einem Entzug von Aufmerksamkeit, mit dem er Gedanken an seinen verletzten Unterleib, an die abgelaufene maligne Erkrankung bannte, wie er auch sonst eher zu verleugnender Krankheitsverarbeitung geneigt hatte. Unter dem Deckmantel einer vom Ringen um Kontrolle und Wohlverhalten geprägten Beziehung fanden sich schwer kontrollierbare aggressive und triebhafte Impulse, zu deren Abwehr die Symptomatik des Patienten diente. So formten sich die gehemmte und zeitweilig durchbrechende Aggressivität, die alkoholischen Triebdurchbrüche, die durch die dominante Frau ausgeübte Kontrolle, die aggressive Distanzierung durch die Impotenz und die darin eingebundene Krankheitsbewältigung durch Distanzierung vom Unterleib zu einem relativ stabilen Beziehungssystem, das durch eine psychotherapeutische Bearbeitung der Impotenz hätte gefährdet werden können. Das Symptom bestand ja bereits seit über einem Jahrzehnt, was auch zeigt, daß es innerhalb der Beziehung von Bedeutung war, sonst wäre es wohl früher zu einem

Behandlungswunsch gekommen. Bevor noch der Therapeut die nötigen Konsequenzen hieraus ziehen konnte, kam ihm das Ehepaar mit einem Therapieabbruch zuvor. Eine Haltung, die Konflikte und Belastungen eher ausklammert denn löst, wobei sich Spannungen aufstauen, bis sie sich eruptiv entladen, kann also durchaus auch im Dienste der Bewältigung von Belastungen, wie hier einer schweren Bedrohung, stehen. Man muß sich vergegenwärtigen, daß dieser Mann immerhin ein ungünstig lokalisiertes Sarkom mit einer schlechten Prognose überstanden hat, wobei ihm seine verleugnende Haltung mit zeitweiser eruptiver Abfuhr geholfen haben mag.

Ein Jahr nach der Entfernung eines Melanoms erkrankt ein 40jähriger Mann an einer Herzneurose mit Todesangst. Angst vor einem Rezidiv gibt er zunächst nicht an, auch ein Zusammenhang zwischen der Herzneurose und dem Tumor, der von dem überweisenden Hausarzt vermutet worden war, ist für den Patienten nicht gegeben. Seine Frau, medizinisch-technische Angestellte, spricht sich über Sorgen wegen der Erkrankung ihres Mannes mit ihrem Chef aus, um den Ehemann nicht zu beunruhigen. Wenn der Mann von Todesangst im Zusammenhang mit seinem Herzen spricht, wird die Frau unruhig und depressiv. Nach einigen paartherapeutischen Sitzungen wird dem Mann seine tiefe Beunruhigung und Angst vor einem Rezidiv und dem Tod bewußt. Die Frau kann diese Gefühle schwer ertragen, sie reagiert mit Grippe.

Die Todesangst hatte in diesem Fall unbewußt den Patienten zur Entwicklung einer Herzneurose gedrängt. Diese Symptombildung symbolisierte eine Lebensbedrohung, ohne selbst das Leben zu bedrohen. So wurde es möglich, Angst zu erleben und auszudrükken. Todesangst aufgrund der tatsächlichen lebensbedrohlichen Erkrankung hätte weder der Patient noch seine Frau ertragen können. Die Herzneurose eröffnet dem Paar den Weg in die Therapie, wo es möglich wurde, sich damit auseinanderzusetzen, und die Beziehungsstörung zu behandeln, die zu der vorgefundenen Situation geführt hatte.

Die beiden wirkten wie Geschwister: ruhig, gemütlich, asexuell. Sich gegenseitig zu versorgen, es dem anderen recht zu machen, gelobt zu werden, das waren die Themen, zu denen sie von sich aus fanden. Die Unfähigkeit zur aggressiven Distanzierung bei gleichzeitigem starken Wunsch nach gegenseitiger Abhängigkeit, die einer symbiotischen Mutter-Kind-Beziehung entsprach, hatte hier bereits bei der Partnerwahl eine Rolle gespielt. Die Entdeckung und Operation des Melanoms und die danach ärztlich geforderte Schonung erleichterte dem Mann die Entscheidung zu einer dauerhaften Bindung. Es ist zu sehen, wie die symbiotische Paardynamik und die mangelnde Konflikfähigkeit den Weg der Verarbeitung der Erkrankung bestimmt hatte. Die Krebsangst wurde zunächst nicht in die Beziehung eingebracht, sie wurde verdrängt und verschoben und fand erst über den Umweg der Therapie Eingang in die bewußt gelebte Paarbeziehung.

Die Therapie, also die Einführung eines Dritten in die Zweierbeziehung, erweckte zunächst Trennungsängste, die in der Form projiziert wurden, daß der Ehemann dem Therapeuten unterstellte, dieser vermute bei ihm Trennungswünsche. Andererseits ermöglichte die dadurch hergestellte Triangulierung mehr gegenseitige Intimität und ein dichteres Aufeinanderzugehen, so daß die positiven basalen Anteile der Beziehung besser zum Tragen kommen konnten. Die Herzneurose bildete sich zurück, die Beziehungsstörung, die besonders im Bereich von Nähe und Distanz lag, besserte sich über die orale Thematik des Sich-gegenseitig-Versorgens, im Verlauf der Therapie, die über 2 1/2 Jahre dauerte, erschlossen die Partner sich gegenseitig akzeptierte Freiräume.

Hier führte die Therapie zunächst zur Aufdeckung vorhandener Ängste, sodann zur Verbesserung der Beziehungsstruktur, die eine Behandlung der Ängste in der Interaktion ermöglichte. Während die Angst, die die Erkrankung betraf, als Leidensdruck die Therapie in Gang hielt, bedrohte die Trennungsangst ihren

Fortgang zunächst: Um der projektiven Unterstellung zu entgehen, er wolle den Ehepartnern Konflikte bescheren, bestärkte der Therapeut sie zunächst im Vertrauen auf die Qualität und Sicherheit ihrer Beziehung, bis sie sich selbst Differenzen und Konflikte eingestehen konnten. Es wird an diesem Fall auch deutlich, daß die Frau des Patienten durch ihre harmonisierende, problemvermeidende Haltung an der Entwicklung der herzneurotischen Problematik mitbeteiligt war: Hätte sie sich der Tatsache der Bedrohung ihres Mannes stellen können, hätte ihm das ein Eingeständnis seiner Angst erleichtert.

In einem weiteren Fall wird noch deutlicher, wie die Haltung des Partners die Verarbeitung der Erkrankung mitbestimmt: Nach einer Brustamputation und Rezidivoperation wegen eines Mammakarzinoms traten bei einer 40jährigen Frau Metastasen im Skelett auf, die ihr von den Ärzten im Einverständnis mit dem Mann verheimlicht wurden. Der Ehemann erschien zur Beratung. Er wollte seiner Frau helfen, wollte aber nicht, daß sie von den Metastasen erfuhr. Er beklagte sich darüber, daß ihm die ganze Last der Entscheidung aufgebürdet sei, daß seine Frau apathisch und mißtrauisch, depressiv und entscheidungsschwach sei, und daß er sich alleine fühle, weil er mit niemandem über seine Angst, sie zu verlieren, sprechen könne. Sie lehnte seit der Rezidivoperation jede weitere Therapie ab.

Der Therapeut versuchte, die Interaktion zu problematisieren: Wie es sich entwickelt habe, daß alle Entscheidungen beim Mann liegen, ob seine Frau nicht eine Ahnung davon habe, was in ihrem Körper vorgeht? Es wurde eine Paartherapie vereinbart, ohne diese obligat mit der Aufklärung zu verknüpfen. Die Frau wirkte depressiv und hoffnungslos, sie litt hauptsächlich unter dem unwiederbringlichen Verlust ihrer Unversehrtheit. Es hatte den Anschein, als wollte sie lieber gar nicht leben, als ohne ihre Brust. Diese Haltung ging einher mit einer negativistisch-skeptischen Einstellung gegenüber jeglicher Therapie, die ihr empfohlen wurde. Sie überließ den „Kampf ums Überleben" ihrem Mann. Trotz ihrer Angst entwertete sie ihre Umwelt und deren Bemühungen, ihr zu helfen. Sehr widerstrebend ließ sie sich zu einer Hormontherapie überreden, die sie gleichzeitig als weitere Verstümmelung entwertete. Ihre tiefe Trauer, ihre panische Angst, die schwere Verletzung ihrer Integrität verbarg sie zunächst hinter aggressiver Zurückweisung. Der Mann geriet in die Rolle eines mächtigen ambivalenten Objektes: Einerseits kümmerte er sich sehr um sie, war besorgt, machte Termine mit Therapeuten aus, trug die Verantwortung; andererseits manipulierte er die Frau, indem er ihr therapeutische Maßnahmen aufzwang und gleichzeitig verhinderte, daß sie über die Verschlechterung ihrer Krankheit informiert wurde. Dabei fühlte er sich selbst ebenfalls hilflos, voller Angst, seine Frau zu verlieren, ohne Hoffnung, etwas daran ändern zu können. Sie nahm selbst augenfällige Verschlechterungen der Krankheit nicht wahr, sprach nicht darüber oder schob schmerzhafte Bewegungseinschränkungen auf Verstauchungen oder ähnliches. Beide waren im Grunde nicht in der Lage, die Realität anzuerkennen. Vermutlich entging der Frau die Verschlechterung ihres Zustandes nicht, und sie war zu den richtigen Schlußfolgerungen durchaus in der Lage. Mit der zuweilen grotesken Verleugnung wurde der depressive Zusammenbruch abgewehrt, den beide befürchteten. Sie litt vermutlich bereits vor der malignen Erkrankung unter einer Identitätsstörung, auch im geschlechtlichen Bereich, die sie mit einer narzißtischen Identifikation mit ihrem Ideal-Ich zu kompensieren versucht hatte. Diese Kompensation war nach der Zerstörung ihrer Unversehrtheit zerbrochen, und fortan bestand ständig die Gefahr des Abgleitens in eine Depression.

Das wahre Gesicht zu zeigen fiel in dieser Beziehung zweier sehr narzißtischer, selbstunsicherer Menschen beiden unendlich schwer. Keiner wollte seine Trauer, seine Zweifel, seine Hilflosigkeit und Unvollkommenheit, seine Angst zeigen. Stattdessen wurde ein Schauspiel auf einer Bühne aufgeführt, die in naher Zukunft einbrechen mußte. Wiederholte sich hier vielleicht die Identitätsstörung der Patientin, die es nie geschafft hatte, sich als sie selbst zu fühlen? In der Paarbeziehung war die Patientin quasi aufgespalten in ein auf den Mann projiziertes Ich, der zum hilflos Handelnden wurde, und in eine archaische, selbstzerstörerische Über-Ich-Instanz, die bei der Frau verblieb. So konnte die Patientin nicht zu sich selbst finden und der Mann auch nicht zu ihr, da die Interaktion der beiden unehrlich sein mußte.

Die Therapie konnte die Patientin zur Stabilisierung ihres Selbstwertgefühls nutzen, aber der Ernsthaftigkeit ihrer Situation stellte sie sich zunächst nicht. Sie wurde aktiver, bewältigte die narzißtische Kränkung der Verstümmelung, zeigte sich sogar im Badeanzug. Erst als sich die körperliche Situation dramatisch verschlechterte, fand sie kurz vor ihrem Tod zu einem offenen Gespräch mit ihrem Mann.

In diesem Fall korrespondierte die Angst beider Ehepartner, sich der traurigen Wirklichkeit des bevorsthenden Todes der Frau zu stellen. Statt dessen wichen sie aus in eine illusionäre Beziehung, die aufrechterhalten wurde, solange es eben ging. Die Haltung des Mannes war von dessen unbewußter kindlicher Hoffnung getragen, seine Frau könne wieder genesen, und brauche daher von der Verschlechterung ihres Zustandes nicht zu erfahren. Auch wenn dies direkt nie geäußert wurde, spricht doch das verzweifelte Festhalten an der Hoffnung dafür. Für den Therapeuten war es wichtig, herauszufinden, ob diese eigenartige, teilweise groteske Interaktion überwiegend auf die Ängste des Mannes zurückzuführen war oder ob sie einer Art von stillem Einvernehmen entsprang. Während der Paargespräche erhielt die Patientin alle möglichen Ermutigungen und Anstöße, mehr über ihre Erkrankung in Erfahrung zu bringen. Daß sie erst einige Tage vor ihrem Tod von dem sprach, was sie bereits Monate zuvor gewußt oder geahnt hatte, nahm der Therapeut als Zeichen, daß auch sie die Illusion der Realität vorzog, solange es ging. Sicherlich verstärkte die Angst des Ehemannes die pathologische Interaktion, und die Ermutigung des Therapeuten reichte nicht aus, um sich der Erkrankung zu stellen. Es ist in diesem Fall eine offene Frage gewesen, ob es besser gewesen wäre, die mit so großem Aufwand erhaltene Illusion zu zerstören. Daß ein Gespräch über den nahen Tod doch noch möglich war, kann durchaus mit der Therapie zusammenhängen, die im wesentlichen darin bestand, die autoaggressiven und entwertenden Tendenzen der Patientin zu beeinflussen. Für den Therapeuten war wichtig, sich für jede mögliche Frage offenzuhalten, sich nicht zu verfangen in dem Netz von Unwahrheiten, das die Patientin umgab. Ob das Ziel der Behandlung, dem Paar das Annehmen der Erkrankung zu ermöglichen, erreicht wurde, ist schwer zu beantworten.

In einem weiteren Fall reagierte eine 55jährige Frau auf die Operation und Bestrahlung eines Korpuskarzinoms mit nach ärztlicher Auskunft günstiger Prognose mit einer massiven zwanghaft-depressiven Symptomatik. Sie traute sich nichts mehr zu, weinte viel, verließ das Haus kaum, nahm ihre nachbarschaftlichen und freundschaftlichen Beziehungen nicht wieder auf, und hatte panische Angst, durch Fehlverhalten ein Rezidiv zu provozieren: durch zuviel Heben, Kochen, Waschen, Sitzen auf Sesseln, in denen der Unterleib nicht senkrecht gehalten wird, durch unruhige Autofahrten, durch zuviel Sonne, Staub, Wind, Verunreinigungen der Hände und des Hauses. Dies hatte dazu geführt, daß der Mann weitgehend den Haushalt erledigte, wobei seine Frau ihn bezüglich Sauberkeit etc. überprüfte. Er stand kurz vor der Pensionierung und zeigte eine bemerkenswerte Kombination von Klagsamkeit und Vitalität. Man merkte ihm seinen Zorn über die Situation an, den er aber aus Rücksicht nicht zeigte. Er ermunterte die Frau immer wieder, berief sich auf Ärzte, die der Frau längst mehr Belastungen zutrauten, wobei seine Dominanz und sein Unverständnis für die Angst seiner Frau immer deutlicher wurde. Diese hatte sich früher nie beklagt und immer ihre Pflicht getan. Wie sich in der Therapie herausstellte, hatte sie ihre Wünsche nach Zuwendung ihres zumeist mit sich selbst beschäftigten Mannes nie zeigen können, hatte klaglos geduldet, daß er kaum zu Hause war. Sie wollte, daß ihre Angst bei ihm Gehör fand. Jetzt, in ihrer Not, hatte sie einen Weg gefunden, ihn bei sich zu halten. Kompliziert wurde dieses Arrangement natürlich durch die steigende Konfliktspannung sowie, was in einer späteren Sitzung zutage trat, durch ihre

Angst vor Sexualverkehr mit ihm, welcher aufgrund unbewußter Bestrafungswünsche für sie bedrohlich und verboten war. Die zwanghafte Kontrollsymptomatik diente somit auch dem Bemühen, sich den Mann körperlich fernzuhalten. Hier entspannte sich die Situation, nachdem der unbewußte und unausgesprochene Gehalt der Symptome offen lag. Auch wurde durch die Therapie, die sich über 5 Monate erstreckte, die Ursache für die Fluchttendenzen des Mannes deutlich, so daß hier ein weniger auf Agieren angewiesenes Arrangement gefunden wurde.

Diese Beispiele zeigen, wie sehr die Bewältigung der Krebserkrankung von der Paarinteraktion und der psychischen Struktur beider Partner bestimmt wird. Durch Beschwichtigung des Kranken beschwichtigt der Partner eigene Ängste, durch Ermunterung macht er sich selbst Hoffnung. Die Angst, den Kranken zu beunruhigen, entspricht der eigenen Angst. Wer den Kranken ablenkt, lenkt sich selbst mit ab.

Die Ziele der Behandlung müssen, am Einzelfall orientiert, unterschiedlich definiert werden. So entscheidet sich auch, ob eher kurzfristige Beratungen oder langfristige Therapie indiziert sind. Bei den vorgestellten Fällen handelt es sich um sehr verletzbare Menschen mit schwerwiegenden psychischen Störungen und problematischen Beziehungen, wobei der verleugnete Umgang mit aggressiven Impulsen und Konflikten auffällt. Es bestand ein starkes Bedürfnis nach Sicherheit vermittelnden Objektbeziehungen, was eine weitere Indikation für das Paarsetting darstellt. So zielten die Behandlungen darauf, Angst zu reduzieren, positive Anteile in der Beziehung zu verstärken, vorhandene unbewußte Destruktivität einer Form von Bewältigung zugänglich zu machen, die unbewußte Bedeutung der Erkrankung und des Umgangs damit für beide Partner zu verstehen und allgemein die Konflikt- und Dialogfähigkeit zu verbessern. Dabei kann die maligne Erkrankung zumindest näherungsweise in manchen Fällen, wie im dritten Fallbeispiel, als Zeichen gestörter geschlechtlicher Identität, selbst als Symptom innerhalb eines Sinnzusammenhanges verstanden werden, in allen Beispielen gelingt es, die Bedeutung des jeweils speziellen Umgangs mit der Erkrankung innerhalb eines teilweise gestörten Beziehungsgefüges zu verstehen: Alte neurotische Konflikte werden innerhalb eines regressiven Prozesses neu aktualisiert, die durch die Erkrankung hinzugekommene Angst und Störung der körperlichen und seelischen Identität hat eine Veränderung des Ich zur Folge, die latente pathologische Abwehrformen in Gang setzt, welche zu der neuen Symptomatik führen. Diese binden als interaktionelle Abwehr den Partner mit ein, der seinerseits selbst durch die Belastung durch die Erkrankung gefordert ist und darauf ebenfalls mit Störungen reagieren kann. Es ergibt sich als Reaktion beider auf die Erkrankung eine Umbildung des intrapsychischen und interpersonellen Abwehrgeschehens, welches zu psychopathologisch relevanter Symptomatik führen kann. Diese ist in Form von Paartherapie nach meinen Erfahrungen i. allg. gut zu behandeln. Ob auf diese Weise auch Beeinflussungen des Verlaufs möglich sind, kann derzeit nicht beantwortet werden, auch wenn man davon ausgehen kann, daß die Therapie als soziale Ressource zur Stabilisierung des Paares beiträgt. Bei der Form des therapeutischen Umgangs ist zu berücksichtigen, daß es sich – zumindest in den angeführten Beispielen – um Ich-schwache Patienten handelte, was z.B. in der mangelnden Konfliktfähigkeit zum Ausdruck kam. Man wird sich als Therapeut Widerständen gegenüber abwartend verhalten und auf konfliktorientierte Deutungen oft verzichten, eher stützend intervenieren, bis innerhalb der Paarbeziehung die Konfliktfähigkeit gewachsen ist, wie dies Schöttler (1981) für psychosomatische Patienten oder von Rad u. Sellschopp-Rüpell (1987) für Krebspatienten beschreiben. Das Besondere am Paarsetting ist, daß man als Therapeut die Möglichkeit hat, unmittelbar die Verflechtung des Paares in der pathologischen Interaktion zu erleben, wodurch insbesondere Widerstandsphänomene oft viel verständlicher werden und besser behandelt werden können.

8 Krebs – eine Konfrontation mit dem Leben. Ein Erfahrungsbericht

E. Brenne-Keuper

Einleitung

In den vorliegenden Aufzeichnungen schildere ich den Verlauf meiner Erkrankung und was ich in dieser Zeit erlebte. Ich berichte über die Auseinandersetzung mit meiner Krankheit, mit allen Ängsten, Verlassenheitsgefühlen, Enttäuschungen,Ungewißheiten und Zweifel. Ich schildere aber auch, wie ich aus den Ängsten herausgefunden habe, d.h. wie ich allmählich gelernt habe, die Krankheit anzunehmen, mit ihr zu leben. Und ich berichte auch, wie wichtig diese Krankheit für mich war: für mein verändertes Selbstbild und z. T. für meine veränderte Einstellung zum Leben. Diese Einsichten sind ein großer Gewinn für mich; sie geben mir Kraft. Mit Hilfe dieser Erfahrungen ist es mir heute möglich, als Beraterin/ Therapeutin mit onkologischen Patienten und deren Angehörigen zu arbeiten.

Ich setze mich mit den Personen auseinander, mit denen ich es zu tun hatte: mit den Ärzten und mit Mitbetroffenen. Selbstverständlich gehören dazu meine Familie, meine Freunde und nicht zuletzt mein Ehepartner. Er hat sich von Anbeginn an mit mir gemeinsam mit der Krankheit auseinandergesetzt und mir so geholfen, nicht nur die ersten schwersten Wochen durchzustehen, sondern hat mich darin unterstützt, meinen Weg zu gehen.

Ich hoffe und meine, daß meine Schilderungen im Umgang mit der Krebserkrankung andere anregen können, über eigene Ängste, Probleme und Einstellungen nachzudenken.

Die Zeit vor der Diagnose

Gefragt nach dem Beginn meiner Erkrankung, muß ich mitteilen, daß es nicht der Zeitpunkt der Diagnose, also August 1982 war. Für mich diffus spürbar, begann sie bereits Anfang 1982. Ich muß bekennen, daß ich mich damals in einer persönlich äußerst schwierigen Situation befand. Ich war mit intensiven Vorbereitungen auf die Psychologie-Diplomprüfung beschäftigt. Vorausgegangen war, aufgrund einer Arbeitsmöglichkeit für meinen Ehepartner, ein relativ plötzlicher, unvorbereiteter Ortswechsel in die 500 km entfernte, fremde Stadt B. Zur Zeit der Prüfungsvorbereitungen lebte ich jedoch bei Freunden, die mir die Möglichkeit boten, in meiner alten Umgebung die letzten 3 Monate bis zur Diplomprüfung zu verbringen.

Die Situation erlaubte kein Abschiednehmen, kein Trauern um das, was ich dann endgültig 3 Monate später zurücklassen sollte. Nur am Rande ließ ich diese Bedeutsamkeit zu. Mein Ziel war, in jedem Fall diese bevorstehende Prüfung gut zu bestehen. Während dieser Zeit fühlte ich mich zunehmend unwohler, so wie ich es aus den Jahren zuvor nicht kannte. Das erste Wahrnehmen einer Hautveränderung am linken Unterarm deutete ich als Ausdruck meiner streßreichen Situation. Ebenso beurteilte ich sonstige diffuse körperliche Beschwerden. Sie alle hatten ihre psychischen Komponenten: Niedergeschlagenheit, Prüfungsängste und wechselnde Unsicherheit bezogen auf den bevorstehenden endgültigen Wohnungswechsel. So ganz am Rande merkte ich, daß das häufige Auftauchen irgendwelcher physischer Symptome mich veranlassen sollte, mich eingehender und gründlicher mit mir zu befassen. Jedoch die Situation ließ es nicht zu.

Von Zeit zu Zeit stellten sich hin und wieder Gedanken an eine ernsthafte Erkrankung ein, so daß ich dann kurzfristig im Februar 1982 einen Arzt aufsuchte: alle Ergebnisse, vor allem die Laborwerte waren in Ordnung. Dies bestätigte meine ursprüngliche Annahme, und der Arzt unterstützte mich darin, daß meine Symptome nicht nur einfach ein Kampf, eine Auseinandersetzung meines Körpers bedeuteten, sondern daneben auch psychologische, intellektuelle und soziale Dimensionen aufwiesen. Mir war jetzt klar, daß ich keinen Arzt mehr brauchte. Und ich besann mich wieder auf die Zeit vorher: damals fühlte ich mich gesund und mein Leben war ausgefüllt. Ich hatte die gewünschte zweite Ausbildung begonnen und fast beendet. Ja, ich fühlte mich wohl und leistungsfähig.

Anfang April 1982 war dann die letzte Prüfung absolviert. Alles war nun vorbei; leider nicht so erfolgreich wie ich es mir wünschte. Somit war ich enttäuscht, fühlte mich schlecht und wollte schnellstmöglich diesen Ort verlassen. Da es noch etwas kalt war, hatte ich Sehnsucht nach Sonne und Wärme, so daß ich noch am Tag der letzten Prüfung mit meinem Ehepartner in Richtung Italien fuhr. Dort fand ich erst einmal alles, was ich mir erhoffte: Wärme, Sonne, Farben, Blüten, Unbeschwertheit. Ich selbst war jedoch nicht so unbeschwert. Bis auf einige Ausnahmen war ich innerlich sehr unruhig. Wir sprachen viel über das, was uns, insbesondere mir, bevorstand. Das Wesentliche für mich war die Stellensituation. Damit verband ich auch finanzielle Unabhängigkeit, die in den letzten Monaten nicht mehr gegeben war und die – wie ich damals merkte – für mich überaus bedeutsam war. Meine Gedanken kreisten sehr häufig um dieses Thema, mehr als ganz allgemein auf die künftige Umgebung neugierig zu sein. Ich war eher unsicher, zurückhaltend und ängstlich, wenn ich an das Leben in der fremden Stadt B. dachte. Oft erlebte ich mich in diesem Urlaub fremd, unbekannt. Zum ersten Mal hatte ich den Eindruck, daß mir alles aus der Hand gleitet. Ich fühlte mich überfordert. Der Wunsch von dem unbeschwerten, streßfreien Urlaub ging nicht in Erfüllung. Er wurde zusätzlich überschattet durch eine ganz deutliche Hautveränderung an der bekannten Stelle am linken Unterarm. Unter der relativ starken Sonneneinstrahlung wurde diese Stelle wesentlich größer und begann zu jucken. Damals überfielen mich erstmals konkrete Gedanken an einen Hautkrebs. Aber ebenso schnell wie sich diese Gedanken einstellten, verflogen sie auch wieder.

Zurück aus dem Urlaub, stürzte ich mich geradezu in die Stellensuche. Täglich suchte ich verschiedene Institutionen auf, telefonierte, schrieb Bewerbungen und erhielt Absagen. Die Vorstellung, mit einem festen Arbeitsplatz, auch einen festen Platz in der neuen Stadt zu haben, schlug fehl: da waren wieder Enttäuschungs- und Versagensgefühle. Ich erlebte mich schwach und wertlos. Das waren für mich ungewohnte, überraschende Empfindungen. Ich mußte mich

– und das war neu für mich – ziemlich überwinden, die Stellensuche weiter zu betreiben. Ende Mai war es dann soweit: wenigstens eine Honorartätigkeit von 15 h wöchentlich in einer Institution mit Jugendlichen und jungen Erwachsenen, geistig Behinderten. Das war für mich keineswegs die gewünschte Tätigkeit, aber es war wenigstens überhaupt eine.

Sofort stützte ich mich in die Einarbeitung in dieses mir vollkommen unbekannte Gebiet. Gleichzeitig war ich durch die Erlebnisse der vorangegangenen Monate wieder neugierig auf mich. Ich spürte, daß ich mich von meinem Selbstbild, mit dem ich jahrelang lebte, trenne mußte. Um mich besser kennenzulernen, wollte und benötigte ich Hilfe. Schon recht bald hatte ich dann auch eine Zusage, an einer psychoanalytischen Gruppe teilzunehmen. Das war gut: die Hoffnungslosigkeit ließ nach. Ich hatte wieder eine Orientierung, ein Ziel geschaffen. So begann ich dann auch allmählich, mich auf den Frankreich-Urlaub im Juli 1982 zu freuen. Ich glaubte dort meinem Bedürfnis nach Ruhe, nach viel Schlaf, ausreichend gerecht zu werden. Denn ich war müde, oft müde. Daß ich so müde war, war für mich etwas Neues. Aber ich maß dem keine besondere Bedeutung zu, denn ich hatte ja viel Erholung und Entspannung nachzuholen. Somit nutzte ich den Urlaub, um mich vorwiegend auszuruhen, zu schlafen. Jede sonstige Unternehmung bedeutete für mich ungewohnte Anstrengung. Oft kehrte ich erschöpft von einem Ausflug zurück. In diesen Wochen bemerkte ich auch wieder das Jucken an der genannten Hautstelle. Ich nahm mir vor, auf der Rückreise nach G. eine mir bekannte Hautärztin aufzusuchen. Ich genoß auch diesen Urlaub nicht so wie frühere. Aber ich war auch nicht außerordentlich beunruhigt. Denn die Ursachen suchte ich hauptsächlich nach wie vor in den vorgegangenen Monaten. Nachdem sich die Hautstelle unter der südlichen Sonne weiter deutlich vergrößerte und auch permanent juckte, suchte ich gleich auf der Durchreise nach B. eine dermatologische Praxis auf. Leider war die mir bekannte Ärztin in Urlaub. In B. angekommen, verschob ich in den ersten Tagen eine Anmeldung beim Arzt. Tagsüber war ich beschäftigt mit der neuen Tätigkeit, die mich stark beanspruchte. Allmählich begann ich dann, mich nachts mit der veränderten Hautstelle zu beschäftigen. So bin ich häufig mitten in der Nacht plötzlich mit Angstgefühlen aufgewacht. Die Angst wurde konkreter: Angst, Krebs zu haben. Am Tag war ich übertrieben aktiv.

Wenn ich versuchte, meine Angst bei anderen anzusprechen, stieß ich auf eine abwehrende Haltung: „Geh zum Arzt, aber mach dir keine Sorgen, es wird schon alles harmlos sein.“ 3 Wochen lebte ich mit diesen Zuständen, bis ich es endlich schaffte, eine Klinik aufzusuchen. Heute weiß ich, daß ich Aufschub brauchte, eine Zeitspanne, um mit der Konfrontation *Krebs* fertigzuwerden.

Die Diagnose – der Schock

Mein erster Versuch, eine Melanomsprechstunde aufzusuchen, schlug fehl. Ich wurde abgewiesen, da bis dahin kein Melanom diagnostiziert war. Also ging ich in die Hautpolyklinik. Der junge, sehr zurückhaltende, mir außerdem unsympathische Arzt, hörte mir zwar aufmerksam zu, schaute sich die Hautstelle genau an, fotografierte und markierte sie von verschiedenen Seiten. Er wies jedoch meinen

Verdacht auf ein Melanom deutlich zurück und meinte allerdings, daß diese Hautveränderung für mein Alter (damals war ich 35) ungewöhnlich sei. Er diagnostizierte einen harmlosen Hautkrebs und schlug vor, die Hautstelle zu entfernen. So verabredeten wir einen Op-Termin 1 Woche später. Er sagte mir, daß ich mir keine Sorgen machen solle. Ich hatte jedoch kein Vertrauen zu diesem Arzt und ahnte, daß seine Prognose nicht der Realität entsprach.

Wenige Tage nach der Operation sollte ich endgültig Klarheit haben. Die Zeit bis dahin war ich innerlich sehr unruhig. Einerseits wollte ich Gewißheit haben, wünschte mir aber auch ein gutes Ergebnis und rief mir daher die positive Aussage des Arztes in Erinnerung. Aber die andere Seite in mir war stärker, nämlich die Ahnung, daß es ein Melanom sein würde.

Wenige Tage später, zu einem vereinbarten Termin sollte ich das Ergebnis des histologischen Befundes erhalten. Ich fand mich rechtzeitig zu dem vereinbarten Termin ein. Die dann folgenden ca. 30 min. waren wie eine Ewigkeit: Ärzte, Schwestern rannten an mir vorbei, irgendwer sprach mich an, ich müsse noch warten, man suche den Dr. E., ein Arzt, den ich bis dahin noch nicht kannte. Eigenartige Blicke trafen mich. Ich spürte man wollte nicht mit mir ins Gespräch kommen. Ich mußte warten und hatte Angst vor diesem Warten. Also wurde ich fordernd. Ich konnte es nicht ertragen, daß man von mir verlangte, geduldig zu sein, bis der Dr. E. da sei. Im Vorübergehen sagte mir dann ein anderer Arzt, daß das Ergebnis doch nicht so gut sei wie erwartet, und schon war er vorbei in einen anderen Raum. Ich hatte keine Möglichkeit, zu reagieren. Ich fühlte mich selten so elend, so allein gelassen und ausgeliefert wie in dieser halben Stunde. Es war zu deutlich, keiner wollte mir die Diagnose mitteilen, kein Arzt war bis dahin fähig, meine Lage zu verstehen und angemessen auf mich zu reagieren. Ich fühlte mich natürlich in meinen tiefsten Ängsten bestätigt, was dann in dem anschließenden Gespräch mit einem einfühlsamen Arzt Realität wurde. Die klare, deutliche, kurze Mitteilung der Diagnose war lediglich eine Wiederholung in Worten dessen, was ich vorher erlebt und gespürt hatte. Mangelnde Offenheit konnte ich bei diesem Arzt nicht beklagen. Er hielt nichts hinter dem Berg: malignes Melanom. Er erklärte mir den Schweregrad und daß die Arztkonferenz beschlossen hätte, großflächiger nachzuoperieren. Und er sprach darüber, daß es keine wirklich greifbaren Nachbehandlungsmöglichkeiten gibt.

Ich war sprachlos, es krampfte sich alles in mir zusammen. Ich war sehr wohl darauf eingestellt, daß ein solcher Befund zu erwarten war. Doch ich erhoffte so etwas wie eine „Früherkennung". Daß es soviel schlimmer sein sollte und daß es keine effektiven Behandlungsmöglichkeiten geben sollte machte mich ganz fassungslos. Für mich bedeutete dies alles Unheilbarkeit, keine Chance, das Todesurteil. Und ich stellte natürlich die Frage, wieviel Zeit ich noch hätte. Der Arzt war sehr freundlich, zugewandt und offen, anders als seine Kollegen. Er nahm sich Zeit. Er sprach über die Nach-Op, über Prognosen, Ursachen und daß es keine wirklich effektiven Behandlungsmöglichkeiten gibt. Er sprach sehr gut zu mir; aber irgendetwas verschloß sich zunehmend in mir. Ich war seinen Worten kaum mehr zugänglich. Da war einerseits die Bestätigung meiner Annahme, aber andererseits wehrte sich alles in mir, das, was ich hörte, zu akzeptieren. Ich wollte die Wahrheit, aber ich wollte auch Hoffnung. Da war etwas so merklich schleichend in mein Leben eingebrochen, das ich trotzdem nicht zu fassen vermochte. Ich hatte viele Fragen in mir. Ich wollte Informationen, konnte sie aber in der Situation nicht zum Ausdruck bringen. Wir vereinbarten ein weiteres, ausführliches Gespräch für den nächsten Tag.

Ich ging zur U-Bahn-Station. Draußen war heller Sonnenschein. Mir erschien es wie eine große Lüge. Dieser Sonnenschein hatte nichts mit mir zu tun. Ich fühlte mich plötzlich vom Leben ausgeschlossen. Innerlich war ich starr. Zu Hause traf ich meinen Ehepartner und meine Mutter, die für ein paar Tage bei uns zu Besuch war, an. Beide wollten natürlich wissen, wie der Befund lautete. Beide waren ganz sicher, daß er harmlos sei. Ich war nicht in der Lage, ihnen mitzuteilen, wie er wirklich war. Ich stammelte irgendetwas, daß ich nochmals operiert werden müsse und dann erst der endgültige Befund erfolge. Ich erwähnte aber, daß zu erwarten sei, daß es nicht so gut sein würde. Ansonsten schwieg ich. Irgendetwas hielt mich zurück, ganz auszusprechen, was los war. Ich fürchtete, beide zu erschrecken, ich fürchtete die Bestürzung beider, und vor allem fühlte ich keine Kraft in mir, mit der fassungslosen Reaktion meiner Mutter fertig zu werden.

Mein Ehepartner ahnte, was los war. Er sagte auch irgendetwas Belangloses, um das Schweigen nicht weiter auszudehnen und bewegte meine Mutter zu ihrem täglichen Mittagsschlaf. Endlich waren wir alleine. Ich schilderte kurz die Diagnose und daß es am nächsten Tag ein weiteres Gespräch gäbe, um Genaueres zu klären. Mein Mann war entsetzt, traurig. Ich spürte, er war hilflos, genauso hilflos wie ich. Er wollte mir helfen, und konnte nicht, wußte nicht wie. Er nahm mich in die Arme. Ich weinte. Zum ersten Mal konnte ich weinen. Die körperliche Nähe zerriß die Spannung in mir. Nachdem ich mich etwas beruhigt hatte, gingen wir nochmals alles durch, was der Arzt sagte, was anstände, was ich im nächsten Gespräch klären wollte. Aber immer wieder drängten sich in mir Gedanken auf wie: Lohnt es sich überhaupt noch, etwas zu klären? Wieviel Zeit würde ich noch haben? Plötzlich sah das Leben so verkürzt aus. Zum ersten Mal war ich mit meinem Tod konfrontiert. Aber in den Abgrund konnte ich nicht hineinschauen. In mir wechselten sich Hoffnung und Hoffnungslosigkeit ab.

Das Gespräch am nächsten Tag, an dem auch mein Ehepartner anwesend war, verlief sehr gut. Ich hatte Vertrauen zu diesem Arzt. Ich hatte den Eindruck, mit ihm reden zu können. Er klärte mich erschöpfend auf, auch über die Behandlung und mögliche Folgen. Ich hatte die Möglichkeit, mich entscheiden zu können. Darin wurde ich auch in den nächsten Monaten – auch in seinem fachlichen Können – bestätigt. Ich weiß heute, daß ich Glück hatte, auf einen Arzt zu treffen, der in mir kein Objekt sah. Ich war auch Partnerin, denn er unterstützte meine aktive Teilnahme. Und ich bin überzeugt, daß die aktive Mitarbeit am Krankheitsgeschehen in hohem Maße für den bis heute positiven Krankheitsverlauf ausschlaggebend war.

Angst

Nach dem Gespräch mußte ich der Krankheit ins Gesicht sehen. Die Nach-Op stand an und damit der Beginn einer Behandlung mit einem Medikament, das beim Melanom noch in der Erprobung stand.

Da die Nach-Op auch ambulant erfolgen konnte, wußte ich, daß es keine gefährliche Sache war. Vielmehr beunruhigte mich das Unwissen über dieses Medikament und seine Wirkung. Ich wollte ein paar Tage Zeit, um mich zusammen mit meinem Mann in dem mir vom Arzt zur Verfügung gestellten Material über das Medikament bzw. das Projekt zu informieren, um mich danach selbst entscheiden und mich darauf einlassen zu können. In dieser Zeit war mir schon klar, daß im Zusammenhang mit der Krankheit nichts ohne meinen Willen geschehen sollte.

Kurz vor der ersten Injektion des erwähnten Medikamentes machte ich zum ersten Mal in meinem Leben schlapp. Ich hatte große Ängste, eine falsche Entscheidung getroffen zu haben. Ich spürte, daß ich alle Kraft investiert hatte, mich zu informieren und daß mir trotzdem Ungewißheit blieb. Ich fühlte mich schwach, denn kaum etwas zerstörte meine Kraft mehr als Unklarheit, Ungewißheit. Die Tage nach der Nach-Op, bis zu dem Befund, bei dem keine Melanomzellen mehr nachgewiesen wurden, war ich froh, ein paar Stunden arbeiten und mich in kleine Tätigkeiten flüchten zu können. Die Bedrohung meines Lebens schien mir so groß und ich konnte dieses Neue, die Krankheit nicht akzeptieren; also konnte auch keine wirkliche Auseinandersetzung erfolgen. Die innere Unruhe, die mich quälenden Gedanken, versuchte ich wegzudrängen. Aber sie kamen immer wieder hoch. Die Gedanken kreisten um den *Krebs*, um Leben und Sterben. Es war ein Gedankenwirrwarr, eine große Leere, eine Dumpfheit und die Unabänderlichkeit *Krebs*. Abends fiel ich todmüde ins Bett, so als hätte ich größte Anstrengungen hinter mir. Am nächsten Tag mußte ich mich dann wieder in meiner veränderten Realität zurechtfinden. Im stark reduzierten Kontakt mit anderen Menschen reagierte ich eher wie eine Maschine. Ich fand alles belanglos, war unbeteiligt, denn das hatte alles nichts mit mir zu tun.Ich dachte immer nur: Krebs und an die Vorstellung von einer schrecklichen Zukunft mit einem qualvollen Sterben und Tod.

Ich lebte meine Traurigkeit. Nicht selten überkamen mich Tränen und ich hatte tiefes Mitleid mit mir. Ich wußte sehr wohl, daß zum Leben auch der Tod gehört, aber nicht, daß es der Krebstod sein sollte. Ich hatte zuvor schon einiges über den Tod gelesen. Aber das war reine Theorie; nun fühlte ich, daß ich real dem Tod nähergerückt war. Und ich war oftmals verzweifelt.

In diesen Zeiten großer Hilflosigkeit wurde ich oft sehr schnell aggressiv und zwar am meisten den Menschen gegenüber, die mir am nächsten standen. Mein Ehepartner hatte das alles auszuhalten. Es war quälende Angst, die mich so sein ließ. Andererseits hatte ich ein intensives Bedürfnis nach Zuwendung, nach Berührungen, nach körperlicher Nähe. Aber vorwiegend hatte ich das Schrekkensbild *Krebs* vor Augen und die Tatsache, daß sich die Krankheit noch immer nicht durchschauen läßt und schon gar nicht ihr Verlauf vorhergesagt werden kann. Ich war zum ersten Mal gezwungen, mich auch emotional mit der Tatsache auseinanderzusetzen, daß es Geschehnisse gibt, die ich nicht unter Kontrolle hatte. Diese Erkenntnis löste immer wieder Angst und Unsicherheit in mir aus. Und je mehr ich mich bemühte, diese Angst nicht hochkommen zu lassen, desto erschöpfter wurde ich, und war von daher auch schlecht in der Lage, meine Alltagsaufgaben gut zu bewältigen. Ich fühlte, so konnte und wollte ich nicht leben. Diese Ängste durften und sollten mich nicht überschwemmen, sollten kein chronischer innerer Zustand werden, der permanent an meinen Kräften zehrt. So einfach wollte ich mein Leben auch nicht aufgeben. Ich wollte und mußte nun endlich beginnen, mich aus dieser Verstrickung zu lösen, ich mußte wieder ICH werden. Der Krebs durfte mich nicht beherrschen. Ich mußte versuchen, irgendwie mit ihm fertigzuwerden, daß hieß, ihn zu akzeptieren. Sehr hilfsreich war es für mich, mir immer wieder vor Augen zu führen, daß ich Angst haben durfte, daß Angst eine natürliche Reaktion auf eine bedrohliche Erkrankung ist. Und ich wußte, daß mich diese Angst, diese Ungewißheit zukünftig begleiten würde.

Daher wollte ich lernen, auch die mich begleitende Angst zu akzeptieren. Das bedeutete, sie zuzulassen und auch offenzulegen. Außer meinem Ehemann gab es in den ersten Wochen niemand, mit dem ich über meinen Kummer und meine Ängste reden konnte. Ich war noch fremd in der Stadt und kannte nur wenige Menschen. Die neuen Arbeitskollegen hatte ich zwar informiert, aber sie reagierten eher abwehrend. Dies hielt mich nicht zurück, wenn es notwendig war, über die Erkrankung zu reden. Aber Unterstützung konnte ich nicht erwarten. Manche fürchteten schon beim Aussprechen des Wortes *Krebs,* dadurch die Krankheit zu verschlimmern. Meine Familie, Freunde und Bekannte hatte ich bis auf Ausnahmen noch nicht informiert. Ich wollte es allen persönlich mitteilen und plante daher Anfang Oktober 1 Woche Urlaub. Ich mußte gestehen, ich hatte meinem Schweigen, dem Verzögern der Mitteilung über meine Erkrankung, die rationale Begründung unterschoben, nicht am Ort zu sein. Vielmehr hatte ich die Tatsache – obwohl ich es wollte – noch nicht ganz akzeptiert. Aber ich lernte, veränderte mich allmählich; immer mehr suchte ich die Gelegenheit, über meine Krankheit, meine Sorgen zu sprechen. Das waren die ersten Schritte nach vorn. Und schon sehr bald suchte ich den Kontakt mit anderen Betroffenen.

Angstbewältigung (Eigenverantwortlichkeit)

Ich war sicher, daß das, was ich in dieser Zeit erlebte, andere Krebskranke mit mir teilen. Nachdem sich über das Krankenhaus keine entsprechenden Kontakte ergaben, wälzte ich entsprechende Stadtbücher. Schon bald hatte ich erste Kontakte mit einer „Selbsthilfegruppe jüngerer Frauen im ganzheitsmedizinischen Sinne". Vorerst war eine Teilnahme an der Gruppe nicht möglich. Ich hatte jedoch die Gelegenheit, mit ein paar Frauen mir den unterschiedlichsten Krebserkrankungen, ins Gespräch zu kommen. Mit ihnen konnte ich vorwiegend Informationen austauschen.

Leider bestand noch keine Regelmäßigkeit in diesen Kontakten. Aber ich konnte, wenn mir danach war, jemanden ansprechen. Ich fühlte deutlich, daß sich in mir etwas veränderte, denn ich wurde zunehmend aktiver. Ich begann, wieder für mich zu sorgen. Da ich leben und nicht zerbrechen wollte, konnte ich nicht mehr gegen die Krankheit arbeiten, sondern wollte mit ihr leben lernen. Und je mehr ich mit meiner Krankheit nach außen ging, meine Angst, meine Zweifel, meine Unsicherheiten und auch meine Hoffnungen mitteilte, desto mehr löste sich die Verstrickung auf: die Angst normalisierte sich. Durch das tiefe Tal der Verzweiflung war ich jetzt durch. Ich begann, die Krankheit als einen Teil meiner Person anzunehmen. Sie war nicht mehr nur losgelöst von mir; sie wurde jetzt zu einem wesentlichen Teil meiner Person. Die Kraft, die ich bis dahin zum großen Teil gegen die Angst investierte, begann ich jetzt für mein körperliches und seelisches Wohlbefinden einzusetzen. Das sollte ein wesentlicher Teil meines Weges sein. So begann ich, die Krankheit verstehen zu lernen und damit mich selbst besser zu verstehen.

Durch das Erleben mit mir selbst in den letzten Monaten vor der Diagnose als auch meine Erfahrungen in den ersten Wochen danach, fühlte ich, daß ich dringend angehalten war, mich mehr um mich zu kümmern, mich selbst wichtiger zu nehmen. Mein Körper hatte sich überdeutlich gemeldet, er erzwang sich meine Aufmerksamkeit. Ich kannte wohl den Zusammenhang zwischen emotionaler Verfassung und Krankheit und begann daher, mich mit den für mich schwerwiegenden Belastungen – vorwiegend aus dem Jahr vor der Krebsdiagnose – zu beschäftigen. Die Grenze meiner emotionalen Belastbarkeit wurde mir so deutlicher. Ich war bereit, mich mit meinen Einstellungen, Gemütsbewegungen und Empfindungen zu konfrontieren und zu erforschen, wie diese zu den Streßreaktionen bei mir beitragen. Ich erkannte nach und nach Mechanismen und Verhaltensweisen, die ich zu ändern hatte, wollte ich einen Beitrag zur Verhinderung einer Wiedererkrankung leisten. Das wollte ich, das war mein Ziel. Und ich war überzeugt, daß ich es könnte.

Nun, es war der Krebs, der mir einen tieferen Zugang zu mir selbst verschaffte. Es war die Krankheit, die mich aufrüttelte, mir mehr Gedanken über mein Leben zu machen; zu hinterfragen, wofür ich lebe und wie ich lebe. Durch die Krankheit gestattete ich mir, mich zu verhalten, wie ich es nicht getan hätte, wäre ich gesund gewesen: ich machte regelmäßige Pausen, war faul, und ich hatte jetzt einen Grund, bestimmte Dinge von mir zu weisen, die mich einem ständigen Streß aussetzen. Ich versuchte immer mehr, zu begreifen, was mir wirklich wichtig war. Ich muß gestehen, daß es mir nicht immer leicht fiel, denn ich hatte viel zu verstehen, viel zu lernen, vor allem aber, mir mehr Ruhe zu gönnen, wirklich auch mal faul zu sein, und meine Aktivitäten einzuschränken. Da gab es einiges, was ich eher für andere tat oder weil „man sich engagieren muß“ und nicht nur, weil es mein Bedürfnis war. Aber da gab es auch die andere Seite, nämlich Anerkennung für solche Aktivitäten. Hier wollte ich mehr Unabhängigkeit erwerben. Der Ortswechsel erleichterte es mir, nicht wieder alles aufzugreifen, wo ich es gewöhnt war, mich zu engagieren. Und ich mußte immer wieder in mich hineinhören, versuchen, meine wirklichen Interessen wahrzunehmen und diese zu realisieren. Das bedeutete oftmals, nein sagen zu müssen. Vor allem hatte ich zu lernen, selbstverständlicher Hilfe, die ich anderen nur allzugern zuteil werden ließ, auch einmal selbst anzunehmen oder gar in Anspruch zu nehmen. So übernahm ich mehr die Mitverantwortung für meine Gesundheit. Ich hatte die Macht, mich aktiv an der Gesundung zu beteiligen. Dadurch fühlte ich eine starke Kraft in mir.

Das Wissen um die Eigenverantwortlichkeit für meine Gesundheit und die aktive Beteiligung an der Genesung halfen mir am meisten, mein seelisches und körperliches Wohlbefinden zu fördern und bis heute zu erhalten. Ich traf die Entscheidung, Aktivitäten für und nicht gegen mein Leben zu entwickeln.

Auch hier muß ich gestehen, daß ich trotz der riesigen Schritte nach vorne auch manches Mal Rückschläge erlitt. Nicht immer hatte ich ausreichend Mut, mich gegen Gewohnheiten, Regeln, die – wie ich meinte – meiner Gesundheit abträglich waren, aufzulehnen und zurückzuweisen. Und: trotz Hoffnung und mehr Gelassenheit ist die Angst geblieben. Aber – und das ist wesentlich – die Angst vor der Angst gibt es nicht mehr.

Vor allem im ersten Jahr nach der Diagnose kam es nicht selten vor, daß ich meinen Körper stark beobachtete. Er stand oft im Mittelpunkt, und häufig sah ich die verschiedensten harmlosesten Symptome in ernsthaftem Zusammenhang mit der Erkrankung. Vieles war plötzlich *Krebs*.

Ich war mir sehr wohl darüber im klaren, daß ich nur bedingt etwas gegen die Krankheit tun konnte. Aber mit diesem anderen Teil, dem Teil der Ungewißheit, konnte ich inzwischen leben. Ich fühlte mich dieser Ungewißheit nicht mehr so ausgeliefert, seitdem ich meine eigenen Kräfte fühlte und diese auch aktiv einsetzte. Das bedeutete jedoch trotzdem, daß die Angst – mit der ich mich immer auseinanderzusetzen hatte – inzwischen Bestandteil meines Lebens wurde. Aber sie veränderte sich: Ich machte die Erfahrung: sie kam, ich ließ sie zu und sie löste sich wieder auf.

Aber all dies hat sich nicht von allein eingestellt. Ich benötigte schon einige Zeit, um herauszufinden, welche Mechanismen und Strategien es mir erleichterten, immer wieder auf meine eigene Kraft zu vertrauen, d.h. die Angst gelassener anzunehmen.

Informationen, Wissen

Wie ich schon erwähnte, war es bald selbstverständlich, daß ich meine Krankheit nicht verschwieg. Ich sprach offen mit vielen Menschen darüber. (Konkretere Erfahrungen werde ich weiter unten berichten). Ebenso wichtig waren für mich die Informationen zum Thema Krebs: umfassende medizinische Informationen zu diesem Tumor und zum Krebs allgemein. Ich las viele Bücher, sammelte Zeitschriftenartikel und besuchte entsprechende Vorträge. Umfassend Bescheid zu wissen, hat es mir erleichert, mit der nicht unbegründeten Angst vor einer Wiedererkrankung zu leben. In den ersten Monaten nach der Diagnose hat es mir sehr geholfen, in mir alarmauslösende, vermeintliche Hautveränderungen, manchmal auch alltägliche Beschwerden, möglichst schnell abzuklären. So suchte ich anfänglich recht häufig den Arzt auf, um mir darüber Entlastung zu verschaffen. Diese Mühe lohnte sich, denn sie hat mir mit Hilfe der Unterstützung des Arztes, der immer bereit war, mich in solchen Fällen anzuhören und ernstzunehmen, Entlastung und Sicherheit verschafft.

Entspannungs- und Visualisierungsübungen

Schon sehr bald hatte ich auch u.a. das Buch „Wieder Gesundwerden“ von Simonton u. Simonton in den Händen. Darin bieten die Autoren u. a. Übungen an, durch die man lernen kann, mit Hilfe psychischer Kraft die Krankheit positiv zu beeinflussen. Im entspannten Zustand über Visualisierung bestimmter Vorgänge im Körper kann dies zur Genesung beitragen. Die Erklärungen schienen mir sehr einleuchtend. So begann ich auch bald, mich mit diesen Übungen vertraut zu machen und schon bald gehörten Entspannungs- und Visualisierungsübungen in den nächsten 2 Jahren zum Ablauf meines täglichen Lebens. Mindestens 3mal täglich (möglichst zur gleichen Zeit) war es mir selbstverständlich, jeweils mindestens 30 min. die Übungen durchzuführen. Diese Regelmäßigkeit hat mir besonders in Streßsituationen oder in Zeiten, in denen meine Stimmung eingetrübt war, sehr geholfen. Die Visualisierungen im entspannten Zustand waren angstfreie Auseinandersetzung mit der Krankheit. Es war mir gut möglich, mir die Krebszellen in meinem Körper vorzustellen und zu visualisieren, wie mein Abwehrsystem in Form der weißen Blutkörperchen sie aufspürte, vernichtete und diese dann auf natürlichem Wege meinen Körper verließen. In diesem tief entspannten Zustand konnte ich aktiv etwas für mich tun, für meinen Körper und für meine Seele.

Selbsthilfegruppe

Eine weitere wichtige Orientierung auf meinem Weg war die Selbsthilfegruppe. Wie ich bereits erwähnte, hatte ich sehr bald Kontakt zu einzelnen Personen aus Selbsthilfegruppen und konnte mich dann auch Ende Oktober einer Gruppe anschließen. Es war ein großer Vorteil, mit Betroffenen – fast ausschließlich meiner Altersgruppe – reden zu können, die in derselben Situation waren wie ich. Dieser Erfahrungsaustausch war oftmals sehr hilfsreich: zu erleben, wie andere vergleichbare Probleme erlebt und bewältigt haben. Wir sprachen viel über das, was wir dachten, wünschten und auch fürchteten. Wir tauschten uns aus über die Ambivalenz Hoffnung und Hoffnungslosigkeit, über Chancen der Genesung, über Geduld, Zuversicht, über den Sinn des Lebens, über den Tod. Wir waren meist sehr offen miteinander. In dieser Gruppe erlebte ich Menschen, die für mich in bewundernswerter Weise schon einige Jahre – auch mit der Krebserkrankung – ein erfülltes Leben führten. Das machte mir viel Mut. Ich habe jedoch auch solche kennengelernt, die dieses Leben nicht führen konnten, die bald verstarben. Und damit waren wir wieder mit der Ungewißheit über unseren Krankheitsverlauf und der individuellen Endlichkeit, dem Sterben und dem Tod konfrontiert. Später werde ich nochmals auf dieses Thema eingehen.

Es war eine gute Zeit in den 2 Jahren der Selbsthilfegruppe. Darüber hinaus ergaben sich wertvolle, freundschaftliche Kontakte, die bis heute Bestand haben.

Medizinische Behandlung

Da in der Selbsthilfegruppe ausschließlich Frauen waren, die sich einer ganzheitsmedizinischen Sichtweise der Krebserkrankung zugehörig fühlten, erlebte ich hier auch einen regen und intensiven Austausch über biologische bzw. naturheilkundliche Behandlungsweisen der Krebserkrankung. Über entsprechende Literatur, Ärzte und Kliniken, sowie ganz persönliche Erfahrungen in diesem Bereich. Mir war dieser Bereich bis dahin nicht sehr vertraut. Ich hatte mich vorweigend mit der schulmedizinischen Behandlungsweise durch entsprechende Literatur,

Diskussionen mit verschiedenen Ärzten und Betroffenen, Ehemann und Freunden auseinandergesetzt. Vor allem hatte ich mich damit beschäftigt, inwieweit ich bereit war, Behandlungen mit einer wahrscheinlich reduzierten Lebensqualität in Kauf zu nehmen für eine äußerst geringe Wahrscheinlichkeit einer möglichen Lebensverlängerung über ein paar Monate hinaus. Ich war damit konfrontiert, nachdem mich ein renommierter Arzt – nicht mein behandelnder Arzt – sehr bedrängte, eine zytostatische Therapie zu machen. Ich wußte jedoch, daß es bis dahin keine erfolgversprechende zytostatische Behandlung für das Melonom gab. Und bei den wenigen erfolgreich zytostatisch behandelten Patienten konnte nicht nachgewiesen werden, daß sie ohne Behandlung früher verstorben wären. Denn bis heute fehlt bei den meisten wissenschaftlichen Untersuchungen über die Auswirkungen der verschiedenen Therapieformen der Vergleich mit unbehandelten Kontrollgruppen/-patienten.

Aber ich konnte mich auch nicht entscheiden, auf eine weitere medizinische Behandlung zu verzichten. Denn ich wußte sehr wohl, daß es nicht nur psychosomatische Aspekte, sondern verschiedene andere mögliche Aspekte bzw. Ursachen für die Krebserkrankung gibt. Daher war mir klar, daß es nicht ausreichen kann, meinen Körper bzw. mein Abwehrsystem ausschließlich psychisch zu beeinflussen, die bis zu diesem Zeitpunkt behinderte Kontroll- und Überwachungsfunktion wieder aufzunehmen. So war es dann auch selbstverständlich, herauszufinden, wie ich dieses für mich konkret umsetzen konnte. Selbstverständlich war es, mich zukünftig vor intensiver Sonneneinstrahlung schützen zu müssen oder diese, wenn möglich, zu meiden (z. B. keinen Urlaub in entsprechenden Gegenden). Und durch die vielen Gespräche in der Selbsthilfegruppe bekam ich nicht nur Anregungen, Tips, sondern auch konkrete Hinweise auf Ärzte und mögliche Behandlungsweisen im naturheilkundlichen Sinne. Bei dieser „Informationsreise“ fühlte ich mich oft überfordert. Ich war allein gelassen mit meiner Entscheidung. Oftmals hörte und las ich von nicht übereinstimmenden Wirkungsweisen dieser Behandlungsmethoden und stellte fest, daß es hier – ähnlich wie in der Schulmedizin keine wirklich erfolgsversprechenden Therapien gibt und auch die naturheilkundlich orientierten Ärzte sich keineswegs über die Behandlungsweisen einig waren. Für mich aber war entscheidend, daß es sich immer um Mittel ohne belastende Nebenwirkungen, d.h. Reduzierung der Lebensqualität handelte. Diesen Weg wollte ich gehen.

Durch die vielen konkreten Hinweise, das Sichten entsprechender Literatur und die Gespräche und Beratungen mit Ärzten der Naturheilmedizin stellte ich fest, daß hier eine Reihe diagnostischer Methoden hinsichtlich des Immunsystems und eine Vielfalt von Medikamenten auf dem Markt waren; Mittel, die die verschiedenen Teile des Abwehrsystems ansprechen und aufbauen. Abgesehen von der ungeheuren finanziellen Belastung, die sicherlich nur eine begrenzte Zeit möglich gewesen wäre, war ich vollkommen verunsichert. Ich spürte ganz deutlich, daß mich die Vielzahl möglicher Medikamente eher beunruhigte, als daß sie mir Sicherheit gab. Nicht selten fühlte ich mich zu einem Medikament überredet, kaufte es, setzte es dann aber doch nicht ein. Ich glaubte, durch zu viele Medikamente eher Krebszellen anzuregen als zu hemmen. Nach meinem Gefühl, brauchte und wollte ich nicht irgendeine Behandlung, sondern eine, die ich selbst voll und ganz mittragen konnte, unabhängig davon, was andere, auch fachkompetente Menschen für mich für gut hielten. Ich wollte nicht „behandelt" werden.

Das hätte für mich persönlich bedeutet, daran gehindert zu sein, aktiv für mich selbst zu sorgen. Mir war inzwischen klar, daß ich mir etwas aus beiden Bereichen der Schul- und der Naturheilmedizin – holen wollte. Nachdem ich zwischenzeitlich kurzfristig die Behandlung mit dem Versuchsmedikament abgebrochen hatte, nahm ich diese jetzt wieder auf. Darüber hinaus stellte ich allmählich meine Ernährung um: kein Auszugsmehl, keinen Industriezucker, kein Schweinefleisch, Getreide, viel Obst und Gemüse. Neben der Einnahme verschiedener Vitamine und einem Präparat, das den Hautstoffwechsel reguliert, entschloß ich mich, ein Mistelpräparat, ein Medikament, das die Abwehrkräfte steigern soll, zu spritzen. Übrigens gibt es bezüglich dieser Behandlung eine Übereinstimmung unter den Naturheilärzten.

Damit war die Suche nach medizinischer Behandlung für mich abgeschlossen. Ich war erleichtert, zumal ich auch eine niedergelassene naturheilkundliche Ärztin fand, die meinen Vorstellungen entsprach. Nun sah ich einen klaren Weg vor mir. Ich hatte Hoffnung und vertraute auf das, wozu ich mich entschieden hatte.

Hilfreiche Umwelt

Nicht minder wichtig in der Auseinandersetzung mit der Erkrankung war für mich die Unterstützung durch andere: Mitglieder der Familie, gute Freunde und Bekannte. Für alle kam meine Erkrankung völlig überraschend und es war für sie unfaßbar, daß mein Leben so bedroht sein sollte. Ich machte sehr unterschiedliche Erfahrungen und zog daraus entsprechende Konsequenzen.

Wie ich schon erwähnte, war es mein Ehepartner, der mir in den ersten Tagen und Wochen nach Diagnose und Operation sehr geholfen hat, das bedeutsame Ereignis anzunehmen. Wann immer ich wollte, war er für mich da, konnte ich mit ihm sprechen, meine Ängste und meine Sorgen zulassen und offen zeigen. Wir sprachen viel miteinander und ich hatte den Eindruck, er verstand, was ich fühlte, denn auch er hatte Angst und Sorgen um mich. Nie hätte er angenommen, daß mich diese Krankheit treffen könnte, und er sah sich plötzlich mit der Möglichkeit konfrontiert, mich bald zu verlieren. Es war sehr hilfreich, zu wissen, daß auch er unter der Ungewißheit, wie die Krankheit weiter verlaufen würde, litt. Er hat mich nie zurückgewiesen und nur ganz selten beschwichtigt. Und er hat nie versucht, mich zu irgendeiner Entscheidung zu drängen, obwohl er nicht immer meiner Meinung war, was die medizinische Behandlung anging. Wichtig war auch sein aktives Handeln. So besorgte er mir beispielsweise ein für mich zu dieser Zeit negativ besetztes Gerät, einen Walkman. Er meinte, damit könnte ich wesentlich einfacher auch außerhalb des Hauses, meine Entspannungs- und Visualisierungsübungen durchführen. Dies war tatsächlich eine schöne Sache; ich war dadurch freier in meiner Zeiteinteilung. Obwohl es in dieser Zeit meinerseits viele inadäquate Gefühlsäußerungen gab und wir uns auch schmerzhafte Empfindungen nicht ersparten, empfanden wir trotzdem ungewöhlich viel Liebe und Vertrautheit. Die Bedrohung durch die Erkrankung, d.h. durch den Tod, hat unsere Beziehung tiefer werden lassen.

Heute weiß ich, daß ich meinen Mann während dieser Zeit sehr forderte, manchmal gar überforderte. Für mich war es selbstverständlich, ihn immer in Anspruch zu nehmen. Ich brauchte mich nie zu verstellen.

Weitere Angehörige und Freunde, die alle außerhalb B. lebten und die ich allmählich teilweise telefonisch oder – das war mir das Liebste – persönlich informierte, reagierten unterschiedlich.

Alle Freunde versuchten, wenn auch teilweise verunsichert, sich mit meiner Situation auseinanderzusetzen und begegneten mir gegenüber sehr aufrichtig.

Es war z.B. überraschend und schmerzlich – denn es traf auch meine Befürchtung – aber auch wohltuend zu hören, als eine Freundin spontan die Befürchtung äußerte, daß wir den schon länger gemeinsam geplanten Weihnachtsurlaub nicht mehr miteinander verbringen könnten. Indem sie sich mit ihrem eigenen Erleben zeigte, war es mir einfacher, meine Gefühle zu zeigen. Wir brauchten nicht zu heucheln. Andere waren eher abwartend: wie ich reagiere, wie ich mich zeige, und entsprechend offen und zurückhaltend waren sie. Andere wiederum entwickelten ungeheure Aktivitäten. So erhielt ich eine Menge Anregungen. Sie versorgten mich mit Informationen wie z. B. Zeitschriftenartikel, Literaturangaben und speziellen Behandlungsmöglichkeiten außerhalb von B.

Und es tat mir gut, viele Briefe und Anrufe zu erhalten. Diese Zeichen der Zuneigung stützten mich. Vor allem war ich glücklich darüber, daß ich selten Mitleid – das ich so sehr befürchtete – spürte, aber sehr wohl Versuche des Mitfühlens. Dadurch fühlte ich mich in keine Patientenrolle gedrängt; niemand versuchte, mir Entscheidungen abzunehmen oder mich zu irgendetwas zu drängen oder gar zu überreden. Ich hatte glücklicherweise nie das Gefühl, mich von einem der Freunde zurückziehen zu müssen. Ich erfuhr vielmehr Bestätigung und Ermutigung. Dies erleichterte es mir sehr, das seelische Tief zu überwinden. Ich verspüre allen gegenüber sehr viel Dankbarkeit.

Bei meinen Angehörigen machte ich weniger positive Erfahrungen. Diese habe ich auch alle zuletzt informiert. Jahrelang wurde ich immer zur Bewältigung irgendwelcher Unstimmigkeiten oder Probleme gerufen, und ich war dazu bereit. Jetzt spürte ich zum ersten Mal, daß ich nicht in der Lage war, die Betroffenheit in meiner Familie aufzufangen. Also ließ ich mir Zeit und informierte meine Angehörigen erst zu dem Zeitpunkt, als ich meine Krankheit bereits als Teil meiner Person akzeptiert hatte. Ich war jetzt bereit, die Familie zu belasten.

Meine Mutter reagierte anders als erwartet: sie war sehr betroffen, weinte sehr viel und meinte jedoch, daß sie es wußte, ahnte, nachdem sie im August 1982 bei uns zu Besuch war. Und ich verstand, weshalb sie seit diesem Zeitpunkt so anders als sonst und auch häufiger fragte, wie es mir ginge. Ich war erstaunt, wie gefaßt sie sich verhielt. Es war schön, ihr nichts mehr vormachen zu müssen. Wir konnten auch darüber reden, wie es für sie und für mich war, als mein Vater vor mehr als 20 Jahren an Darmkrebs erkrankte und niemand in der Familie jemals mit ihm darüber sprach. Heute weiß ich noch mehr, wie allein er gewesen sein mußte.

Meine Mutter war von allen Angehörigen die einzige, die mich nicht beschwichtigte. Aber sie signalisierte mir auch deutlich, daß ich, wenn möglich, nicht soviel von meinen Ängsten zeigen sollte. Anders war es bei meinen Geschwistern. Sie reagierten still und verschlossen. Meine Brüder ignorierten die

Krankheit. Sie taten so, als existiere sie nicht, als sei ich nicht betroffen. Meine Versuche, es immer wieder anzusprechen, ihnen mitzuteilen, ich bin bereit, darüber zu sprechen, schlugen fehl. Ein Bruder verbot seinen bereits erwachsenen Töchtern, in seiner Gegenwart mit mir über die Krankheit zu reden. Meine Schwester hörte mir zu, aber sie war vollkommen hilflos. Ihre Strategie war, mich zu beschwichtigen, mir zu sagen, daß alles harmlos sei. Es war das, was sie sich wünschte. Sie weigerte sich vorzustellen, daß mein Leben ernsthaft bedroht sein sollte.

Dieses Erlebnis rief in der Familie unendlich viel Verwirrung, Mangel an Mitgefühl und Unverständnis hervor. Alle Angehörigen zeigten mir ihre Anteilnahme dadurch, daß sie unausgesprochen bemüht waren, sich bei meinen Besuchen ganz auf meine Ernährung einzustellen. In den Fragen, wie es mir ginge, schwang immer gleich die Bitte mit, doch diese positiv zu beantworten. Dies tat ich nicht. Ich machte zwar keine weiteren Ausführungen, aber ich blieb immer bei dem, wie mir war. Ich war bereit, die Gefühle meiner Angehörigen so weit zu akzeptieren, als ich sie nicht mit meinen bedrängte. Aber ich war nicht bereit, Beschwichtigungen anzunehmen, eine Rolle zu spielen und weiterhin ausschließlich alle zu schonen.

Eine Ausnahme stellte die erweiterte Familie dar, die mir fast gleichaltrigen Nichten und Neffen und deren Partner. Diese waren unbefangener, offener und in keiner Weise im Umgang mit mir verändert. Es war möglich, die Krankheit und alle damit im Zusammenhang stehenden Probleme zum Thema zu machen.

Was ich in diesem Zusammenhang in meiner Familie erlebte, war kaum anders, als ich erwartete. Es war das, was ich kannte: mangelnde Auseinandersetzung und starkes Harmoniestreben. Ich hatte dies für mich an anderer Stelle aufzuarbeiten.

Ich bin aber sicher, hätte ich mit der emotionalen Stärkung meiner Angehörigen gerechnet, so hätte ich mich sehr allein und verlassen gefühlt und mich mit Sicherheit nicht so schnell wieder dem Leben zugewandt. Die ungeheure Bedeutung der sozialen Unterstützung während dieser Krisensituation steht für mich außer Zweifel. Sie trägt in starkem Maße dazu bei, trotz der ungewissen Entwicklung, einer Krebserkrankung hoffnungsvoll und optimistisch begegnen zu können. Es ermöglicht eine Wiedererkrankung, d,h, einen fortschreitenden Krankheitsverlauf bis hin zum baldigen Tod, in Betracht zu ziehen.

Tod und Sterben

Wie ich schon zu Beginn schilderte, hatte ich mich bereits vor meiner Erkrankung mit dem Thema Tod beschäftigt, aber mit dem Verstand. Ich hatte sehr abstrakte Vorstellungen. Wie sehr Verstand und Gefühl auseinanderliegen können, habe ich deutlich erfahren, als ich mit meiner Erkrankung konfrontiert war und damit auch mit meiner individuellen Endlichkeit. Darauf war ich nicht vorbereitet. Gewiß, der Tod ist sicher, für mich, für alle. Er ist unausweichlich. Aber zum Tod gehört auch das Sterben, und bei mir würde es kein natürliches Sterben sein. Ich dachte nur an ein elendes Sterben, an ein schreckliches Dahinsiechen. Wie würde ich das überstehen? Ich wußte, eine lange Hilflosigkeit, quälende Schmerzen und körperlicher Verfall wollte ich nicht erdulden. Es grauste mir bei dem Gedanken, vielleicht über längere Zeit ein quallvolles und damit auch sinnentleertes Leben führen zu müssen. Was hatte ich zu tun, mir dieses zu ersparen? Wahrscheinlich würde es das beste sein, bei ersten entsprechenden Anzeichen der fortschreitenden Krankheitsphase, das Leben abzubrechen. Dadurch könnte ich mich dieser schrecklichen Zeit entziehen. Solche Gedanken und die Suche nach Möglichkeiten haben mich stark beschäftigt.

Durch Gespräche mit anderen, Bücher und Vorträge, u.a. von und bei Frau Kübler-Ross, begann ich dann, mich für die medikamentöse Behandlung des letzten Krankheitsstadiums zu interessieren. Ich sprach mit Ärzten und sammelte auch hierzu wieder Informationen, vor allem über das relativ schmerzfreie Sterben bei Bewußtsein. Es hat mich sehr entlastet, daß es Möglichkeiten gibt, das Sterben wesentlich zu erleichtern. Und es war hilfreich, konkrete Informationen, Hinweise und Angaben zu haben, um entsprechende Vorkehrungen treffen zu können. Dieses Gefühl der aktiven Einflußmöglichkeiten hat es mir dann ermöglicht, mein Verhältnis zum Sterben und damit auch zum Tod zu verändern. Ich wünschte mir sehr, dem Tod gelassener entgegentreten zu können, ihn als zum Leben gehörend anzunehmen, denn ich fühlte, daß es mir außerordentlich schwer fiel, mein Leben loszulassen. Ich wollte noch einige Varianten des Lebens kennenzulernen. Ich sprach mit vielen Menschen über den Tod und das Sterben, und ich war durch die Selbsthilfegruppe mehrfach konkret damit konfrontiert. Meine Stimmung und meine Haltung dazu waren wechselhaft: manchmal ruhig und gelassen, dann wieder sehr unruhig und erregt.

Aber ich lernte, nicht zu schweigen, sondern darüber zu reden, was ich in diesen Situationen erlebte. Und es waren immer wieder nahestehende Menschen wichtig, die mich anhörten. Nicht selten machte ich die Erfahrung, daß auch sie begannen, sich mit ihrem Tod auseinanderzusetzen. Aber ich führte auch viele Gespräche mit mir selbst, und ich fühlte oft eine tiefe Traurigkeit in mir. Ich hätte mir sehr gewünscht, daß etwas von mir bleibt. Damals wünschte ich mir sehr, Kinder zu haben. Kinder, die etwas von mir hatten, etwas, das noch weiterleben würde, wenn ich nicht mehr sein sollte. Neben den vielen Gesprächen und der Beschäftigung mit entsprechender Literatur hat mir ein mehrtägiges Trauerseminar bei der Auseinandersetzung mit meiner Endlichkeit sehr geholfen. Während dieser Tage nutzte ich die Gelegenheit, genauer zu schauen, was ich nicht loslassen konnte, was ich zu verlieren hatte: außer mir selbst, Beziehungen und Lebensaufgaben. Diese Auseinandersetzung hat noch einmal sehr viel Schmerz und eine tiefe Traurigkeit hervorgebracht, aber auch – und das ist entscheidend – Erleichterung und Freude. Es war eine harte Arbeit, die nicht erst in diesen Tagen begann, auch nicht abgeschlossen war. Aber ich konnte mir daraufhin nochmals viel genauer mein Leben betrachten, schauen, was gut war, was wichtig und schwierig war, was erfüllt und unerfüllt war, mir auch genau die Personen vorstellen, die ich liebte, und die für mich besonders wichtig waren und mir sagen, was ich an ihnen nicht mochte und was ich liebte. Und ich konnte mich verabschieden. Vor allem mit Hilfe der mir inzwischen vertrauten und selbstverständlichen Visualisierungsübungen kam ich mehr und mehr zur Ruhe. Ich wurde gelöster und hatte das Gefühl, wenn es soweit ist, daß ich mit dem Sterben fertig werden würde.

Viel habe ich mich auch mit meiner Beerdigung beschäftigt. Ich stellte mir genau vor, wie sie ablaufen würde, wer dabei sein würde und wie ich sie mir wünschte. Und ich war sehr damit beschäftigt, wem ich was hinterlassen wollte. Dieses Zutrauen gab mir Kraft, mich wieder verstärkt dem Leben zuzuwenden, dem immer wieder veränderbaren, vergänglichen, aber doch so wunderbaren Leben; ein Leben nicht nur mit fernen Lebenszielen.

Die Bedeutung meiner Zeit wurde mir deutlicher. Nicht nur Monate und Jahre, auch Augenblicke, Stunden und Tage waren kostbar. Und ich war, nachdem ich Bilanz gezogen hatte, entschlossen, mich neu zu orientieren, eine bessere Lebensqualität anzustreben. Ich wurde mir selbst wichtiger und war bereit, das zu leben. Ich war sicher, daß das Leben für mich noch Vieles bereit hielt, wofür es sich lohnte, zu leben, ganz gleich, wieviel Zeit ich noch zur Verfügung hatte.

Das heißt aber nicht, daß ich nun in aller Ruhe der Zukunft entgegensehen konnte. Es dauerte mehr als 2 Jahre, bis sich die gewonnene Zuversicht stabilisierte. Es gab immer wieder Störungen in meiner Befindlichkeit. Ich brauchte Zeit, konkrete Erfahrungen, sowohl mit meinem Körper als auch mit meinem gewählten Weg, der nicht immer bequem zu gehen war. Es ergaben sich häufiger Auseinandersetzungen mit nahestehnden Menschen, die es nicht gewohnt waren, daß ich mich deutlich abgrenze. Ich mußte das Risiko eingehen, auch ausgeschlossen zu werden, wenn ich mich nicht mehr für alle einsetzen sollte. Manches Mal war ich richtig stolz auf mich, manches Mal erlebte ich Rückschläge. Aber trotzdem fühlte ich mich lebendig, ich fühlte Veränderung. Meine Seele machte einen Heilungsprozess durch und ich bin sicher, daß es meinem Körper zugute kam. Anfänglich stark die Gegenwart lebend, entwickelte ich doch allmählich wieder weiter in der Zukunft liegende Ziele.

Beruflicher Werdegang nach der Krebserkrankung

Da ich von Anbeginn meiner Erkrankung niemals körperlich beeinträchtigt war, war es mir möglich, damals wie geplant, die Arbeit aufzunehmen und ohne Unterbrechungen fortzuführen. Für meinen beruflichen Werdegang war es ein neuer Lebensabschnitt, den ich schon lange ersehnte. Daher war es für mich von großer Bedeutung, daß ich trotz meiner Erkrankung diesen neuen Abschnitt beginnen konnte. Trotz der positiven Erfahrungen in der Arbeit mit geistig Behinderten, wußte ich doch, daß es nur eine vorübergehende Tätigkeit sein sollte. Mein Interesse galt nach wie vor der Psychosomatik und Medizinpsychologie. Ich begann eine psychotherapeutische Weiterbildung und begann zunehmend mehr, mich wieder für chronische Erkrankungen, insbesondere die Krebserkrankung, zu interessieren. Ich besuchte entsprechende Fortbildungsveranstaltungen, Seminare und Vorträge. Bis dahin kam es jedoch für mich noch nicht als Arbeitsbereich in Frage, da ich fühlte, daß ich noch zu sehr mit meiner individuellen Geschichte beschäftigt war.

Inzwischen hatte ich viele Kontakte zu Krebsbetroffenen und zu Professionellen, die mit Krebspatienten arbeiteten. Aus meiner eigenen Erfahrung, aus Büchern, aufgrund meiner Teilnahme an einem psychoonkologischen Arbeitskreis und aufgrund meiner Überzeugung, daß eine Krebserkrankung jeden Betroffenen in seiner Ganzheit betrifft, stand für mich eine psychische Betreuung von Krebskranken, auch von Angehörigen, außer Zweifel. Diese Arbeit bedeutet u.a., den Betroffenen die Möglichkeit zu geben, sich mit einer Erkrankung psychisch auseinanderzusetzen und dabei behilflich zu sein, eine eigene Lösung zu finden. Ein bekannter amerikanischer Psychotherapeut, erfahren in der Arbeit mit Krebspatienten, LeShan, spricht von „der Suche nach der eigenen Identität“, die die beste Chance für das Leben bedeutet.

Je mehr ich mich stabilisierte, desto mehr sah ich auch die Perspektive, mich beruflich auf diese Arbeit einzulassen. Eine Tätigkeit, der ich heute nachgehe. Ich arbeite als Psychologin in einer psychosozialen Beratungsstelle für Krebskranke und Angehörige.

Diese Arbeit fordert von mir, daß ich von meinen Gefühlen nicht getrennt bin. Ich muß diese immer wieder berücksichtigen und muß sie äußern. Ich muß über meine Erfahrungen, die Belastungen in der Arbeit sprechen können. Entsprechende Gesprächspartner finde ich in Kolleginnen und Kollegen, in einer Supervisions- und Balint-Gruppe.

Schlußbemerkung

Heute, im Frühjahr/Sommer 1987, hetze ich nicht mehr so durch das Leben. Ich versuche, Unwichtiges von Wichtigem zu unterscheiden. Ich sehe mich wieder in erster Linie als Mensch mit einem erfüllten Leben und in zweiter Linie als Krebspatientin. Ich sehe meiner Zukunft – trotz der Krebserkrankung – optimistisch entgegen, obwohl ich auch immer die Möglichkeit eines baldiges Sterbens vor Augen habe. Doch wenn ich heute über Tod und Sterben spreche, löst dieses Thema keine Panik aus.

Die Auseinandersetzung mit meiner Krebserkrankung, meinen Ängsten und die Aktivierung meiner eigenen Kräfte haben mir ein intensiveres Leben ermöglicht.

9 Selbsthilfe(-gruppen) im Krebsbereich

J. Matzat

Bücher über die Behandlung und Nachsorge für Menschen mit Krebserkrankungen haben seit einigen Jahren schon Konjunktur. Und wer ein wenig in der Literatur blättert, Inhaltsverzeichnisse und Stichwortregister durchsieht, wird finden, daß ein Kapitel über Selbsthilfegruppen heutzutage nicht fehlen darf. Auch das ist ein Renner in der aktuellen Diskussion. Man könnte leicht den Eindruck gewinnen, daß Selbsthilfegruppen im Krebs(-Nachsorge)-Bereich mittlerweile einen festen Platz einnehmen – wie es bisher allenfalls in der Suchtbehandlung der Fall war – und daß die Kooperation zwischen diesem „Laien"-System und dem etablierten „Experten"-System bereits wie selbstverständlich und reibungslos funktioniert. Für alle, die sich um die Entwicklung und Verbreitung von Selbsthilfegruppen bemühen, vor allem die engagierten Betroffenen selber, aber auch die sympathisierenden beruflichen Helfer, muß diese breite Anerkennung eine Genugtuung und Bestätigung ihrer Arbeit sein. Es werden aber auch Stimmen laut, die zum kritischen Überdenken auffordern, und auf Fehlentwicklungen aufmerksam machen (z.B. Schaeffer u. Kriescher-Fauchs 1984; Schafft 1987).

Zum Begriff

Noch vor 10 Jahren – man kann es sich heute kaum mehr vorstellen – spielten Selbsthilfegruppen in der psychologischen, sozialarbeiterischen oder gar medizinischen Diskussion praktisch keine Rolle. Erst vereinzelt äußerten sich einige Vordenker (z.B. Illich 1977, 1979; Richter 1974; Schmidbauer 1977) skeptisch zu den überzogenen Hoffnungen, die in die Leistungsfähigkeit von Experten gesetzt wurden, und versuchten die Profis zu mehr Bescheidenheit und die Laien zu mehr Vertrauen in die eigene Kraft zu ermutigen. Das „Alles-ist-machbar"-Denken, damals in Ökonomie und Politik noch ungebrochen, kam im psychosozialen und medizinischen Versorgungsbereich an seine Grenzen. Die geradezu olympischen Imperative „mehr, perfekter und professioneller" wurden in Frage gestellt, und zwar (noch) nicht mit dem Kosten(dämpfungs)-Argument, sondern aus ideologisch-philosophischen Überlegungen. Man sprach von „Eigeninitiative", „Selbstbestimmung", „mündigen Bürgern", „Partizipation", persönlichem Wachstum" etc.

Der Terminus „Selbsthilfe" – vor allem in der Floskel „Hilfe zur Selbsthilfe" – hat hingegen eine längere Tradition. Er ist konstitutives Merkmal des deutschen Sozialhilfesystems, das all seine Leistungen eben nach diesem Prinzip verteilt. Der Bürger wird als selber für sein Wohl und Wehe verantwortlich postuliert; nur im Falle, daß seine Selbsthilfekräfte durch besondere Notlagen (vorübergehend) nicht ausreichen, wird ihm die, und nur die Hilfe zuteil, die ihn wieder in Stand versetzt, autonom zu funktionieren. Dies wird nicht nur als Verfahren verstanden, das die Ausgaben im Sozialsektor minimieren soll, sondern vor allem die Würde des Menschen, seine Selbstbestimmung und Privatheit vor Eingriffen von Institutionen und insbesondere des Staates schützen soll. Ideologische Grundlage für diese Denkfigur ist das aus der katholischen Soziallehre übernommene „Subsidiaritätsprinzip" (von Nell-Breuning 1984).

Die Maxime, „Hilfe zur Selbsthilfe" zu leisten, wird zwar als Lippenbekenntnis praktisch von jedem psychosozialen Helfer (vom Psychoanalytiker hinter der berühmten Couch bis zum Laienhelfer in einem psychiatrischen Patientenclub) akzeptiert, in der Sozialarbeit ist es, wie gesagt, teilweise gesetzliche Vorschrift. Sie wird jedoch in aller Regel ausschließlich verstanden als das Wieder-fit-machen eines Individuums, nicht als die Förderung von Zusammenschlüssen von Betroffenen. „Hilfe zur Selbsthilfe" muß erst noch zur „Hilfe zur Gruppen-Selbsthilfe" werden. Dieser „Paradigmenwechsel" ist ganz wesentlich in dem Buch „Selbsthilfegruppen" von M.L. Moeller (1978) aufgegriffen und weiterentwickelt worden.

Heutzutage wird der Begriff „Selbsthilfe" vor allem in dreierlei Bedeutung gebraucht:

Erstens wird damit das Ende oder das Fehlen von Fremdhilfe, insbesondere professioneller Fremdhilfe markiert, etwa in dem Sinne, daß ein ehemals hilfsbedürftiger Mensch nun (wieder) alleine zurechtkommen kann. Diese „Hilfe zur Selbsthilfe" muß immer kritisch hinterfragt werden, ob damit tatsächlich die möglichst frühzeitige und umfassende Wiedergewinnung von Selbständigkeit und Eigeninitiative des Klienten oder Patienten gemeint ist, oder ob es sich vielmehr um eine fortschrittlich klingende Verweigerung von mehr Unterstützung handelt, die eigentlich benötigt würde. Dabei spielt die aktuelle Rotstiftpolitik mit Personaleinsparungen und Mittelkürzungen im Gesundheits- und Sozialbereich eine ganz wichtige Rolle. Im Sinne des o.e. Subsidiaritätsprinzips sollen vermehrt die Betroffenen selber, ihre Angehörigen und eben auch Selbsthilfeinitiativen zu Leistungen herangezogen werden. Hier besteht eine starke Tendenz zur Vereinnahmung, zur Verplanung und zur Instrumentalisierung der Selbsthilfebewegung (Behrendt et. al 1981).

Zweitens wird die Selbsthilfe ein Gegenkonzept zu bürokratischen oder professionellen, meist auch kommerzialisierten Angeboten bezeichnet. Man meint dann eigentlich: solidarische Hilfe. Hierzu zählen Laien- und ehrenamtliche Hilfe, Nachbarschaftshilfe, Hilfe unter Freunden und Verwandten usw. Zwar werden diese Hilfeleistungen eben nicht professionell erbracht, werden nicht bezahlt und unterliegen kaum institutionellen oder juristischen Regeln, aber sowohl bei professioneller wie bei ehrenamtlicher Hilfe sind die Rollen des Helfenden und des Hilfeempfängers für jeden deutlich getrennt (vgl. Matzat 1986). Und da „Geben seliger ist denn Nehmen" ist auch klar, wessen Rolle die angenehmere ist. Wer hilft, ist gut; wer sich helfen läßt, ist es nicht unbedingt. Es gibt eine Menge Hinweise darauf, daß die Helfer vor allem für sich selber sehr viel Profit aus solchen Helfer-Beziehungen ziehen (Riessman 1965). Und vor dem „Helfersyndrom" (Schmidbauer 1977), das wir Profis seit 10 Jahren an uns diagnostizieren, sind natürlich auch ehrenamtlich Tätige nicht gefeit. Möglicherweise sind sie ihm sogar noch schutzloser ausgeliefert, weil sie seltener die Chance haben, im kollegialen Gespräch, in Supervision (Pühl u. Schmidbauer 1986) oder Balint-Gruppe (Roth 1984) entsprechende Hinweise zu bekommen.

Von den Hilfeempfängern mag ehrenamtlicher Beistand in manchen Fällen sogar noch als belastender empfunden werden als professioneller, wenn sie sich nämlich die Frage stellen, wie man denn die Hilfeleistung vergelten kann, wo doch Geld in dieser Beziehung keine Rolle spielt.

Anders in Selbsthilfegruppen – und damit komme ich zum dritten Wortgebrauch. Mit Selbsthilfe sind dann eigentlich Selbsthilfe-Zusammenschlüsse gemeint. Hierin sind die eben erwähnten Elemente der Nicht-Fremdhilfe (oder Nicht-mehr-Fremdhilfe) und der solidarischen, nicht-professionellen Hilfe natürlich ganz wesentlich enthalten. Aber nur in der Ergänzung mit „Zusammenschluß", „Gruppe", „Gruppierung", „Organisation" oder ähnlichem findet der Begriff „Selbsthilfe" eine eigenständige Bedeutung. Erst dann meint er eine menschliche Tätigkeit, die sich von anderen alltäglichen Vollzügen unterscheidet. Und hier findet auch die merkwürdig schizophren wirkende Aufteilung und Wiedervereinigung von Hilfsbedürftigem und Helfer im Selbst-Helfer eine plausible Lösung: die Gruppe, gleichsam ein höher organisierter Organismus, vereinigt in sich die Probleme der Mitglieder, aber auch deren Fähigkeiten und Erfahrungen, diese Probleme anzugehen. Die Gruppe kann mehr als der einzelne. Einer hilft dem anderen, und bei nächster Gelegenheit der wieder ihm (wechselseitige Hilfe); man wechselt nach Bedarf zwischen der Rolle des Helfers und der des Hilfsbedürftigen. Darüber hinaus bringt jeder seine ganz persönlichen Erfahrungen in die Gruppe ein, wie er bislang mit einzelnen Aspekten seines Problems umgegangen und vielleicht sogar fertiggeworden ist; und so stellt er für die anderen, die ja vom gleichen Problem betroffen sind, ein Selbsthilfemodell dar, an dem sie lernen und sich weiterentwickeln können. Eine Selbsthilfegruppe kann im Extremfall autark sein (was nicht heißen muß: beziehungslos nach außen!) in bezug auf den Problembereich, wegen dessen sie sich zusammengefunden hat. Die Hilfeleistungen, derer man bedarf, werden dann selber von bzw. in der Gruppe produziert. Die „Konsumenten" sind zugleich „Produzenten".

In weitgehender Übereinstimmung mit dem umfangreichsten Selbsthilfegruppen-Forschungsprojekt in Deutschland (vgl. (Winkelvoss et al. 1981) und mit dem Europäischen Regionalbüro der Weltgesundheitsorganisation (vgl. Hatch u. Kickbusch 1983, die sich auf Katz u. Bender (1976) berufen) gehe ich von folgender Definition aus:

In Selbsthilfegruppen finden sich von einem gemeinsamen Problem (z.B. einer Krankheit) Betroffene zusammen. In regelmäßigen Gruppensitzungen über einen längeren Zeitraum versuchen sie, weitgehend ohne professionelle Helfer und ohne wirtschaftliche Gewinnorientierung, sich selber, ihren persönlichen Umgang mit dem Problem und/oder ihr soziales Umfeld zu ändern. Dabei gelten die Prinzipien der gleichberechtigten Zusammenarbeit und der wechselseitigen Hilfe. Austausch ganz persönlicher Erfahrungen, unmittelbare Einfühlungsmöglichkeit, Solidarität und soziale Unterstützung ermöglichen ihre positiven Wirkungen. Man hilft sich wechselseitig, und man ist sich einander Modell für den erfolgreichen Umgang mit dem gemeinsamen Problem.

Eine wichtige Unterscheidung ist zu treffen zwischen Selbsthilfegruppen und

Selbsthilfeorganisationen. In Selbsthilfegruppen treffen sich unmittelbar Betroffene zu direktem Kontakt untereinander. Ihre Aktivitäten sind demgemäß ortsnah und orientieren sich unmittelbar an ihrer Bedürfnislage. Die Gruppen sind von ihrer Mitgliederzahl überschaubar (Kleingruppen, Gesprächsgruppen), die Kontakte sind spontan, wenig organisiert, lebendig. Die Struktur dieser Gruppen ist hingegen labil, ihre Lebensdauer häufig begrenzt. Wegen dieser Flüchtigkeit ist es auch außerordentlich schwierig, die Anzahl solcher Gruppen präzise zu ermitteln. Dies ist lediglich möglich für genauer umschriebene Gruppentypen in bestimmten Bereichen (etwa Selbsthilfegruppen von Alkoholkranken, Angehörigengruppen von psychisch Kranken oder bestimmte Krebs-Selbsthilfegruppen). Dabei spielt der Anschluß solcher Gruppen an Dachverbände oder andere Großorganisationen eine entscheidende Rolle.

Aus ständig wachsenden Selbsthilfegruppen bzw. aus dem Zusammenschluß mehrerer Selbsthilfegruppen zu Verbänden, entstehen häufig Selbsthilfeorganisationen. Sie haben im Unterschied zu Selbsthilfegruppen

- mehr Mitglieder (nicht nur Betroffene, sondern auch Förderer und Interessierte),
- überregionale, oft bundesweite Verbreitung,
- hauptamtliche Mitarbeiter (meist mehr oder weniger hoch professionalisiert, wie z.B. Sozialarbeiter, Verwaltungskräfte usw.),
- bürokratische Strukturen wie Vereinsstatus, Geschäftsführung, Mitgliedsbeiträge, eigene Zeitschriften, Tagungen und Fortbildungsveranstaltungen,
- nach außen orientierte Aktivitäten und Lobbyfunktion durch Öffentlichkeitsarbeit, bis hin zur Einflußnahme auf Gesetzgebung (z.B. Schwerbehindertengesetz),
- häufig starke Einbeziehungen von Fachkräften (insbesondere Ärzte) in ihre Aktivitäten (Vorträge, Aufklärung),
- hohen Anteil von Dienstleistungen auch für Nichtmitglieder (bis hin zur Einrichtung eigener Beratungsstellen) und
- z. T. imponierende Etats.

Selbsthilfeorganisationen befinden sich mitunter auf dem Wege zu Großorganisationen, die mehr und mehr den Charakter von Wohlfahrtsverbänden annehmen. Als bekanntes Beispiel mag die „Lebenshilfe für geistig Behinderte" gelten, die einst als kleiner Kreis von betroffenene Eltern und engagierten Fachleuten begann und inzwischen zu einem großen Einrichtungsträger geworden ist (Schmidt-Thimme 1985). Bei solchen Entwicklungen laufen Selbthilfeorganisationen Gefahr, bald als ähnlich entfremdet und abgehoben von den persönlichen Bedürfnissen der Betroffenen wahrgenommen zu werden, wie große Wohlfahrtsorganisationen und staatliche Einrichtungen (deren Kritik ja gerade eine Wurzel der Selbsthilfegruppen-Bewegung war und ist!).

Diese idealtypische Einteilung in Selbsthilfegruppen und Selbsthilfeorganisationen, wie ich sie hier vorgenommen habe, ist freilich eine Vereinfachung, die nur zur groben Orientierung dienen kann. In der Realität finden wir eine Unzahl von Mischformen und Übergängen (vgl. Halves u. Wetendorf 1986); so gibt es z. B. unter dem Dach mancher großer Selbsthilfeorganisationen vereinzelt lokale Selbsthilfegruppen.

Zur Verbreitung von Selbsthilfegruppen im Krebsbereich

Viele Selbsthilfegruppen entstehen spontan, fast privat und blühen im Verborgenen. Sie halten es nicht für nötig, sich formale Strukturen etwa im Sinne eines eingetragenen Vereins zu geben, und sie schließen sich keiner Dachorganisation und keinem Wohlfahrtsverband an. Solange sie keine nennenswerten Gelder für ihre Tätigkeit brauchen, sind sie auch Behörden unbekannt; mit Fachleuten arbeiten sie kaum oder nur sporadisch zusammen. So unbemerkt von all diesen Instanzen Selbsthilfegruppen entstehen und arbeiten können, so unbemerkt lösen sie sich auch wieder auf. Wir haben es hier mit einer Zwischenzone zwischen Privatheit und Öffentlichkeit zu tun. Dies macht es außerordentlich schwierig – vielleicht aber auch unnötig, zu halbwegs korrekten Zahlenangaben über die Verbreitung solcher Selbsthilfegruppen zu kommen; allerdings ist das wohl mehr ein Problem für Wissenschaftler, Gesundheitsplaner und -politiker als für die Betroffenene selber. (Für die stellt sich allenfalls die Frage, ob es in ihrer Umgebung bereits eine Selbsthilfegruppe gibt, an der sie teilnehmen könnten, und wie sie diese auffinden; vgl. Matzat 1987b).

Itzwerth (1984) schätzt in einer Expertise für die Geschäftsstelle „Gesamtprogramm zur Krebsbekämpfung", daß sich lediglich 1% der Krebskranken in Selbsthilfegruppen engagieren (zitiert nach Schafft 1987), was vergleichbaren Angaben für andere Breiche durchaus entspricht. Allerdings dürfte die latente Bereitschaft in der Bevölkerung noch um einiges höher liegen (vgl. Grunow et al. 1983), und es ist ganz sicher, daß die Zahl derer, die in der einen oder anderen Weise von Selbsthilfegruppen profitieren, erheblich über die tatsächlichen Teilnehmer hinausgeht.

Eine weitere Schwierigkeit bei der Auszählung bilden die definitorischen Unklarheiten, die bereits angesprochen wurden. Im engagierten Bemühen, Politikern und der Öffentlichkeit die zunehmende Verbreitung von Selbsthilfeinitiativen und die also berechtigte Forderung nach mehr finanzieller und fachlicher Unterstützung für diese deutlich zu machen, kann es daher leicht zu äußerst fragwürdigen „Äpfel-und-Birnen"-Zählereien (Vilmar u. Runge 1986) oder zu gewagten Hochrechnungen (Winkelvoss et al. 1981; Huber 1987) kommen. Einig sind sich allerdings alle Experten darin, daß wir es bundesweit mit Zehntausenden von solchen Selbsthilfezusammenschlüssen zu tun haben – und das heißt mit Hunderttausenden von Menschen, die sich auf diese Art und Weise mit Schicksalsgenossen zusammentun. Konkrete Zahlenangaben sind aber nur möglich für eng umschriebene geographische Räume (beispielsweise Schaeffer 1984a) oder für solche Selbsthilfeinitiativen, die sich formal organisiert und zu Dachverbänden zusammengeschlossen haben. Im Krebsbereich haben wir es vor allem mit drei Dachorganisationen zu tun, die selber über ihre Verbreitung folgende Angaben machen:

1. Die „Frauenselbsthilfe nach Krebs e.V.", gegründet 1977, behauptet von sich, mehr als 30000 Krebspatientinnen (hauptsächlich nach Brustamputationen) zu „betreuen" und Aktivitäten in mehr als 200 Gruppen zu entfalten (Festschrift zum 10jährigen Bestehen 1986, s. 3). Die Zahl der eigentlichen Mitglieder („lt. Satzung alle Personen, die eine organisatorische Tätigkeit für den

Verein ausüben") wird jedoch in einer Selbstdarstellung von 1986 lediglich mit 650 angegeben.

2. Die „Deutsche ILCO", gegründet 1972 (für Menschen mit künstlichem Darmausgang bzw. Harnableitung), gibt in ihrer Zeitschrift ILCO-Praxis 1/87, S. 58, ihren Mitgliederstand zum 1.1.1987 mit 6670 an, davon 5990 Stomaträger; schätzungsweise zwei Drittel nach einer Krebserkrankung. Die Bemerkung von Englert (1983) „9 von 10 Stomaträgern, die sich an uns wenden, werden nicht Mitglieder der ILCO", weist jedoch darauf hin, daß auch bei dieser Organisation die Anzahl der „Betreuten" die der eingetragenen Mitglieder oder gar aktiven Teilnehmer an Selbsthilfegruppen bei weitem übersteigt.
3. Im „Bundesverband der Kehlkopflosen", gegründet 1974, sind ca. 40 selbständige „Kehlkopflosen-Vereine" zusammengeschlossen.

Alle drei Organisationen verfügen darüber hinaus über mehrere Landesverbände und geben umfangreiche Listen mit lokalen Kontaktpersonen bereitwillig heraus. Aus diesen Daten wird einiges deutlich über die eindrucksvolle geographische Verbreitung dieser drei großen Selbsthilfeorganisationen sowie über ihre Struktur, wenig jedoch über die Existenz tatsächlicher Selbsthilfegruppen, über die Anzahl der Teilnehmer daran und über die Hilfeleistungen, die dort für und von Betroffene(n) erbracht und erhalten werden. Die von bundesweiten Dachorganisationen bekanntgegebenen Mitgliederzahlen (oder gar „Betreuten"-Zahlen) dürfen keineswegs mißinterpretiert werden als Anzahl von Teilnehmern an Selbsthilfegruppen! Der Anteil von „Karteileichen", dankbaren „Einmal-Selbsthilfe-Konsumenten" und anderen fördernden Mitgliedern dürfte ganz erheblich sein. Zu berücksichtigen ist auch, daß die Finanzierung der Verbände durch die öffentliche Hand und durch gemeinnützige Organisationen (und der einzelnen Ortsgruppen durch die Verbandszentralen) natürlich nicht unabhängig davon ist, für wie viele Menschen man spricht bzw. Leistungen erbringt. Bei der Konkurrenz im Sozialsektor um moralische Anerkennung und finanzielle Unterstützung wird, wie anderswo auch, gerne mit dem Argument der großen Zahl überzeugt.

Ein ganz anderes Problem wirft die Frage auf, was man alles als „Selbsthilfegruppe" betrachten möchte (Matzat 1987a). Neben den Ortsgruppen der oben erwähnten Krebs-Selbsthilfevereingungen werden in letzter Zeit verstärkt Angebote von Wohlfahrsverbänden (etwa vom Deutschen Roten Kreuz oder der Arbeiterwohlfahrt) gemacht. Deren Krebsgruppen sind ganz offiziell geleitete Veranstaltungen, in der Regel mit trainierten ehrenamtlichen Helferinnen, die im Inhalt weitgehend dem der Krebs-Selbsthilfeorganisationen ähneln (vgl. Deutsches Rotes Kreutz 1986).

Eine gewisse Klärung all dieser Ungewißheiten wäre möglicherweise von einer Expertise Itzwerts's (1984) zu erwarten gewesen, die jedoch bedauerlicherweise noch immer nicht veröffentlicht ist.

Zur Arbeitsweise von Selbsthilfegruppen

Es ist praktisch unmöglich, generelle Aussagen über die Arbeitsweise *der* Selbsthilfegruppen zu machen. Jede Gruppe ist anders, hat eine eigene „Persönlichkeit“, entwickelt eigene „Methoden“. Inzwischen gibt es jedoch eine ganze Reihe von Fallstudien und statistischen Erhebungen (einen guten Überblick vermittelt Daum 1984), die doch ein einigermaßen präzises Bild von Struktur und Arbeitsweise bestimmter Selbsthilfegruppentypen vermitteln. Zu den drei großen Selbsthilfeverbänden im Krebsbereich und ihren Regional- und Ortsgruppen, lassen sich darüber hinaus Aussagen machen, die sich auf zwei weitere Quellen stützen: das eine sind die zahlreichen Materialien, in denen diese Verbände ihre Tätigkeit selber darstellen (was es von kleinen, autonomen Selbsthilfegruppen in der Regel ja nicht gibt); und das zweite sind Berichte von Experten, die sehr intensive Kontakte zu den Verbänden und deren Unterorganisationen halten, oft sogar an deren Veranstaltungen teilnehmen (was wiederum bei kleinen Selbsthilfegruppen nicht oder nur ganz sporadisch der Fall ist). Aus den Selbstdarstellungen der Verbände geht sehr deutlich hervor, daß sie sehr stark den Charakter von Selbsthilfeorganisationen im oben beschriebenen Sinne tragen. Ihre Angebote bestehen zu großen Teilen aus „selbstorganisierter Fremdhilfe“ (Trojan et al. 1986a, S. 39). Es handelt sich vielfach um Hilfsbeziehungen, die dem klassischen Muster folgen mit einer klaren Trennung zwischen solchen, die Hilfe gewähren, und anderen, die sie empfangen (Matzat 1986). Die Legitimation dazu wird lediglich aus einer anderen Quelle abgeleitet: nicht aus der Ausbildung, Institutionalisierung und Professionalität, sondern aus der „Betroffenheit“. Das auch von der breiten Öffentlichkeit immer stärker akzeptierte „Expertentum der Betroffenen“ wird hier nicht nur für die eigene Person und die eigenen Belange reklamiert, sondern darüber hinaus (und manchmal: vor allem) für die der Schicksalsgenossen. Schaeffer 1984 b) hat die mögliche Entwicklung vom eher informellen Gesprächskreis zum „Serviceangebot“ und zur „Fürsorgementalität“ sowie die besondere Rolle der „Gruppenleiterin“ dabei differenziert beschrieben. Es ist leicht nachvollziehbar, daß insbesondere diejenigen, die hier ein Feld sozialer Betätigung und sinnvoller Freizeitsgestaltung für sich finden, die aufs Neue – oder vielleicht erstmals in ihrem Leben – eine Aufgabe für sich sehen, die „gebraucht werden“, von dieser Konstellation erheblich profitieren. Was ist schon hilfsreicher, aufbauender und besser für das eigene Selbstwertgefühl, als anderen zu helfen (Riessman 1965)? Andererseits gehen zentrale Prinzipien der Selbsthilfegruppenarbeit so leicht verloren: die Wechselseitigkeit der Hilfe, die Balance zwischen Geben und Nehmen, die Motivation aus Selbstbetroffenheit, die Eigenverantwortlichkeit jedes Mitgliedes für sich und für das Gesamte, die Stärkung von Eigenaktivität durch Verteilung von Aufgaben und Funktionen auf möglichst viele oder gar alle Teilnehmer. In der Tat wird von vielen Beobachtern und auch aus den Gruppen selber beklagt, daß einer geringen Anzahl von „Aktivisten“ oder „Animateuren“ eine allzu große Schar von passiven „Selbsthilfekonsumenten“ gegenübersteht. Zum Teil nehmen die Treffen von Selbsthilfezusammenschlüssen den Charakter von Seniorennachmittagen an, und manche Gruppenleiter spielen die Rolle eines „Alleinunterhalters“ (Weschke 1982). Wenn hier einige Kaffee ausschenken und Kuchen verteilen und einer Lichtbilder vom letzten Griechenlandurlaub zeigt, dann spielt es eigentlich kaum noch eine Rolle, daß diese Laienhelfer auch selber unter der gleichen Behinderung leiden wie die Betreuten. Es würde nicht viel Unterschied machen, wenn die ehrenamtlichen Helfer vom Roten Kreuz gestellt würden (was ja in den Krebsnachsorgegruppen des DRK auch tatsächlich bereits passiert). Wie manche anderen Autoren gibt auch Schaeffer (1984 b) den Hinweis, „dieses Verständnis von Selbsthilfeaktivitäten vor dem Hintergrund weiblicher Sozialisation und ebenso der Alter- bzw. Generationszugehörigkeit zu betrachten".

Interessanterweise spiegelt sich diese Helfermentalität auch sehr bald in der Wortwahl. Sätze wie „ich betreue 60 Damen", „in meiner Gruppe ist immer was los", „zu mir kommen sie alle gerne", „ich leite eine Selbsthilfegruppe", begegnen einem immer, wenn man mit den „Funktionären" der Selbsthilfeorganisationen zusammentrifft oder einschlägige Berichte und Selbstdarstellungen liest. Unversehens wird von „Patientinnen" oder „Frischoperierten" (Schaeffer 1985) gesprochen, also der Wortgebrauch der medizinischen und pflegerischen Berufe übernommen, wo doch gleiche Betroffenheit, Wechselseitigkeit und wohlverstandener Eigennutz die basalen Prinzipien der kollektiven Selbsthilfe sind. Diese Haltungen sind selbstverständlich „nicht böse gemeint", vielfach auch unbewußt und unreflektiert. Und sie werden von zwei Seiten permanent unterstützt, wenn nicht gar erzeugt: einmal von seiten der passiven Leidensgenossen, die völlig zufrieden damit sind, daß sich jemand ihrer annimmt, daß ihnen „etwas geboten wird". Viele von ihnen sehnen sich verständlicherweise danach, gerade in dieser schwierigen Lebenssituation betreut und versorgt zu werden. Weitergehende Selbsthilfegruppen-Aktivitäten wären für viele wohl zu schwierig, zu ungewohnt und zu ängstigend. Schafft (1981 b) weist in diesem Zusammenhang darauf hin, daß die Frauenrolle traditionell sowohl der Helferrolle wie auch der Krankenrolle sehr nahe steht. Auch an entsprechende Befunde über Persönlichkeitszüge, Einstellungen und Familienatmosphäre bei Krebspatientinnen (Wirsching et al. 1982) sei hier erinnert.

Zum zweiten gibt es eine Art „Kollusion" (Willi 1975) zwischen den „Selbsthilfegruppen-Leiter(innen)" und den Profis. Auch letztere sind es gewohnt, in Zuständigkeiten und Verantwortlichkeiten zu denken. Der Satz: „Einer muß doch die Leitung haben" ist nicht nur aus Selbsthilfekreisen zu hören, sondern auch eines jeden Chefarztes würdig. So beziehen sich die beruflichen Helfer – wenn sie denn nun endlich die Bereitschaft zur Zusammenarbeit nicht nur als Lippenbekenntnis vor sich her tragen, sondern tatsächlich damit ernst machen wollen – bei ihren Kontakten gerne auf die Leiter/innen. Diesen wird damit allmählich fast der Status eines Heilhilfsberufs zuerkannt; man überweist an sie und zieht sie in schwierigen Fällen gerne zu Rate. Institutionalisiert wird eine solche „Betroffen-Elite" weiterhin durch bestimmte Fortbildungsangebote (z.B. Böck u. Irtenkauf 1982: deren „Modell zur Fortbildung im Besucherdienst" der 'ILCO, Ulm „baut auf einem Curriculum für Krankenschwestern... auf", S. 3). Auf eigenen Veranstaltungen der Selbsthilfeverbände, aber auch durch kooperierende Organisationen wie die Deutsche Krebshilfe oder auf gemeinsam veranstalteten Kongressen werden die Leiterpersonen in medizinischen, sozialrechtlichen und psychologischen Fragen fortgebildet, angeleitet und geschult (vgl. Schmidt 1983, S. 156). Hier finden ohne Zweifel wichtige Transferprozesse aus der Wissenschaft zu den betroffenen Laien statt, mit den Selbsthilfegruppenleitern als Multiplikatoren. Aber eine Nebenwirkung ist unvermeidlich, daß nämlich diese aus der Gemeinschaft ihrer Gruppen immer noch ein bißchen stärker in eine Sonderstellung herausgerückt werden. Sie entwickeln sich zu „sekundären Experten" (Schafft 1981 b). Die Problematik liegt nicht in der Weitergabe von Information oder in der Anhäufung von (auch Experten-)Wissen in den Selbsthilfegruppen – das könnte man geradezu als einen zentralen Gewinn der Selbsthilfegruppen-Bewegung im Gesundheitsbereich ansehen –, sondern in der tendenziellen Monopolisierung von Informationen und in der Fixierung solcher Rollen und Funktionen an eine einzelne Person. Das „demokratische Arbeitsbündnis" (Moeller 1979) wird dadurch eher verhindert als gestärkt. Und es liegt auf der Hand, daß eine solche Konstruktion der guten alten Vereinsmeierei und den Macht- und Karrieregelüsten entsprechender Persönlichkeiten Tor und Tür öffnet (vgl. Weschke 1982). Karrikaturhaft hat Strotzka bereits 1979 eine solche Entwicklung am Beispiel seines Helden Anselm dargestellt: Anselm gründete aus eigener Betroffenheit heraus eine Selbsthilfegruppe; später übernahm er – inzwischen längst professionalisiert – das Amt eines Direktors in einem „Haus der Selbsthilfe"; und als Anselm Anfang Fünfzig war, hatte er es erreicht, daß der erste „Diplomlehrgang für Selbsthilfegruppenleiter" eröffnet wurde.

Was leisten Selbsthilfegruppen im Krebsbereich?

Bei der Beantwortung dieser Frage erscheint es mit sinnvoll, zwischen spezifischen und unspezifischen Leistungen zu unterscheiden. Als unspezifisch bezeichne ich solche Wirkungen, die vermutlich ebenso gut in anderen „sozialen Netzwerken" (Keupp u. Röhrle 1986) erzielt werden könnten, deren Wert jedoch auch im Rahmen der Diskussion über Selbsthilfegruppen nicht hoch genug eingeschätzt werden kann. Dabei denke ich z.B. an die allgemeine soziale Aktivierung von Menschen (vgl. Trojan et al. 1986b) – nicht nur in ihrer Rolle als Patienten –, wenn sie trotz aller Handicaps die unterschiedlichsten Aspekte ihres Lebens wieder stärker in die eigenen Hände nehmen. Der „mündigere" Patient wird vermutlich auch in anderen Bereichen ein „mündigerer" Konsument und ein „mündigerer" Bürger sein. Wer seine eigenen Anteile an der eigenen Gesundung bzw. einer besseren Krankheitsbewältigung bewußt erlebt hat, wird auch anderswo eher einmal selbst aktiv und produktiv werden.

Eine weitere unspezifische Wirkung von Selbsthilfegruppen liegt in der Überwindung von Einsamkeit und Isolation, im Gewinn neuer Beziehungen und erweiterter Beziehungsfähigkeit (Moeller 1981, Kap. 8). Das Verschwinden der Großfamilie, hohe Scheidungs- und niedrige Geburtenraten, Verlust nachbarschaftlicher Bindungen durch erhöhte Mobilität der Bevölkerung und die wachsende Zahl der Ein-Personen-Haushalte sind symptomatisch für die nachlassende Tragfähigkeit der „alten" sozialen Netze. Dieser gesellschaftliche Wandel betrifft alle Bürger, Kranke und Behinderte aber in besonderem Maße. Zudem stellt die Familie z.B. für Krebspatientinnen nach den Untersuchungen von Schafft (1987) eben „nicht nur eine der wichtigsten sozialen Ressourcen dar, sondern erweist sich zugleich als Quelle verschiedener... Belastungen", was für familiendynamisch orientierte Therapeuten nicht sonderlich überraschend ist. Gerade in der Übergangssituation zwischen dem Krankenhaus, wo sich „der Patient wohl behütet – gut versorgt" (Schmidt 1983, S. 150) fühlt, und der Rückkehr in die Familie kann eine Selbsthilfegruppe neue Beziehungen anbieten, welche die familiären Bindungen ergänzen und stärken oder aber als Alternative dazu dienen. Letzteres wird von Sellschopp u. Häberle (1982) als äußerst problematisch angesehen. In jedem Falle gehören Selbsthilfegruppen zu den wichtigsten Versuchen, historisch verlorengehende Netzwerke zumindest teilweise durch neue Formen der „freien Assoziation" von Menschen zu kompensieren. Sie dienen nicht nur dazu, spezielle Defizite des Versorgungssystems zu beheben bzw. deren Behebung einzuklagen sowie eigene persönliche Kompetenzen wieder zu entdecken und zu erweitern, sondern sie ermöglichen ganz grundsätzliche menschliche „Gegenerfahrungen" (Gronemeyer 1978, zitiert nach Trojan et al. 1986a), sie sind eine „Identitätswerkstatt" (Moeller 1978, Kap. 9).

In diesem Zusammenhang relevanter sind jedoch die spezifischen Effekte, die vermutlich nur, oder doch am besten durch Selbsthilfegruppen von Krebspatienten zu erbringen sind. Darunter fällt vor allem die (wechselseitige) Information über die Krankheit selber, die zur Verfügung stehenden Behandlungsmethoden, einschließlich ihrer Nebenwirkungen, die sozialrechtlichen Ansprüche (Schwerbehindertenausweis, Anschlußheilverfahren etc.), Fragen der Prothetik und der dazugehörigen Pflege (etwa der Stomaversorgung), Ernährungstips und vieles mehr. Zu diesen Fragen, wie ein alltägliches Leben mit der Krankheit bzw. Behinderung zu gestalten ist, hat sich in den Selbsthilfeorganisationen ein beeindruckendes Wissen angesammelt, von dem sich auch die Experten allemal einiges aneignen sollten; und immer mehr von ihnen bedienen sich ja auch bereits dieser Quelle. Viele der Informationen stehen inzwischen entsprechend aufbereitet in den Faltblättern und Broschüren der Selbsthilfeverbände zur Verfügung. Wichtig ist dabei auch die Übersetzungsleistung zwischen dem Fachchinesisch der verschiedenen beteiligten Disziplinen und der Alltagssprache der Betroffenen.

Die emotionale Kehrseite der eher sachorientierten Aufklärung und Information ist die innere Verarbeitung der Krankheit und ihrer Folgen, wie z. B. „Psychische Belastungen durch das Stoma" (Englert 1986). Wie wird man mit der Angst vor dem Rezidiv fertig? Wie wendet man sich nach einer verstümmelnden Operation wieder dem Partner zu? Soll man Freunden und Kollegen gegenüber die Krankheit beim Namen nennen? Wie werden die Kinder reagieren?

Während die Sachinformationen durchaus auch von kompetenten Ärzten und Pflegekräften, Sozialarbeitern und Diätassistenten weitergegeben werden könnten, wenn sie nur in ausreichender Zahl und Qualifikation zur Verfügung stünden (z.B. Ebel 1987; Koester u. Büringer 1981), so ist im emotionalen Bereich eher Anteilnahme, Mit-Leiden, Empathie und Tröstung, „identifikatorische Resonanz" (Moeller 1978, S. 143) gefragt. Dies scheint mir die wahre Domäne der Selbsthilfegruppen zu sein, gerade im Bereich chronischer Erkrankungen (vgl. Daum et al. 1982; Schauwecker 1983). Die Experten wissen einiges über die Entstehung des Krebses (von der Biochemie über die Familiendynamik bis zur Umweltmedizin), und sie kennen einige Mittel und Wege zu seiner Bekämpfung; was aber wissen sie davon, wie es ist, Krebs zu haben und mit Krebs zu leben? Und was wissen sie über die „Probleme geheilter Patienten“ (Sellschopp 1987)?

Neben der Chance zur Einfühlung aus unmittelbarer Gleich-Betroffenheit und der gengeseitigen sozialen und seelischen Unterstützung, ist zur Bewältigung des gemeinsamen Schicksals das wechselseitige Modell-Lernen von hoher Bedeutung. In der Selbsthilfegruppe berichtet und zeigt jedes Mitglied, wie es ganz persönlich mit den Handikaps der Erkrankung fertig wird, und bietet so ein Vorbild an, wie auch andere es noch besser schaffen können (oder auch welche Irrtümer und Mißerfolge sie vermeiden sollten). Dabei ist wichtig, daß es in der Gruppe eine gewisse Variabilität von Vorbildern gibt, aus denen sich jeder die für ihn günstigen oder anregenden heraussuchen kann. Es gibt ja nicht d e n optimalen Weg der Krebsbewältigung. Besonders eindrucksvolle und ermutigende Modelle sind naturgemäß solche Menschen, deren Erkrankung bereits einige Zeit zurückliegt und die sie offensichtlich überlebt und überwunden haben. Sie sind in Krebs-Selbsthilfegruppen vermutlich ebenso wichtig wie langfristig „trockene“ Alkoholiker in einer AA Gruppe. Den von Schafft (1981a) aufgezeichneten Satz einer Gruppenleiterin der Frauenselbsthilfe, sie selber „brauche die Gruppe eigentlich gar nicht“, würde ein vom AA-Konzept überzeugter Alkoholiker allerdings auch nach längerer Trockenheit wohl kaum aussprechen. (Man erinnere sich in diesem Zusammenhang auch an die bewußt oder unbewußt suggestive Namensgebung: Frauenselbsthilfe *nach* Krebs“!) Entscheidend ist, daß kein einziger Patient ausschließlich krank, behindert, eingeschränkt, defizitär ist, wie ihn die professionelle Diagnostik in der Regel beschreibt; ein jeder verfügt auch über Lebensbereiche, in denen er besser zurecht kommt oder nach wie vor besonders tüchtig ist, ein jeder entwickelt spontan für ihn sinnvolle „Copingtechniken“ und Verhaltensweisen, die auch für andere hilfreich sein können; ein jeder verfügt – auch noch im Status des Patienten – über Potentiale der Gesundheitserhaltung und (Selbst-)Heilung. Die Kombination (nicht nur die Addition!) dieser gesund gebliebenen und gesundheitsfördernden Persönlichkeitsanteile der Betroffenen kann man sich als „das therapeutische Agens“ einer Selbsthilfegruppe vorstellen (Moeller 1978, Kap. 6).

Wieweit sich allerdings Krebs-Selbsthilfegruppen dieser Möglichkeiten bewußt sind bzw. sich einer solchen Arbeit an der inneren Krankheitsbewältigung überhaupt zuwenden, ist außerordentlich unterschiedlich. Dies hängt mit ganz natürlichen Ängsten und Abwehrhaltungen (Moeller 1978, Kap. 5) zusammen und wird stark von der Zusammensetzung der jeweiligen Gruppe, ihren (meist nur impliziten) Zielsetzungen und Regeln sowie von der Persönlichkeit des Gruppenleiters bestimmt, der als Meinungsführer und Organisator großen Einfluß ausübt. Wenn es gelänge, einen relativ offenen, angstfreien und intimen Gesprächskontakt miteinander aufzunehmen, würden sich vermutlich jene positiven Effekte einstellen, die auch in anderen Settings als Folge von Verbalisierung emotionaler Inhalte beobachtet werden: kathartische Entlastung, Distanzierung und Klärung von eigenen Gefühlen und Sichtweisen, Relativierung des Selbsterlebens durch die Rückmeldung anderer und die Chance zum gedanklichen Probehandeln. „Neben der richtigen Information über technische Neuerungen der Stomaversorgung wäre es möglich, persönlichkeitsstabilisierende Arbeit, die einen ich-stärkenden Effekt hat, zu leisten“, hoffte Klussmann (1981) in seinem Vortrag anläßlich der ILCO-Tage 1980 in Stuttgart. (Ein Freud'scher

Druckfehlerteufel machte aus dem „leisten“ allerdings schon gleich wieder ein „leiten“). Wem als Experten oder als Betroffenem sehr an einer aufdeckenden psychologischen Bearbeitung der Krebserkrankung und ihrer Folgen gelegen ist, dem bleiben Enttäuschungen über die Arbeitsweise und ungenutzten Möglichkeiten von Selbsthilfegruppen nicht erspart. Langer et al. (1985) haben in ihrem nicht unproblematischen, aber außerordentlich sensiblen und reflektiert praktizierten Modell entsprechende Schwierigkeiten und „Grundwiderstände“ kennengelernt.

Andererseits scheint sich auch die professionelle Psychoonkologie in letzter Zeit mehrheitlich auf stützende Verfahren zu beschränken. Manche Autoren (z.B. Wirsching et al. 1982) halten eine aufdeckende Vorgehensweise sogar für weitgehend kontraindiziert. „Die Abwehr... darf primär nicht in Frage gestellt werden“ (S. 88). Vielleicht erweist sich die kollektive unbewußte Entscheidung der meisten Selbsthilfegruppen von chronisch organisch Kranken zur psychologischen Zurückhaltung in diesem Sinne als eine sehr weise, sozusagen als ein ganz „gesunder Widerstand“, als gemeinsam vollbrachte „Verleugnungsarbeit“ (Freyberger 1980).

Bedenklich ist hingegen, daß allein schon wegen äußerer Settingvariablen (z.B. innerverbandliche Hierarchisierung, die Festschreibung der Gruppenleiterposition und die hohe Fluktuation durch das Kommen und Gehen von „Selbsthilfekonsumenten“) bestimmte Interessen einer mehr „nach innen gerichteten“ psychologischen Krankheitsverarbeitung gar nicht recht zur Geltung kommen können. Anstatt leidende, gesunde und heilende Persönlichkeitsaspekte eines jeden Gruppenmitgliedes zuzulassen, zu entwickeln und zu integrieren, statt einen adäquaten Rollenwechsel innerhalb der Selbsthilfegruppe zu erproben und so eigene Verhaltensspielräume zu erweitern, scheint es in allzu vielen Krebsgruppen eher zu Spaltung und Rigidisierung von Rollen- (Selbst-) Zuschreibung zu kommen (Schaeffer u. Kriescher-Fauchs 1984; Schafft 1987). Das in anderen Bereichen der Selbsthilfegruppen-Landschaft kreative und produktive Klima des „Laßt-100-Blumen-blühen“, ist im Krebsbereich durch Vorgaben und Empfehlungen der Zentralen sowie durch rigide Strukturen weitgehend einer Standardisierung der Gruppenarbeit gewichen. Die von Moeller (1978, Kap. 7) beschriebenen drei therapeutisch wirksamen Prinzipien (Selbsthilfe-, Gruppen- und Kontinuitätsprinzip) werden nicht nur kaum verwirklicht, sondern vielfach geradezu konterkariert (Fremdhilfe statt Selbsthilfe, Einzelberatung statt Gruppengespräch und gelegentliche Kontakte statt Kontinuität). Dieser empirisch vorfindbare Arbeitsstil in den örtlichen Gruppen der Selbsthilfeorganisationen muß jedoch nicht unbedingt (für alle Teilnehmer) der bestmögliche und nach eigenen Bedürfnissen selbstgewählte sein; es könnte sich vielmehr um ein „settingbedingtes Artefakt“ handeln.

Möglicherweise werden als Konsequenz diejenigen Krebspatient(inn)en, die in ihrer Selbsthilfegruppe einen tiefergehenden psychologischen Austausch vermissen, bald zunehmend in anderen Selbsthilfegruppen (etwa „für seelische Gesundheit“ oder bestimmte Frauengruppen) auftauchen, um hier mit Menschen, die aus ganz anderen Gründen unter Ängsten, Depressionen, Partnerproblemen, Arbeitsstörungen, psychosomatischen Symptomen etc. leiden, ins Gespräch zu kommen. Einzelne solcher Fälle sind den sog. „Kontakt- und

Informationsstellen für Selbsthilfegruppen" (Matzat 1987b; Trojan et al. 1986c) bereits bekannt. Wir hätten es dann hier mit einer ähnlichen Entwicklung zu tun wie bei der Entstehung der Emotions Anonymous (EA), die von längerfristig trockenen AA-Mitgliedern gegründet wurden, denen klar geworden war, daß ihre Problematik nicht durch ständiges Kreisen um den Alkohol zu lösen war. Es geht um einen Zielwechsel in der eigenen Selbsthilfegruppenarbeit, um eine Neudefinition der eigenen Problematik, um eine neue „Selbstindikation".

Die gemeinsame Arbeit in kontinuierlichen Gruppen scheint jedoch im Rahmen der bekannten Krebs-Selbsthilfeverbände gar nicht immer die entscheidende Aktivität zu sein. Vielmehr werden neben Öffentlichkeitsarbeit und Aufklärung immer wieder der „Besucherdienst" und „Beratungsdienst" besonders herausgehoben, sowohl von den Verbänden selber („Auf Wunsch besucht Sie der kehlkopflose Reha-Berater auch nach der Klinikentlassung zu Hause", heißt es in einem Ratgeber des Bundesverbandes der Kehlkopflosen), wie von den sie unterstützenden Fachleuten („eine großartige Aufgabe der ILCO", Klussmann 1981, S. 5). Was hier an „Diensten" im Krankenhaus vor und nach der Operation und bei den Betreuten zu Hause geleistet wird, hat zwar kaum etwas mit Selbsthilfegruppen zu tun, ist aber in seinem Wert für den einzelnen Patienten gar nicht hoch genug einzuschätzen. Das mutmachende Beispiel eines Leidensgenossen, der ein lebendiger Beweis dafür ist, daß nach und trotz der Erkrankung und all den Behandlungen das Leben weitergeht, ist wohl „unbezahlbar" und wird ja auch tatsächlich in aufopfernder Ehreamtlichkeit erbracht. Da diese Arbeit in der Regel an einigen wenigen Mitgliedern der Selbsthilfeverbände hängen bleibt, ist nur allzu verständlich, daß es hier – bei aller persönlicher Gratifikation – mitunter zu erheblichen Überlastungssituationen kommt (Kriescher-Fauchs u. Schaeffer 1984). Es wird im Grunde eine Demonstration von Leistungsfähigkeit und Fitness vorgeführt, man will sich als „wieder ganz die Alte" und „völlig gesund" (Schafft 1987) fühlen und zeigen. Zugleich erinnert es mitunter fatal an die viel diskutierte Krebspersönlichkeit (so sie denn existieren sollte) mit stark harmonisierendem, konformistischem und altruistischem Verhalten (vgl. Bahnson 1986; Becker 1986, S. 53). Neben zeitlichen, finanziellen und körperlichen Anstrengungen (manche dieser Laienhelfer berichten von 20- bis 40-Stunden-„Jobs" pro Woche!) stellt sich vor allem die Frage nach der seelischen Verarbeitung der Erlebnisse. Von kooperierenden Experten wird daher gelegentlich regelrechte „Fortbildung" (Böck u. Irtenkauf 1982) oder „Supervision des Besucher-/ Beratungsdienstes" (Neuhaus-Theil 1980) angeboten. Dies ist gewiß eine wichtige Hilfestellung für die überlasteten Laienberater und ein Beitrag zur qualitativen Verbesserung der Beratungsprozesse, zugleich aber auch eine weitere Indienstnahme und Eingliederung in das professionelle Versorgungssystem und eine Entfremdung von Selbsthilfegruppen-Ansatz. Die Institutionalisierungstendenzen von Selbsthilfevereinigungen und die außerordentlich ambivalente Haltung der professionellen Helfer und Institutionen dabei, hat Weschke (1982) exemplarisch beschrieben. Sie konnte als Insiderin beobachten, wie eine Grundhaltung des „Sich-Aufopferns-für-den-anderen" und des „Übernehmens-von-ständig-wachsender-Verantwortung" auf seiten der betroffenen Laienhelfer von Professionellen und Institutionen durch wachsende Gratifikation beantworten wird. Das „hat dann meist einen Sog von neuen Anforderungen an die SHV zur Folge, was innerorganisatorisch wieder durchgesetzt werden muß und auf allen Selbsthilfeebenen vermehrten Arbeitsdruck und teilweise auch Machtkämpfe bewirkt" (S. 225). Auch Weschkes Hinweis, daß die Ausnützung von „Einstellungen des Sich-Aufopferns und des Sich-Anbiederns" als Wegbereiter kostenloser Sozialarbeit mißbraucht werden kann, ist hier durchaus am Platze. Dieser Verdacht hat soeben wieder frische Nahrung erhalten durch ein Buch von Huber (1987), der sich ganz ungeniert Gedanken macht über „Kosten und Nutzwert der Selbsthilfe" und den „Geldwert der in Selbsthilfegruppen geleisteten Arbeit". Wie leicht Selbsthilfevereinigungen als Appendix des professionellen Versorgungssystems verortet werden, zeigt etwa die lapidare Bemerkung von Plath u. Hahn (1986): „Die Kehlkopflosenvereine haben ihren Sitz meistens am Ort einer operierenden Klinik" (S. 27).

Zwar warnen prominente Vertreter von Selbsthilfevereinigungen (z.B. Englert (1983) wie auch kritische Experten (z.B. Behrendt et al. 1981; Kreuzer 1983) schon seit Jahren vor dieser drohenden Vereinnahmung. Ob sie damit jedoch auf Dauer Erfolg haben, muß mit Skepsis beurteilt werden. Gar zu viele Interessen haben sich inzwischen an Selbsthilfegruppen geheftet. Und jedermanns Liebling zu sein, macht es nicht gerade einfacher, auf eigene Gefühle und Bedürfnisse zu hören.

Die Zeiten scheinen langsam zu Ende zu gehen, wo dem irrationalen Widerstand der Mehrzahl der Fachleute und Politiker mit einer übertriebenen Idealisierung von Selbsthilfegruppen durch eine relativ kleine Schar von engagierten Sympathisanten entgegengetreten wurde. Nun muß man sich stärker den Fragen nach der „Qualität" von Selbsthilfegruppen zuwenden. Damit ist nicht gemeint, diese aus Expertensicht zu bewerten und Schulnoten (und Geldgeschenke) für brav erledigte Aufgaben zu verteilen. Vielmehr geht es darum, genauer anzuschauen, was dort unter welchen Bedingungen von wem für wen Sinnvolles und Nützliches geleistet werden kann; und sich darüber klar zu werden, daß die ganz überwiegende Mehrzahl der Patienten von dieser Art der „Versorgung" eben n i c h t profitieren (können); und welche unserer professionellen Kooperationsstrategien welche positiven bzw. negativen Konsequenzen hat. Vor allem müssen Selbsthilfegruppen(-Mitglieder) und Fachleute gemeinsam dafür eintreten, daß Selbsthilfegruppen nicht als „ der billige Jakob" der psychosozialen Versorgung mißbraucht und der Ausbau bedarfsgerechter professioneller Dienste und Einrichtungen nicht mit Hinweis auf die Existenz der Gruppen verweigert wird. Im Sinne einer wohlverstandenen „Subsidiarität" soll den Bürgern, die sich engagieren wollen und können, entsprechende Bedingungen bereitgestellt werden, nicht aber die Aufwendungen für Betreuung und Krankheitsbewältigung (re-)privatisiert werden.

10 Krankheitsverarbeitung und Paarbeziehung bei Genitalkrebspatientinnen jenseits der „5-Jahres-Heilung"

E. Brähler und P. Möhring

Am Ende dieses Buches steht ein Beitrag, der zu dem Erleben von Krebskrankheit und der Behandlung in weiter Distanz steht, sowohl, was die Methode des empirischen Vorgehens betrifft, als auch hinsichtlich der Gruppe der Untersuchten, die von dem Ereignis „Krebskrankheit" mehr als 5 Jahre entfernt sind. Diese Distanz hat bei den Patienten nicht dazu geführt, daß diese Ereignisse vergessen sind, wie auch trotz der Distanz durch die Methode der Fragebogen-Untersuchung die Ergebnisse durch die gewählte Form der Auswertung, nämlich einen typologischen Ansatz, wieder in die Nähe klinischer Erfahrung rücken. Die Untersuchung wurde innerhalb des eingangs erwähnten Projektes durchgeführt und half dem Herausgeber auch dazu, selbst ein Stück Distanz zu dem belastenden Arbeitsfeld Onkologie zu finden, das ihm zum Vorteil und den Patienten nicht zum Schaden wurde.

Mit dieser Arbeit wird ein zweifacher Zweck verfolgt: Zum einen soll das wissenschaftliche Interesse an einer Gruppe von Menschen artikuliert werden, die, worauf in diesem Buch hingewiesen wurde, zahlenmäßig sehr groß ist und doch nur selten untersucht wird. Zum anderen soll ein Forschungsansatz vorgestellt werden, der gegenüber den zumeist verwandten Mittelwertsvergleichen mit Kontrollstichproben gewisse Vorteile aufweist, nämlich ein typologischer Ansatz.

Schwere Erkrankungen sind belastende Lebensereignisse, ihre Bewältigung stellt Anforderungen an den Kranken, desto mehr, je stärker die Bedrohung des Lebens, und je größer die möglichen Dauerfolgen und die Unsicherheit des Ausganges sind. Ungeklärte ätiologische Fragen und unsichere Prognosen führen dazu, daß bei Krebs vielfach irrationale Angst, z. B. vor Ansteckung, wie Verres (1986) kürzlich gezeigt hat, den Umgang mit dieser Krankheit besonders erschwert. Katamnestische Untersuchungen zu diesem Thema sind bislang, vor allem wegen methodischer Probleme (siehe z.B. Wutke 1980) selten. Insbesondere Untersuchungen zur Langzeit-Krankheitsverarbeitung liegen bisher im internationalen Schrifttum kaum vor. Hier wird aus einer Studie berichtet, in der erstmals in nennenswertem Umfang Genitalkrebspatientinnen jenseits der 5-Jahres-Überlebenszeit untersucht wurden, also zu einer Zeit, zu der bei diesen Tumorformen mit einer Heilung gerechnet werden kann. Wir haben die Lebenspartner der Patientinnen, soweit sie erreichbar waren, miteinbezogen, da die sozialmedizinische Konfidantenforschung lehrt, daß dem Lebenspartner hochrangige Bedeutung für die Verarbeitung belastender Lebensereignisse zukommt. Er kann als Quelle von Unterstützung wie auch von zusätzlicher Belastung wirken, wie in Kap. 7 dieses Buches beschrieben wird. Die Patientinnen waren zum Untersuchungszeitpunkt, 5 – 15 Jahre nach der Erkrankung, frei von Anzeichen einer malignen Erkrankung. Die Literatur zum Thema wie auch die klinische Erfahrung ließ erwarten, daß eine abgelaufene maligne Erkrankung ein prägendes Ereignis ist, das in der Regel bleibende Spuren in der Identität des Menschen hinterläßt. Hier wurde der Frage nachgegangen, ob diese Menschen, deren Partner und deren Paarbeziehung Merkmale aufweisen, die in sinnvollem Zusammenhang mit der abgelaufenen Erkrankung interpretiert werden können.

In einer früheren Arbeit haben wir über die Ergebnisse einer Untersuchung zu Paarbeziehungsstrukturen und Körpererleben bei der Teilstichprobe der Patientinnen mit einer mindestens 10jährigen Überlebensdauer berichtet (Möhring et al. 1985). Im Gegensatz zu dieser Arbeit soll hier das Schwergewicht auf die Betrachtung typischer Paaebeziehungsstrukturen gelegt werden. Typologisches Vorgehen erscheint uns angesichts ernsthafter Probleme psychosomatischer Forschung in bezug auf Spezifitäts-, Kausalitäts- und Homogenitätsprobleme (s. Brähler u. Möhring 1986) als gangbarer Weg zwischen zwar präzisen und inhaltsreichen, aber kaum zu verallgemeinernden Ergebnissen bei idiographischem Vorgehen und den eher banalen, in der klinischen Situation kaum verwertbaren Ergebnissen, die sich beim üblichen nomothetischen Verfahren des Mittelwertvergleichs finden. Das typologische Verfahren trägt dem Umstand Rechnung, daß im Bereich psychosomatischer Forschung sich Spezifitätshypothesen empirisch i. allg. nicht bestätigen lassen, und die einzelnen Stichproben nicht hinreichend homogen sind, um Persönlichkeitsmerkmale in mehreren Dimensionen zu erfassen, was auch durch mehr Sorgfalt bei der Auswahl von Stichproben kaum zu erreichen ist. Auch unerkannte Selektionsvorgänge verlieren bei Anwendung dieses Verfahrens an Bedeutung.

Stichprobe und Methode

Die Untersuchungsstichprobe umfaßte 102 ehemalige Genitalkrebspatientinnen und ihre Partner, die aus einer Gesamtstichprobe von 184 Patientinnen mit und ohne Partner gewonnen wurde (Tabelle 1).

Tabelle 1. Langzeitüberlebende Genitalkrebspatientinnen 5–15 Jahre nach der Erkrankung (n = 184)

Davon mit Partner n = 102	
Diagnosen: (n = 102)	
Korpuskarzinom	12,7%
Ovarialkarzinom	15,3%
Kollumkarzinom	67,1%
Sonstige od. „missing"	4,9%
Alter: $\bar{x}$ = 54,1 J.	

Zur Erfassung von wesentlichen Aspekten der Paarbeziehung wurde der Gießen-Test (GT) verwandt, weil dieser bereits in Hinblick auf die Erfassung von Beziehungsstrukturen konstruiert wurde. Durch Partnerbeurteilungen im Selbst- und Fremdbild werden die Selbst- und Fremdkonzepte von Partnern erfaßt und miteinander in Beziehung gesetzt, um Aspekte der Beziehungsstruktur zu finden, die teilweise dem Paar unbewußte Beziehungsanteile enthalten. Im GT werden persönliche Qualitäten nicht direkt abgefragt, um stereotype Antwortmuster zu vermeiden. Der Proband ordnet sich im Vergleich zu anderen Menschen ein. (Zur genaueren Beschreibung siehe Brähler u. Beckmann 1984; Brähler u. Brähler 1987.) Für die Paardiagnostik werden aus 30 Items 5 bipolare Skalen gebildet, deren Inhalt Tabelle 2 wiedergibt.

Tabelle 2. Giessen-Test (GT)-Skalen

Skala 1: Positive – negative soziale Resonanz (Wirkung nach außen)
Skala 2: Dominanz – Gefügigkeit (Macht, Durchsetzungsfähigkeit)
Skala 3: Unterkontrolliertheit – Zwanghaftigkeit (Bedürfnissteuerung und Selbstkontrolle)
Skala 4: Hypomanische – depressive Grundstimmung
Skala 5: Retentivität – Durchlässigkeit (Kontakterleben)

Um typische Paarbeziehungsmuster zu ermitteln, wurde für die 102 Paare eine Q-Faktorenanalyse (mit Pearson-r) über die 4 · 5 = 20 GT-Skalen durchgeführt. Die erhaltenen Typen wurden analog der Itemanalyse dahingehend überprüft, daß die Profile der einzelnen Paare mit dem Mittelwertprofil der anderen Paare des Typus eindeutig $((h_1^2 - h_2^2) > 0{,}10)$ ausreichend hoch ($> 0{,}40$) korrelieren.

Die Typenzugehörigkeit wurde als unabhängige Variable definiert und die Typenbildung an den folgenden abhängigen Variablen validiert (Tabelle 3).

Tabelle 3. Abhängige Variablen

Gießener Beschwerdebogen (GBB)	
	Skala 1: Erschöpfung
	Skala 2: Magenbeschwerden
	Skala 3: Gliederschmerzen
	Skala 4: Herzbeschwerden
	Skala 5: Beschwerdedruck
IPC-Test der Kontrollüberzeugungen	
	Skala 1: Internale Kontrollüberzeugung
	Skala 2: Machtlosigkeit
	Skala 3: Fatalismus
H-Skala: Hoffnungslosigkeit und Pessimismus	
Gesundheitserwartungsbogen (Gesundheitswerte)	
	Skala 1: Aktivität
	Skala 2: Schonung
	Skala 3: Ärztliche Kontrolle
Alter	

Als eine Dimension des Körpererlebens wurde das Empfinden von Körperbeschwerden erfaßt. Dieses wurde im Gießener Beschwerdebogen (GBB, Brähler u. Scheer 1983) erhoben, 4 Skalen erfassen Symptomkomplexe des Beschwerde-Erlebens (Erschöpfpung, Magen-, Glieder- und Herzbeschwerden), die fünfte Beschwerdedruck als Summation der anderen vier. Da bekannt ist, daß die subjektiven Körperbeschwerden bei Ehepaaren relativ hoch korreliern, wurden diese ebenfalls im Selbst- und Fremdbild erhoben, um Zuschreibungs- und Identifikationsprozesse erfassen zu können. Die übrigen Daten liegen nur von den Frauen vor: Hoffnungslosigkeit als das Empfinden von Ausweglosigkeit, ein in der Psychosomatik allgemein als bedeutsam eingeschätztes Konzept (Krampen 1979), Kontrollüberzeugungen, in der Rehabilitationsforschung zur Unterscheidung von internaler Kontrolle (Selbstvertrauen) und dem Empfinden von Machtlosigkeit und Fatalismus verwandt (Krampen 1981), und Gesundheitserwartung: Was empfindet der Proband für sein weiteres Wohlergehen wichtig? Aktivität, ärztliche Kontrolle und Schonung sind die Dimensionen dieses Tests (s. Möhring 1985).

Vor der Darstellung der Typen seien noch einige wichtige Ergebnisse aus der Gesamtstichprobe (s. Möhring 1985) erwähnt: Diagnose und Stadium der abgelaufenen Erkrankung hatte auf die Ergebnisse keinen Einfluß, vermutlich wegen der langen Distanz zum Krankheitsereignis. Allerdings gab die überwiegende Zahl der Patienten an, die Erkrankung sei eine schwere Belastung gewesen, und zwar auch diejenigen, die sich nicht über die Diagnose informiert gezeigt hatten. Nicht nur die ehemals Kranken, auch deren Partner klagten vermehrt über Körperbeschwerden, wir interpretierten diesen Befund dahingehend, daß das Ehepaar als Reaktion auf die „Unzuverlässigkeit" des Körpers gemeinsam eine erhöhte Aufmerksamkeit gegenüber dem Körper entwickelt hatte. Die Bedeutung des Partners bestätigte sich auch hier, da Patientinnen ohne Partner häufiger Zeichen von Mutlosigkeit und Depression zeigten als diejenigen, die einen Partner hatten. Die Partner waren stärker miteinander identifiziert, näher aneinandergerückt, wie ein gemeinsames Bollwerk gegen die Bedrohung der malignen Erkrankung.

Durch die Q-Analyse und die anschließende Überprüfung der Korrelationen der Profile der einzelnen Paare mit dem Mittelwert der Profile anderer Paare, die dem Typus zugeordnet wurden, ergaben sich 7 Typen, die 86 der 102 Paare erfassen. Diese 7 Typen stellen unterschiedliche Beziehungsmuster dar, die mit der GT-Paardiagnostik erhoben wurden, und damit 7 unterschiedliche Konstellationen von Ehepaarbeziehungen mehr als 5 Jahre nach der Genitalkarzinomerkrankung der Frau, also 7 verschiedene Möglichkeiten des Rehabilitationsausganges. Es ist denkbar, daß sich in größeren vergleichbaren Stichproben noch andere Beziehungskonstellationen als typisch erweisen, mit diesen Beziehungstypen wird daher kein Anspruch auf Vollständigkeit erhoben. Auch ist aus der umfangreichen Forschung mit dem Paar-GT bekannt, daß die gleichen Typen bei unterschiedlichen Fragestellungen auftauchen. Dennoch ist die Typologie nicht beliebig, es gibt sehr wohl Häufungen von Beziehungskonstellationen bei bestimmten Voraussetzungen, etwa beim Vorliegen einer schweren körperlichen Erkrankung, oder bei Sexualstörungen, oder bei Paaren, die aufgrund von Konflikten eine Therapie- oder Beratungseinrichtung aufsuchen. Die Typen sind also nicht problemspezifisch, aber es gibt charakteristische problembereichbezogene Häufigkeitsverteilungen (vgl. Brähler et al. 1986; Brähler u. Brähler 1987). Um die Unterschiede der 7 GT-Typen und gleichzeitig die Unterschiede der 4 Selbst- und Fremdbilder zu überprüfen, wurde eine ungewichtete 3-Weg-Varianzanalyse mit den unabhängigen Variablen Gruppenzugehörigkeit, Urteiler (Mann/Frau) und Beurteilter (Mann/Frau) durchgeführt (Tabelle 4).

Tabelle 4. GT-Typologie, 3-Weg-Varianzanalyse

Skala	Gr. df=6	Urt. df=1	Beurt. df=1	G · U df=6	G · B df=6	U · B df=1	G · U · B df=6
1 Soziale Resonanz	***			***	***		
2 Dominanz	***		***		***		
3 Kontrolle	***		**	*	***	*	
4 Grundstimmung	***		***		***		
5 Durchlässigkeit	***				**		

*: p < 0,05 **: p < 0,01 ***: p < 0,001

Die Gruppeneffekte sind in allen Skalen hochsignifikant, sie werden weiter unten bei den einzelnen typischen Paarbeziehungsmustern beschrieben. Signifikante Urteilereffekte kommen nicht vor. Das bedeutet, daß sich Männer und Frauen in ihrem Urteil nicht signifikant unterscheiden. Die Beurteilteneffekte bedeuten, daß besonders in Skala 2 (Dominanz) und 4 (Grundstimmung), aber auch in Skala 3 (Kontrolliertheit) signifikante Unterschiede bestehen, je nachdem ob der Beurteilte ein Mann oder eine Frau ist. Frauen werden eher als gefügig, kontrolliert und depressiv eingeschätzt. Innerhalb der Gruppen gibt es zwischen Selbst- und Fremdeinschätzung (G · U) bei Skala 1 (soziale Resonanz) signifikante Unterschiede, in geringerem Umfang auch in Skala 3. Die Unterschiede zwischen den Einschätzungen von Mann und Frau sind auch für die Gruppen in allen Skalen signifikant (G · B). Diese werden wir bei den einzelnen Paarbeziehungstypen ansprechen. Bei Skala 3 (Kontrolle) findet sich eine Interaktion Urteiler · Beurteilter, die Partner werden zwanghafter gesehen als diese sich selbst sehen.

Interaktionseffekte aller drei Faktoren finden sich nicht. Auch für den Gießener Beschwerdebogen (GBB), von dem ebenfalls Selbst- und Fremdeinschätzungen vorlagen, wurde analog eine 3-Weg-Varianzanalyse gerechnet, mit dem Ergebnis, daß sich hier die Gruppen ebenfalls hochsignifikant unterschieden (Tabelle 5).

Tabelle 5 GBB-Typologie, 3-Weg-Varianzanalyse

Skala	Gr. df=6	Urt. df=1	Beurt. df=1	G · U df=6	G · B df=6	U · B df=1	G · U · B df=6
1 Erschöpfung	***	***					
2 Magenbeschwerden	**						
3 Gliederschmerzen	***	*					
4 Herzbeschwerden	***						
5 Beschwerdedruck	***	**					

*: p < 0,05 **:p < 0,01 ***:p < 0,001

Bei den Skalen 1 (Erschöpfung), 3 (Gliederschmerzen) und 5 (Beschwerdedruck) finden sich Unterschiede, je nachdem, ob die Männer oder die Frauen beurteilt werden, wobei jeweils die Frauen höhere Skalenwerte aufweisen. Männer und Frauen urteilen jedoch nicht unterschiedlich. Es fanden sich auch keine Interaktionseffekte, auch nicht bei Urteiler · Beurteilter, d. h. Selbst- und Fremdbilder unterscheiden sich nicht signifikant, die wechselseitige Einfühlung in die Körperbeschwerden des Partners ist sehr hoch. Auf die Unterschiede der einzelnen Gruppen wird bei der Beschreibung der Typen eingegangen.

Tabelle 6 zeigt die Mittelwerte der GBB-Skalenwerte für das Selbstbild der Frauen, um die relevanten Gruppenunterschiede zu demonstrieren.

Tabelle 6. GBB-Skalen, Mittelwertprofil der Patientinnen für die GT-Paarbeziehungstypen

Skala	Typ 1 n=21	Typ 2 n=11	Typ 3 n=11	Typ 4 n=11	Typ 5 n=10	Typ 6 n=10	Typ 7 n=12
Erschöpfg.	8,29	4,86	5,25	4,91	7,73	5,08	5,04
Magenbeschw.	5,56	2,68	3,27	3,27	4,35	3,33	3,54
Gliederschm.	10,95	6,43	8,70	8,55	10,88	7,10	6,35
Herzbeschw.	5,63	4,95	4,61	3,75	6,58	2,55	3,71
Beschwerdedruck	30,43	18,93	21,84	20,48	29,53	18,05	18,65

In Tabelle 7 zeigen wir die Ergebnisse der Varianzanalyse über die Gruppen (Typen) für die übrigen Außenvariablen, die wir bei den Patientinnen erhoben haben.

Tabelle 7. Kontrollüberzeugungen, Hoffnungslosigkeit, Gesundheitserwartungen und Alter bei den GT-Paarbeziehungstypen

Skala	Typ 1 n=21	Typ 2 n=11	Typ 3 n=11	Typ 4 n=11	Typ 5 n=10	Typ 6 n=10	Typ 7 n=12	p
Kontrollüberzeugungen								
Internale Kont.	4,00	4,78	4,78	4,32	4,61	4,26	4,51	0,023
Machtlosigkeit	3,51	2,98	2,68	2,99	3,25	3,14	2,74	n.s.
Fatalismus	3,86	3,29	2,96	3,42	3,40	3,38	3,35	n.s.
Hoffnungslosigkeit	29,57	24,44	25,73	25,60	27,70	28,89	25,83	0.006
Gesundheitserwartungen								
Aktivität	3,03	3,46	3,25	3,48	3,49	3,02	3,23	0.045
Schonung	3,54	3,69	3,72	3,64	3,57	3,34	3,56	n.s.
Ärztl. Kontrolle	2,65	2,87	2,66	2,65	2,64	2,58	2,51	n.s.
Alter	54,4	58,1	53,6	55,7	47,9	50,5	50,4	0.013

Bei den Variablen Machtlosigkeit, Fatalismus, ärztliche Kontrolle und Schonung zeigen sich keine signifikanten Gruppenunterschiede, während diese sich bei internaler Kontrolle, Aktivität und auch beim Alter finden lassen. Bei der Hoffnungslosigkeit sind die Gruppenunterschiede sogar hochsignifikant. Auf die Unterschiede werden wir nun in der Folge bei der Gruppenbeschreibung (Darstellung der Typen) eingehen:

Typ 1 (Abb. 1): Beide Partner schätzen sich und den anderen als negativ sozial resonant ein, bei Dominanz und Kontrolle gibt es keine Auffälligkeiten. Die Grundstimmung der Frau wird von beiden als depressiv angegeben, aber auch die Männer liegen mit ihren Einschätzungen noch im depressiven Bereich. Auch empfinden sich beide als extrem verschlossen, was sie sich gegenseitig bestätigen.

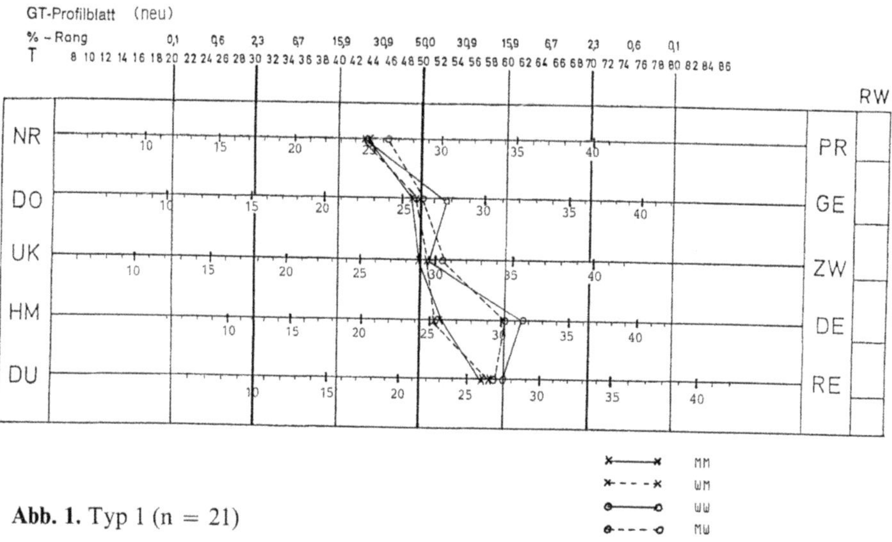

Abb. 1. Typ 1 (n = 21)

Hier entsteht der Eindruck einer problematischen Beziehung. Wenn sich beide als unattraktiv und verschlossen erleben, ist anzunehmen, daß die Kommunikation gestört ist. Man tauscht nicht viel miteinander aus, ist sich gegenseitig wenig Halt. So nimmt nicht wunder, daß die Frau sich als depressiv empfindet. Ziehen wir die weiteren Daten hinzu, vervollständigt sich das Bild einer problematischen Krankheitsverarbeitung: Die Frauen geben viele Körperbeschwerden an, die sie belästigen. Sie haben weniger als in anderen Gruppen den Eindruck, in ihrem Leben selbst zu entscheiden, statt dessen fühlen sie sich im Hinblick auf ihr Leben und ihre Zukunft stärker hoffnungslos. So empfinden sie Aktivität weniger als andere als für ihre Gesundheit wichtigen Faktor. Die Verarbeitung einer lebensbedrohlichen Erkrankung kann hier kaum gut gelungen sein. Es bleibt das Bild einer depressiv-resignativen Haltung, aus der die Patientinnen und Paare kaum alleine herausfinden können.

Anders verhält es sich beim *Typ 2* (Abb. 2). Beide Partner halten sich selbst und sich gegenseitig für attraktiv. Die Unterschiede und Abweichungen bei den

Skalen Dominanz, Kontrolle und Grundstimmung sind nicht groß, die häufige Rollenteilung zwischen depressiven Frauen und hypomanischen Männern findet sich hier nicht. Bei der Einschätzung des Kontakterlebens fällt auf, daß alle Einschätzungen stark in Richtung von Durchlässigkeit und Offenheit weisen. Als besonders vertrauensvoll schätzen die Frauen ihre Männer ein, mehr als diese sich selbst. Hier entsteht der Eindruck einer Beziehung, in der die Atmosphäre vertrauensvoll ist, die Kommunikation eng, emotionaler Austausch erscheint gut möglich. Findet dieses positive aufeinander Gestimmtsein seinen Niederschlag in den übrigen Daten? Die Unterschiede zu Typ 1 sind recht eindrucksvoll. Die einzelnen Dimensionen des Empfindens von Körperbeschwerden und auch der Beschwerdedruck sind deutlich niedriger. Diese Patientinnen sind auch viel

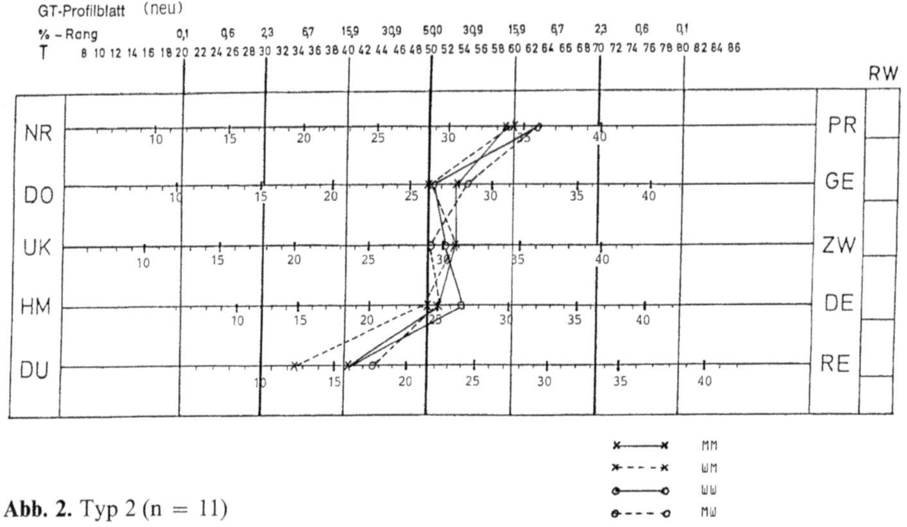

Abb. 2. Typ 2 (n = 11)

stärker der Ansicht, sie hätten ihr Schicksal selbst in der Hand. So zeigen sie auch weniger Empfindungen von Hoffnungslosigkeit. Für diese Gruppe ist auch Aktivität als für das weitere Wohlergehen wichtiger Faktor bedeutsamer als bei Typ 1. Es wird sehr deutlich, daß die Bewältigung eines belastenden Lebensereignisses hier besser gelingen kann, da die Kommunikation dieser Paare weit besser ist, die Lebenshaltung optimistischer, die Menschen aktiver. Diese Gruppe wird kaum Bedarf an psychotherapeutischer Hilfe haben, sie vermittelt den Eindruck, mit ihrer Situation gut zurechtgekommen zu sein. Diese Gruppe ist die mit dem höchsten Lebensalter der Probanden.

Bei *Typ 3* (Abb. 3) sind die Selbst- und Fremdeinschätzungen einander weniger ähnlich als bei den ersten beiden Typen. So findet die Frau ihren Mann attraktiver als er sich selbst, sie urteilt auch bei sich eher in Richtung positiver sozialer Resonanz. Alle Einschätzungen weisen in Richtung von Dominanz, die Frau wird als dominanter eingeschätzt. Bei Skala 3 fällt der Mann mit seiner Selbsteinschätzung auf, in der er sich mit starker Unterkontrolliertheit von den

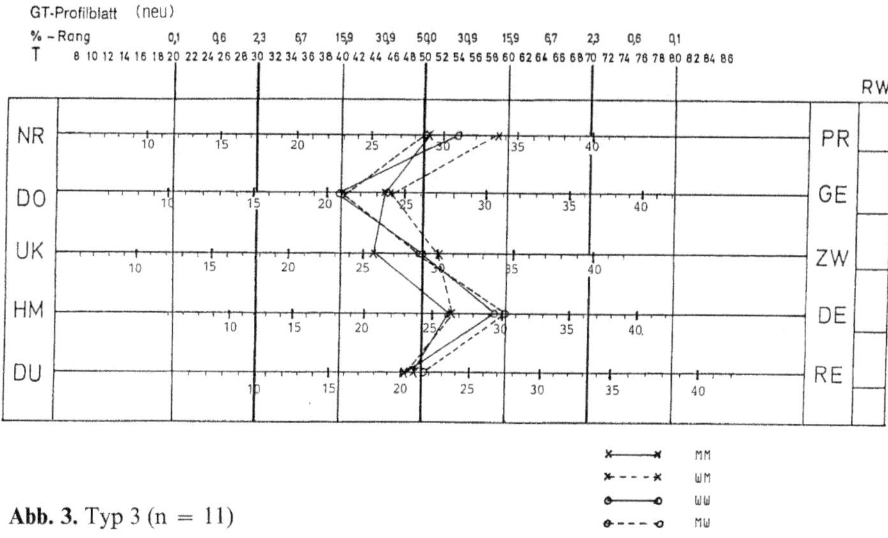

Abb. 3. Typ 3 (n = 11)

übrigen Einschätzungen unterscheidet. Bei der Grundstimmung (Skala 4) wird die Frau als depressiver und nachdenklicher eingeschätzt, aber die übliche geschlechtsspezifische Rollenteilung ist nicht stark ausgeprägt, da auch die Männer eher in Richtung Depressivität eingeschätzt werden. Es macht den Eindruck, daß die Frauen in dieser Konstellation der Beziehung durch Dominanz und Depressivität das Gepräge geben, durchsetzungsfähig sind und nicht zurückstecken müssen. So ist ihr Beschwerdeniveau eher niedrig, die Auffassung, das Schicksal selbst in der Hand zu haben, ausgeprägt. Hoffnungslosigkeit empfinden sie wenig. Daß sie Aktivität für ihre Gesundheit keine so hohe Bedeutung beimessen, steht im Einklang mit der eher introvertierten Grundhaltung. Hier entsteht der Eindruck eines Paares, das sich auseinandersetzt, das genug Spielraum hat, um Gegensätze auszuhalten. Wenngleich die Verhältnisse hier doch komplizierter liegen mögen als bei Typ 2, hat diese Beziehungsform mehr Raum für die Bewältigung einer schweren Erkrankung geboten, sodaß das Bild, das diese Paare hinterlassen, bei weitem nicht so hoffnungslos und resignativ ist wie bei Typ 1, wenngleich die Depressivität der Frauen nur unwesentlich geringer eingeschätzt wird.

Typ 4 (Abb. 4) weist in der GT-Paardiagnostik folgende Charakteristika auf: Alle Einschätzungen weisen in Richtung soziale Resonanz, alle Einschätzungen weisen in Richtung Kontrolliertheit (Zwanghaftigkeit). Im Bereich der Grundstimmung ist die Rollenaufteilung sehr deutlich: sich depressiv einschätzende Frauen, sich hypomanisch einschätzende Männer, vom Partner jeweils bestätigt. Sicher bietet diese Paarbeziehung gegenseitige Wertschätzung und Bestätigung, und auch die gegenseitige Kenntnis ist recht genau. Man nimmt es überhaupt genau mit den Dingen, ist gewissenhaft und ordentlich. Die Rollenaufteilung ist in bezug auf die Grundstimmung (Skala 4) „traditionell“, aber da sie in eine hinreichend gute Kommunikationsstruktur eingebettet ist, dürfte sie sich kaum zum Nachteil für die Partnerschaft auswirken. Die übrigen Angaben dieser

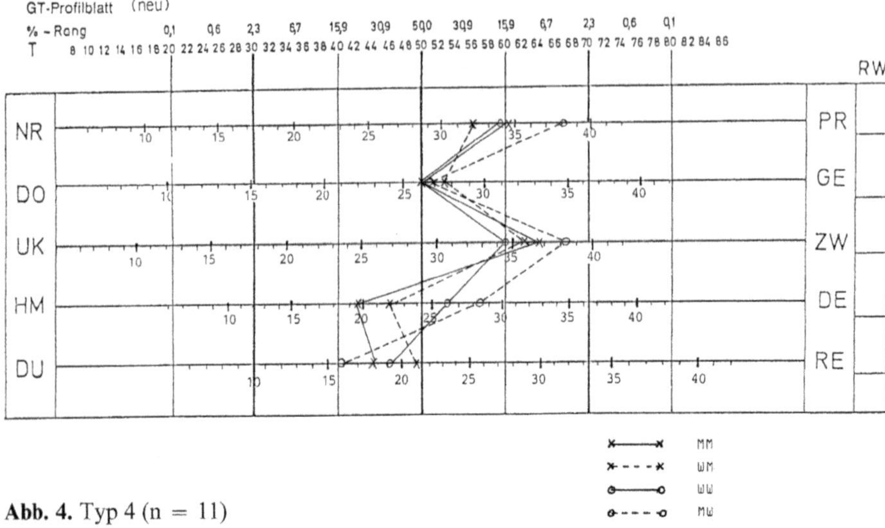

Abb. 4. Typ 4 (n = 11)

Frauen bestätigen einen recht günstigen Rehabilitationsausgang: ein niederes Beschwerdeniveau, ein geringes Empfinden von Hoffnungslosigkeit, Aktivität wird als Gesundheitserwartung für wichtig gehalten. Es handelt sich hier um traditionell, normenkonform und angepaßt, aber positiv eingestellte Paare.

Typ 5 (Abb. 5) zeichnet sich durch Besonderheiten in den Skalen 1, 3 und 4 aus: Die Fremdeinschätzungen und Selbsteinschätzungen weisen bei Skala 1 und 3 hohe Differenzen auf, was auf eine weniger gute gegenseitige Einfühlung schließen läßt. Auch ist die Beziehungsstruktur insgesamt komplementär, und solche Beziehungsstrukturen sind auf ausreichende Kommunikation zur Hand-

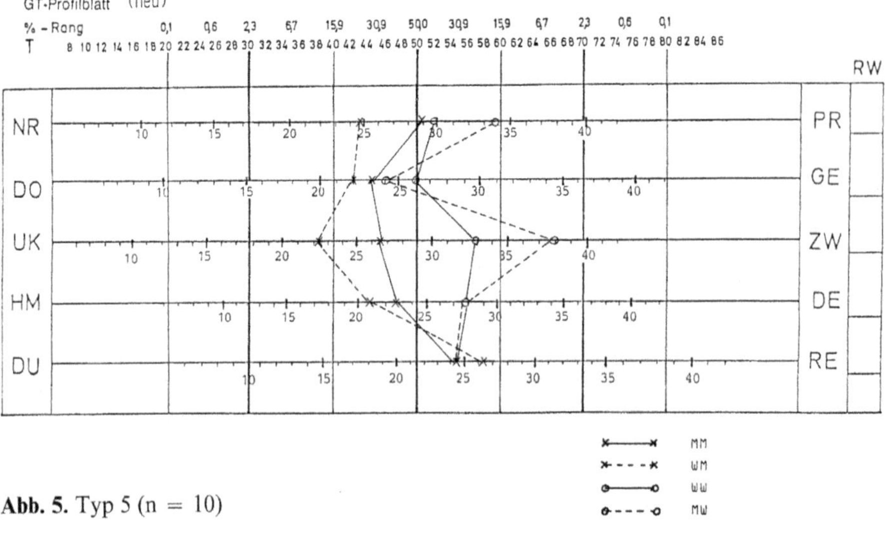

Abb. 5. Typ 5 (n = 10)

habung der Gegensätze angewiesen, was bei den eher retentiven Einschätzungsbildern unwahrscheinlich ist. Die Differenzen, besonders in Skala 3 (Kontrolle) sind in den Fremdeinschätzungen extrem, eine starke gegenseitige Fixierung auf ein Stereotyp. Auch hier ist die Rollenaufteilung in Skala 4 deutlich, jedoch ist hier zu vermuten, daß sie viel schlechter in Kommunikation eingebunden ist, als wir es beim vorigen Typ sahen. So wirkt diese Gruppe von Paaren zerrissen, festgeschrieben, und man hat nicht den Eindruck, als könnte hier die Verarbeitung einer schweren Erkrankung gut gelingen. In der Tat ist hier das Beschwerdeempfinden ausgeprägt, und auch Hoffnungslosigkeit wird viel angegeben, trotz des Eindrucks von eher hoher internaler Kontrolle (Selbstbestimmtheit) und Aktivität als Genesungserwartung. Diese Paarbeziehungen tragen offenbar nicht genug, damit die Frauen (und wohl auch die Männer) in Ausgeglichenheit in die Zukunft blicken können. Diese Gruppe hat das geringste Durchschnittsalter.

Bei *Typ 6* (Abb. 6) fällt die ausgeprägte Rollenaufteilung in Skala 2 (Dominanz) auf: die Männer sind dominant, die Frauen gefügig, so sieht man sich selbst und auch den anderen. Ansonsten sind die Einschätzungen eher symmetrisch und Selbst-und Fremdbilder nicht sehr weit voneinander entfernt, auch in den absoluten Werten nicht extrem. Einzig auffällig die klare Verteilung von Über- und Unterlegenheit, mit den Frauen als den Abhängigen. Diese geben wenige Körper-

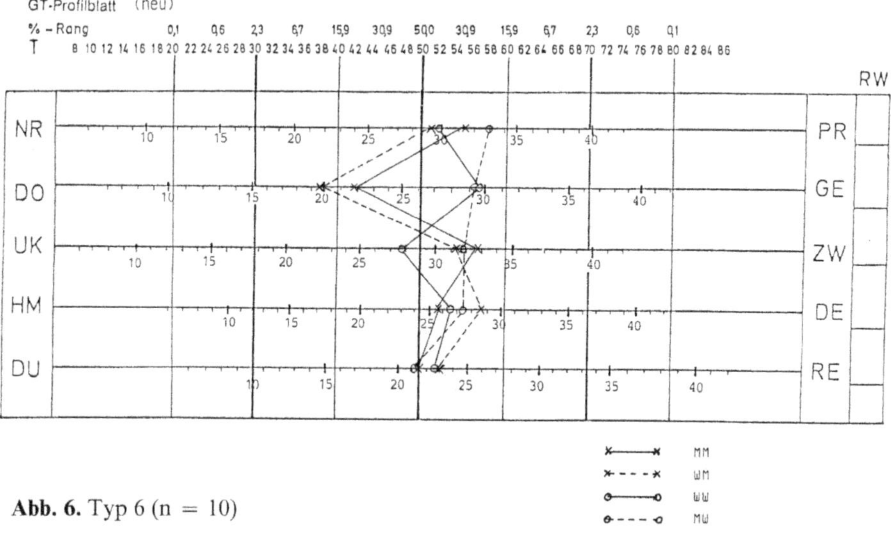

Abb. 6. Typ 6 (n = 10)

beschwerden an, aber auch wenig Selbstvertrauen und Aktivität als Gesundheitserwartung. Dafür schätzen sie sich aber als pessimistisch und hoffnungslos ein, als einziges deutliches Zeichen einer Klage, ein leicht resignatives und passives Bild. Zu vermuten ist, daß in diesen Paarbeziehungen die Frauen zu wenig zur Geltung kommen, um etwaige Probleme bei der Krankheitsverarbeitung artikulieren und austragen zu können.

Typ 7 (Abb. 7) schließlich weist wieder ein deutlich komplementäres Beziehungsmuster auf: die Männer positiv sozial resonant, dominant, hypomanisch und durchlässig, die Frauen negativ sozial resonant, gefügig, depressiv und retentiv, als hätten sich alle negativen Merkmale bei den Frauen vereinigt, und diese bestätigen die Partner auch noch in ihrer Wahrnehmung. Auch die Kommunikationsstruktur ist unklar: Wie geht ein Attraktiver und Offener mit einer Unattraktiven und Verschlossenen um? Jedenfalls kann man sich auf den ersten Blick schwer vorstellen, daß es einer Frau in dieser Situation gelingt, eine lebensbedrohliche Erkrankung gut zu bewältigen, die Paarbeziehung bietet allenfalls

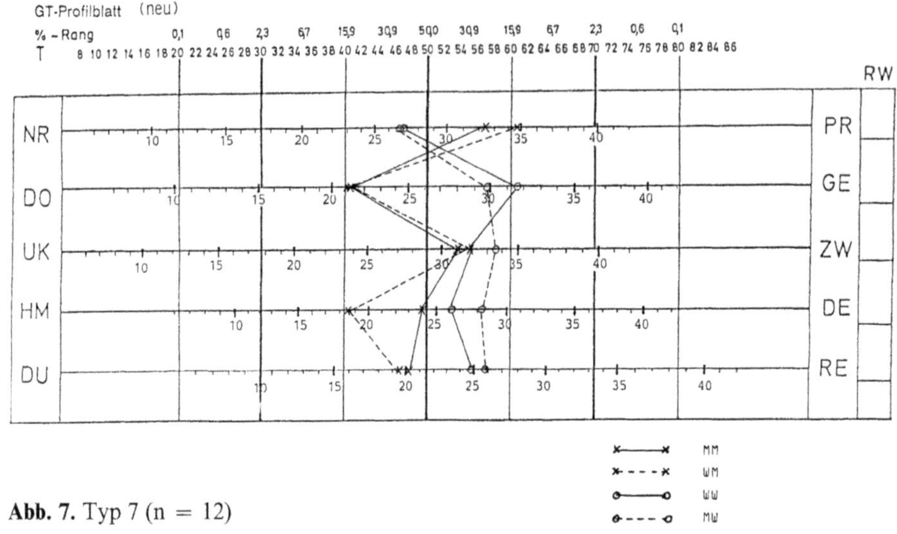

Abb. 7. Typ 7 (n = 12)

solche Befriedigungsmöglichkeiten, wie sie aus einer pathologischen sadomasochistischen Interaktion erwachsen. Und doch, bei der Betrachtung der Kontrollvariablen, die bei den übrigen Typen zuverlässig die Beziehungsdiagnostik ergänzten, fällt auf, daß diese Frauen im Durchschnitt wenige Körperbeschwerden angeben, auch eher wenig Hoffnungslosigkeit, und auch die übrigen Daten sprechen nicht für schwierige Krankheitsverarbeitung. Dieser überraschende Befund läßt sich u.E. nur so erklären, daß diese widersprüchliche und konfliktreiche Paarbeziehung eben durch ihren sadomasochistischen Gehalt doch soviel Lebendigkeit enthält, daß den Frauen eine Einstellung zu ihrer Erkrankung und Gesundheit erhalten bleibt, die sie zumindest unter Folgen der Erkrankung nicht mehr leiden läßt, weil die sadomasochistische Interaktion Leiden bindet und für die Dimensionen der Krankheitsverarbeitung, die bei den übrigen Typen sehr wohl relevant sind, in diesen Beziehungen kein Raum bleibt.

Zuletzt greifen wir nochmals die Frage der Spezifität der Typen auf. Die Profile der 7 Typen aus dieser Untersuchung wurden mit 198 Typen verglichen, die in analoger Weise aus 48 Stichproben verschiedener Untersucher gewonnen wurden, die zusammen über 2500 Paare umfassen (vgl. Brähler u. Brähler 1987). Die Stichproben umfassen z.B. psychosomatisch Kranke, Eltern kranker Kinder, psychiatrisch Kranke, neurotische Paare, Paare mit Sexualstörungen, chronisch Kranke und Paare mit Reproduktionsproblemen. In Tabelle 8 sind für die einzelnen Typen dieser Untersuchung die Typen aus anderen Untersuchungen aufgeführt, die eine hohe Ähnlichkeit zeigen, d.h. mit einer Profilkorrelation von 0.82, was einer gemeinsame Varianz von über 2/3 der Gesamtvarianz entspricht.

Tabelle 8. Typen mit einer Profilkorrelation (Pearson-r) von > 0,82 mit den 7 Typen dieser Untersuchung (Es wird der Ort der Untersuchung und der Hauptuntersucher angegeben, genaue Literaturhinweise finden sich bei Brähler u. Brähler 1987)

Typen mit Ähnlichkeit mit Typ 1:

r	Stichprobe
0,95	Paare mit Verdacht auf Mamma-Ca. der Frau und Kontrollgruppe (Buddeberg, Zürich, 1-Jahres-Katamnese)
0,91	Paare mit Mastektomie der Frau (Liffler, Marburg)
0,90	Paare mit Wunsch nach Sterilisitation der Frau (Bork, Giessen)
0,89	Eltern Schizophrener (Behringer, Gießen)
0,89	Paare 5 Jahre nach Sterilisation der Frau (Meyer, Gießen)
0,89	Paare mit Refertilisierungswunsch des Mannes (Göbel, Berlin)
0,89	Paare mit Verdacht auf Mamma-Ca. der Frau und Kontrollgruppe (Buddeberg, Zürich)
0,87	Paare aus einer Paarambulanz (Schrader, Berlin)
0,86	Paare mit Sexualstörungen (Arentewicz, Hamburg)
0,86	Paare mit einem stationär behandelten Partner
0,84	Eltern psychisch gestörter Kinder (Neraal, Gießen)
0,84	Paare 1/2 Jahr nach Sterilisation der Frau (Bork, Gießen)
0,84	Paare nach Tubenligatur bzw. Hysterektomie der Frau (Faber, Lich)
0,83	Paare aus der repräsentativen Ehepaarerhebung (Brähler, BRD)
0,83	Paare mit einem an chronischer Prostatistis erkrankten Mann (Riedell, Gießen)
0,82	Eltern operierter Kinder (Angermeyer, Hannover)
0,82	Eltern aus der Familienambulanz (Brähler, Gießen)

Typen mit Ähnlichkeit mit Typ 2:

r	Stichprobe
0,90	Eltern von Risikokindern (Beckmann, Giessen)
0,89	Paare mit Verdacht auf Mamma-Ca. der Frau und Kontrollgruppe (Buddeberg, Zürich, 1-Jahres-Katamnese)
0,86	Eltern „normaler" Kinder (Cierpka, Ulm)
0,85	Paare mit Verdacht auf Mamma-Ca. der Frau und Kontrollgruppe (Buddeberg, Zürich)
0,84	Paare mit Hoden-Ca.-Überlebenden (Möhring, Gießen)
0,82	Eltern von Risikokindern (Beckmann, Gießen)

Typen mit Ähnlichkeit mit Typ 4:

r	Stichprobe
0,89	Paare 5 Jahre nach Herzoperation eines Partners (Möhlen, Gießen)
0,86	Eltern Schizophrener (Behringer, Gießen)
0,85	Paare nach Mastektomie der Frau (Liffler, Marburg)
0,85	Paare aus der repräsentativen Ehepaarerhebung (Brähler, BRD)
0,84	Paare mit Schwangerer (Lindemann, Gießen)
0,82	Eltern Schizopräsenter (Angermeyer, Hannover)

Typen mit Ähnlichkeit mit Typ 6

r	Stichprobe
0,82	Paare mit Ulkus des Mannes (Overbeck, Frankfurt)

Typen mit Ähnlichkeit mit Typ 7:

r	Stichprobe
0,92	Eltern Schizophrener (Behringer, Gießen)
0,86	Eltern von Risikokindern (Beckmann, Gießen)

Die meisten Ähnlichkeiten finden sich bei Typ 1, die Typen stammen aus allen Diagnosen- und Forschungsbereichen. Depressiv-resignative und kommunikationsgestörte Beziehungen sind häufig und stellen eine Art uniformes inadäquates Reaktionsmuster dar. Bei Typ 2 fällt auf, daß hier Typen aus Stichproben häufig sind, wo eine maligne Erkrankung oder ein belastendes Lebensereignis Anlaß der Untersuchung war; Konfliktehen oder Sexualprobleme tauchen bei diesem kommunikationsoffenen harmonischen Typ nicht auf. Auch bei Typ 4 häufen sich die Typen aus Stichproben, bei denen ein belastendes Lebensereignis eingetreten ist, auch Psychosen werden wohl eher als solche, eher als Heimsuchung denn als konflikthaftes Geschehen erlebt. Dieser Typ bot das Bild einer traditionell angepaßten Beziehung. Auch bei Typ 6 und 7 bilden Erkrankungen, nicht Konflikte den Anlaß der Untersuchung, so daß insgesamt bei den Typen bis auf den häufigen Typ 1 überwiegend nicht konflikt-, sondern leidensbedingt professionelle Hilfe gesucht wurde. In der Gesamtheit der typisierten Stichproben finden sich nämlich auch solche, wo konflikthafte Interaktionen den Anlaß der Untersuchung boten. Dieser Befund muß bei etwaigen psychotherapeutischen Interventionen berücksichtigt werden, da eine konfliktorientierte therapeutische Haltung bei den meisten dieser Paare auf Unverständnis stoßen dürfte.

Insgesamt liegt die klinische Relevanz der Typologie wohl darin, daß mittels dieser Methode ein Überblick über mögliche Krankheitsverarbeitungsformen gegeben wird, der der Realität der einzelnen Fälle recht nahe kommt, und damit zu einer wichtigen Hilfe für den Kliniker wird, der sich relativ schnell orientieren muß. So wirken diese Typen wie der Ausgang aus einer Krise, die durch eine solche Erkrankung ausgelöst wird: sie kann die Paare näher zusammenführen in dem Versuch, gemeinsam und aktiv die Krise zu bewältigen, aber auch zu Resignation und Rückzug führen, und damit zu einem schlechteren psychosozialen Rehabilitationsergebnis, als es der körperliche Befund erwarten läßt. Es ist auch zu sehen, daß es nicht nur einen Weg zu gelingender Krankheitsverarbeitung gibt, und auch nicht nur eine Art von Problemen in der Folge solcher belastender Ereignisse. Ein typologischer Untersuchungsansatz reduziert zwar die individuelle Varianz zu typischer Varianz, zeigt aber gerade dadurch seine Nähe zum klinischen Denken, wo der Behandelnde vor dem Problem steht, die Fülle seiner Eindrücke zu wegweisenden Erfahrungswerten zu ordnen, ohne durch Einseitigkeiten, etwa simplifizierendes Schwarz-Weiß-Denken, dem einzelnen Patienten nicht mehr gerecht zu werden. Weitere klinische Relevanz dieser Ergebnisse sehen wir darin, daß solche Untersuchungen zu Überlegungen führen können, wie rechtzeitig Einfluß auf sich abzeichnende Krankheitsverarbeitungsprobleme genommen werden kann, damit verhindert wird, daß sich depressiv-resignative Haltungen als Endzustände von Krankheitsverarbeitung finden, wie sie in unserer Untersuchung teilweise gefunden wurden.

Literatur

Abitol M M, Davenport J (1974) Sexual dysfunction after therapy of cervical carcinoma. Am J Obstet Gynecol 119: 181

Achté K A, Vauhkonen M L (1972) Karzinom und Psyche. Psychiatria Fennica 373

Achté K M, Vauhkonen M L (1975) Psychiatrisch-psychosomatische Gesichtspunkte der Diagnosemitteilung und der Prognose bei Geschwulstkrankheiten. Off Org Schweiz Ges Psychosomat Med 5:230-236

Ader R Hrsg (1981) Psychoneuroimmunology. Academic Press, New York

Bahnson C B (1969) Psychophysiological complementarity in malignancies: Past work and future vistas. Ann N Y Acad Sci 164 (2): 319-334

Bahnson C B (1979) Das Krebsproblem in psychosomatischer Dimension. In: Uexküll T von (Hrsg) Lehrbuch der Psychosomatischen Medizin. Urban & Schwarzenberg, München (3. Aufl. 1986)

Bahnson M B Bahnson C B (1969) Ego defenses in cancer patients. Ann N Y Acad Sci 1164 (2): 546-559

Baltrusch E (1964) Psyche – Nervensystem- Neoplastischer Prozeß: Ein altes Problem mit neuer Aktualität. Z Psychosomat Med 10: 157-169

Bammer K (1981) Krebs und Psychosomatik Kohlhammer, Stuttgart

Barth G (1980) Mündliche Mitteilung. Gießen

Bartrop R W Lazarus L, Luckhurst E, Kiloh L G, Penny R (1977) Depressed lymphocyte function after bereavement. Lancet 8016: 834

Bastiaans J (1982) Der Beitrag der Pyschoanalyse zur Psychosomatischen Medizin. In: Eicke D (Hrsg): Tiefenpyschologie, Bd 2: Kindlers Psychologie des 20. Jahrhunderts. Beltz, Weinheim

Bateson G, Jackson D D, Haley J, Weakland J (1969) Schizophrenie und Familie. Suhrkamp, Frankfurt

Bay E (1983) Organisch-neurologische Aspekte zum Körperschema. Mat Psychoanal analyt orient Psychother 9: 14-18

Beck A, Nicorovicz F (1980) Das Sexualleben nach Radikaloperationen des Zervixkarzinoms. Onkologie 3: 26-30

Becker H (1985) Live-Events und Tumor-Wachstum bei Patientinnen mit Mammakarzinom. Eine empirische Studie. In: Bräutigam W, Meerwein F (Hrsg) Das therapeutische Gespräch mit Krebskranken. Huber, Bern

Becker H (1986) Psychoonkologie. Springer, Berlin Heidelberg New York Tokyo

Beckmann D (1973) Funktionale Struktur informeller Rollensysteme. Psyche 37: 718-748

Beckmann D (1977) Selbst- und Fremdbild der Frau. Familiendynamik 2: 35-49

Beckmann D, E Brähler, H E Richter (1983) Gießen-Test. Huber, Bern

Behrendt J-U et al. (1981) Selbsthilfegruppen vor der Vereinnahmung? Zur Verflechtung von Selbsthilfezusammenschlüssen und staatlichen und professionellen Sozialsystemen. In: Badura B, C von Ferber (Hrsg) Selbsthilfe und Selbsthilfeorganisation im Gesundheitswesen, Oldenbourg, München

Biskup J (1982) Die psychosoziale Situation von Koranarpatienten. Lang. Frankfurt

Blohmke M, Dillenz M, Stelzer O (1976) Soziale und psychosoziale Bezüge in der Krebsgenese. Medizin Mensch Gesellschaft 1: 32-38

Blumberg E M, West P, Ellis F W (1954) A possible relationship between psychological factors and human cancer. Psychosom Med 16: 277-286

Böck D, Irtenkauf P (1982) Ein Modell zur Fortbildung im Besucherdienst. Ulm (Deutsche ILCO, Gebietsgruppe Ulm)

Booth G (1965) Irrational complications of the cancer problem. Med J Psychoanal 25: 41-55
Booth G (1973) Psychobiological aspects of „spontaneous" regressions of cancer. J Am Acad Psychoanal 1: 303-317
Brähler E, Scheer J (1983) Der Gießener Beschwerdebogen. Huber, Bern
Brähler E, D Beckmann (1983) Die Erfassung von Partnerbeurteilungen mit dem Gießen-Test. Diagnostik 3: 184-197
Brähler E, Ernst R, Brähler C (1986) Typische Paarbeziehungsstrukturen im Gießen-Test. Psychother med Psychol 36: 187-198
Brähler E, Möhring P (1986) Paardiagnostik mit dem Gießen-Test. Wegweiser für den Paar- und Familientherapeuten? Psycho 12: 935-942
Brähler E, Brähler C (1987) Paardiagnostik mit dem Gießen Test. In: Cierpka M (Hrsg) Familiendiagnostik. Springer, Berlin, Heidelberg, New York, Tokyo
Brown G, T Harris (1978) Social origins of depression. A Study of Psychiatric disorder in women. Tavistock, London
Buddeberg C (1985) Ehen krebskranker Frauen. Urban & Schwarzenberg, München
Bundesverband der Kehlkopflosen e. V. (1986) Ratgeber für Kehlkopflose. Eigenverlag, Bebra
Burrows J (1783) A new practical of cancer. London
Cassel J (1974) Psychosocial processes and stress; A theoretical formulation. Intern J Health Serv 4: 471-482
Ciompi L (1982) Affektlogik. Klett-Cotta, Stuttgart
Cramer I, Blohmke M, Bahnson C B, Bahnson M B, Scherg H Weinhold M (1977) Psychosoziale Faktoren und Krebs. MMW 119: 1387-1392
Cuttler M (1954) Behavioral characteristics of women with cancer of the breast. In: Psychological variables in human cancer. *Generelli J A, Kirkner J J (eds)* University of California Press, Berkeley
Daum K-W et al. (1982) Selbsthilfegruppen für chronisch Kranke. In: Beckmann D et al. (Hrsg.) Medizinische Psychologie: Forschung für Klinik und Praxis. Springer, Berlin Heidelberg New York Tokyo
Daum K-W (1984) Selbsthilfegruppen. Psychiatrie- Verlag, Rehburg-Loccum
Derogatis L R, Abeloff M D, Melisaratos N (1979) Psychological coping mechanisms and survival time in metastatic breast cancer. JAMA 242: 1504-1508
Deutsche ILCO (1987) Mitgliederstatistik. ILCO Praxis 1: 58
Deutscher Bundestag (1980) Unterrichtung durch die Bundesregierung. Krebsbericht als Fortschreibung der Antwort der Bundesregierung auf die Große Anfrage betreffend Krebsforschung. Bonn
Deutsches Rotes Kreuz (1986) (Hrsg) Psychosoziale Krebsnachsorge – Eine Aufgabe der Sozialarbeit. Eigenverlag, Bonn
Devereux G (1973) Angst und Methode in den Verhaltenswissenschaften. Hanser, München
Diehl V (1983) Entstehung und Entwicklung von Tumoren. Therapiewoche 33: 6699-6713
Domagk : zit. nach Baltrusch E (1964)
Drings P (1980) Psychologische und soziale Probleme des onkologischen Patienten aus internistischer Sicht. Kassenarzt 20: 2304-2311
Ebel H (1987) Leben mit Krebs. Blätt Wohlfahrtspfl 3:83-84a
Eicher W, Herms V, Kubli F, Kleinbach B (1977) Soziale, sexuelle und psychosomatische Aspekte beim Portiokarzinom. Med Welt 28: 1508-1511
Eicher W, Herms V, Henningsen B, Meinel A, Revery C (1979) Zur Epidemiologie des Mammakarzinoms. Fortschr med 97: 1683
Englert G (1983) Die Deutsche ILCO: ein Beispiel für die Möglichkeiten und Grenzen von Selbsthilfevereinigungen. Dtsch Arzt 3: 72-77
Englert G (1986) Psychische Belastungen durch das Stoma – Erfahrungen der Deutschen ILCO. ILCO Praxis 4: 15-20
Erikson E H (1981) Identität und Lebenszyklus. Suhrkamp, Frankfurt
Erkrath F A, Randow H (1967) Vita sexualis nach Karzinombehandlung im Vergleich zu nicht krebskranken berufstätigen Frauen. Zentralbl Gynäkol 89: 1210

Fournier D von (1982) Tumorwachstum als Kriterium der Malignität. In: Frommhold W, Gerhardt P, (Hrsg) Klinisch-radiologisches Seminar, Bd 12: Das Mammakarzinom. Thieme, Stuttgart

Frauenselbsthilfe nach Krebs e. V. (1986) Festschrift: 1976-1986. Eigenverlag, Mannheim

Frauenselbsthilfe nach Krebs e. V. (1986) Selbstdarstellung (Informationsblatt). Eigenverlag, Mannheim

Freyberger H (1977) Ärztlicher Umgang mit Tumorpatienten in psychologisch-medizinischer Sicht. MMW 199 (43): 1381-1386

Freyberger H (1980) Psychische Aspekte bei Patienten mit einer Colostomie. ILCO Praxis 4:6-9

Fürstenau P (1983) Paradigmawechsel in der Psychoanalyse (angesichts der strukturellen Ich-Störungen). In: Studt H H (Hrsg) Psychosomatik in Forschung und Praxis. Urban & Schwarzenberg, München

Gagnon F (1950) Contribution of the study of the etiology and prevention of cancer of the cervix of the uterus. Am J Obstet Gynecol 60: 516-527

Gansau, Lang : zit. nach Baltrusch E (1964)

Gerhardt U, Friedrich H (1982) Familie und chronische Krankheit – Versuch einer soziologischen Standortbestimmung. In: Angermeyer M, Freyberger H (Hrsg) Chronisch kranke Erwachsene in der Familie. Enke, Stuttgart

Goffmann E (1975) Stigma. Über Techniken der Bewältigung beschädigter Identität. Suhrkamp, Frankfurt

Gove W (1973) Sex, marital status and mortality. Am J Sociol 78: 45-67

Greer S, Morris T, Pettingale K W (1979) Psychological response to breast cancer: Effect of outcome. Lancet 13: 785-787

Gronemeyer M (1978) Leben lernen unter dem Zwang der Krise? In: Bahr H-E, Gronemeyer R (Hrsg) Anders leben – überleben. Fischer, Frankfurt

Grossarth-Maticek R (1976) Krebserkrankung und Familie. Familiendynamik 4: 294-318

Grossarth-Maticek R (1979) Krankheit als Biographie. Kiepenheuer & Witsch, Köln

Grunert J (Hrsg) Körperbild und Selbstverständnis. Kindler, München

Grunow D et al. (1983) Gesundheitsselbsthilfe im Alltag. Enke, Stuttgart

Halves E, Wetendorf H-W (1986) „Natürlich hat sich die Gruppe mit der Zeit verändert." Verläufe von Selbsthilfegruppen. In: Trojan A (Hrsg) Wissen ist Macht. Fischer, Frankfurt

Hartmann H (1970) Ich-Psychologie und Anpassungsproblem. Klett, Stuttgart

Herberger W (1963) Kurzverläufe von Krebspatienten und Beleuchtung ihrer „Kummerskala". Z Psychosomat Med 9: 271-285

Herms V, Gabelmann J, Kaufmann M, Eicher W, Kubli F (1980) Persönlichkeitsfaktoren und Sexualverhalten von Frauen mit gutartigen und bösartigen Erkrankungen der Brust. Vortrag Deutscher Krebskongreß, München

Huber J (1987) Die neuen Helfer. Das „Berliner Modell" und die Zukunft der Selbsthilfebewegung. Piper, München

Ikemi Y, Nakagawa S, Nakagawa T, Sugita M (1975) Psychosomatic considerations on cancer patients who have made a narrow escape from death. Dyn Psychiatr 2: 77-92

Illich I (1977). Die Nemesis der Medizin. Von den Grenzen des Gesundheitswesens. Rowohlt, Reinbek

Illich I (1979) Entmündigung durch Experten. Zur Kritik der Dienstleistungsberufe. Rowohlt, Reinbek

Itzwerth R (1984) Expertise über Krebs-Selbsthilfegruppen in der Bundesrepublik Deutschland. Unver. Ms., Hamburg (zitiert n. Schafft 1987)

Jackson D, Yalom J (1966) Familiale Interaktionsmuster und Colitis ulcerosa. In: Brede C (Hrsg) Einführung in die Psychosomatische Medizin. Fischer, Frankfurt (1979)

Janssen P L, Weißbach L (1978) Zur Psychosomatik behandelter Hodentumor-Patienten. Z Psychosom Med Psychoanal 24 (1): 70-86

Joraschky R (1983) Das Körperschema und das Körper-Selbst als Regulationsprinzipien der Organismus-Umwelt-Interaktion. Minerva, München

Jordan J, Rothhaupt J, Overbeck G (1987) Interpersonelle Konfliktabwehr bei entzündlich-rheumatisch Erkrankten – Ergebnisse einer empirisch psychoanalytischen Untersuchung. Psychother med Psychol 37: 111-120

Kagen L B (9176) Use of denial in adolescents with bone Cancer. Health Social Work 1 (4): 70-87

Katz A, Bender E (1976) (eds) The strenght in us Self help groups in the modern world. New Viewpoints New York

Katz J L et al. (1969) Psychoendocrine consideration in cancer of the breast. Ann N Y Acad Sci 164: 509-516

Katz J L et al. (1970) Psychoendocrine aspects of cancer of the breast. Psychosom Med 32: 1-18

Kavetsky R E, Turkevitch N M, Balitsky K P (1966) On the psychophysiological mechanism of the organism's resistance to tumor growth. Ann N Y acad Sci 125(3): 933-939

Kavetsky R E, Turkevitch N M, Akimova R M, Khayetsky I M, Matveicuk Y D (1969) Induced cancerogenesis under various influences of the hypothalamus. Ann N Y Acad Sci 164 (2): 517-519

Keupp H, Röhrle B (1986) Soziale Netzwerke. Campus Frankfurt

Kickbusch I, Hatch S (1983) Introduction: A re-orientation of health care? In: Hatch S, Kickbusch I (eds) Self-help and health in Europe. Weltgesundheitsorganisation, Kopenhagen

Kirchhoff : zit. nach Baltrusch E (1964)

Kissen M D, RAO L G (1969) Steroid patterns and personality in lung cancer patients. Ann N Y Acad Sci 164 (2): 476-482

Klussmann R (1981) Psychische Probleme bei Ileostomie-Trägern nach Colitis ulcerosa und Morbus Crohn. ILCO Praxis 1: 4-7

Koch U, Schmeling C (1982) Betreuung von Schwer- und Todkranken – Ausbildungskurs für Ärzte und Pflegepersonal. Urban & Schwarzenberg, München

Köhle K (1979) Psychosomatik in der Inneren Klinik – Modellversuch einer Integration. Kassenarzt 19 (28): 2672-2693

Koester W, Bühringer G (1981) Bericht über die Arbeit der Modellberatungsstellen für krebskranke Frauen. Institut für Therapieforschung, München

Körbler J (1973) Geschichte der Krebskrankheit. Ranner, Wien

Kothari M L, Mehta L A (1979) Ist Krebs eine Krankheit? Rowohlt, Reinbek

Krampen G (1979) Hoffnungslosigkeit bei stationären Patienten. Ihre Messung durch einen Kurzfragebogen (H-Skala). Med Psychol 5: 39-49

Krampen G (1981) IPC-Fragebogen zu Kontrollüberzeugungen. Hogrefe, Göttingen

Kreuzer U (1983) Zwischen Sozialpolitik und Expertenherrschaft – Über den Verlust originärer Merkmale von Selbsthilfe-Gruppen. Gruppenpsychother Gruppendyn 18: 297-315

Kriescher-Fauchs M, Schaeffer D (1984) „... bis zu 36 Anrufe die Woche bekomme ich!" Die Arbeit der Selbsthilfegruppen krebskranker Frauen. In: Schaeffer D, Kriescher-Fauchs M (Hrsg) Krebs: Selbsthilfe? Institut für Soziale Medizin der Freien Universität, Berlin

Kudlien F (1968) Der Arzt des Körpers und der Arzt der Seele. Clio Medica 3:1-20

Kübler-Ross E (1977) Interviews mit Sterbenden. Gütersloher Verlagshaus, Stuttgart

Kübler-Ross E (1979) Leben bis wir Abschied nehmen. Kreuz-Verlag, Stuttgart

Lain Entralgo P (o.J.) Heilkunde in geschichtlicher Entscheidung. Einführung in die psychosomatische Pathologie. Müller, Salzburg

Langer M et al. (1985) Die Selbsthilfegruppe in der Nachsorge brustoperierter Frauen. In: Sellschopp A et al. (Hrsg) Psychosoziale Probleme bei Brustkrebs. Verlag für Medizin, Heidelberg

LeShan L (1977) You can fight for you life. Harcourt Brace Jovanovich Inc, New York

LeShan L (1982) Psychotherapie gegen den Krebs. Klett-Cotta, Stuttgart

Matzat J (1986) Zum Verhältnis von Profession, Laienhilfe und Selbsthilfe. In: Klingmann H (Hrsg) Selbsthilfe und Laienhilfe. ISPA-Press, Lausanne

Matzat J (1987a) Mit den Anonymen Alkoholikern fing es an. Ursprung und Entwicklung der Selbsthilfegruppen. Das Parlament 19/20: 1-2

Matzat J (1987b) Reden – Handeln – Helfen. Hilfe zur Selbsthilfe. Ein kurzer Wegweiser für Interessierte. Das Parlament 19/20: 2
Minuchin S (1977) Familie und Familientherapie. Lambertus, Freiburg
Minuchin S, Rosmann B L, Baker L (1981) Psychosomatische Krankheiten in der Familie. Klett-Cotta, Stuttgart
Möhring P (1985) Langzeit-Krankheitsverarbeitung bei Patienten mit Genital-Karzinomen in Abhängigkeit von Paarbeziehung und Geschlechtsrolle in 5- bis 15-Jahres – Katamnesen. Habilitationsschrift, Gießen
Möhring P, Vietinghoff-Scheel A von (1981) Wie Krebskranke und Ärzte mit der Diagnose umgehen. Prax Psychother Psychosom 26: 67-72
Möhring P, Wittmeyer H, Brähler E (1985) Paarbeziehungsstrukturen und Körpererleben bei ehemaligen Krebspatientinnen und ihren Partnern. Geburtsh Frauenheilk 45: 784-788)
Moeller M L (1978) Selbsthilfegruppen. Rowohlt, Reinbek
Moeller M L (1979) Das demokratische Arbeitsbündnis in Selbsthilfegruppen. Psychosozial 2:36-66
Moeller M L (1981) Anders Helfen. Selbsthilfegruppen und Fachleute arbeiten zusammen. Klett-Cotta, Stuttgart
Moersch E, Kerz-Rühling J, Drews S, Nern RD, Kennal K Kelleter R, Rodriguez C, Fischer R, Goldschmidt O (1980) Zur Pyschopathologie von Herzinfarkt-Patienten. Psyche 34: 493-587
Munro A (1966) Parental deprivation in depressive patients Brit J Psychiatr 112: 443-457
Muthny F A, Beutel M, Broda M, Koch U (1987) Erfahrungen aus der Beratung und Psychotherapie mit chronisch niereninsuffizienten Patienten – Bedarf, Ziele und Wirkungen. In: Quint H, Janssen P L (Hrsg) Psychotherapie in der psychosomatischen Medizin. Springer, Berlin Heidelberg New York Tokyo
Muthny F A, Koch U, Spaete M (1986) Psychosoziale Auswirkungen der Mastektomie und Bedarf an psychosozialer Versorgung – Eine empirische Untersuchung mit Mammakarzinompatientinnen. Psychother med Psychol 36: 240-249
Nell-Breuning O von (1984) Solidarität und Subsidiarität. In: Deutscher Caritasverband (Hrsg) Der Sozialstaat in der Krise? Lambertus, Freiburg
Neuhaus-Theil A (1980) Krisenhilfe in Selbsthilfegruppen. Med Welt 31(2): 57-59
Neumeyer M (1978) Psychosoziale Aspekte des Mammacarcinoms. Inaug.-Diss., Bereich Humanmedizin der Justus-Liebig-Universität Gießen
Nielsen : zit. nach Baltrusch E (1964)
Niemi T, Jääkseläinen (1978) Cancer morbidity depressive persons. J Psychosom Res 22: 117-124
Olsen D H, Sprenkle D H, Russel C S (1979) Circumplex models of marital and family systems. I. Cohesion and adaptability dimensions, family types and clinical applications. Family Process 18: 3-28
Parkes C M (1974) Vereinsamung. Psychologisch-soziologische Untersuchungen des Trauerverhaltens. Rowohlt, Reinbek
Pflanz M (1962) Sozialer Wandel und Krankheit. Enke, Stuttgart
Plath P, Hahn M (1986) Kehlkopflose. Schriftenreihe der Bundesarbeitsgemeinschaft Hilfe für Behinderte, Bd 205 Eigenverlag, Düsseldorf
Pühl H, Schmidbauer W (1986) Supervision und Psychoanalyse. Kösel, München
Rad M von, Sellschopp-Ruepell A (1987) Psychoanalytische Psychotherapie psychosomatisch Kranker im ambulanten Setting. In: Quint H, Janssen P L (Hrsg) Psychotherapie in der psychosomatischen Medizin. Springer, Berlin Heidelberg New York Tokyo
Reiter L (1983) Gestörte Paarbeziehungen. Vandenhoeck & Ruprecht, Göttingen
Richter H-E (1963) Elter, Kind und Neurose. Klett, Stuttgart
Richter H-E (1970) Patient Familie. Rowohlt, Reinbek
Richter H-E (1974) Lernziel Solidarität. Rowohlt, Reinbek
Richter H-E (1978) Ist Psychosomatische Medizin überhaupt zu verwirklichen? Psychosozial 1 (2):22-44
Richter H-E (1981a) Der Krebs als psychisches Problem. Med Welt 32: 177-184
Richter H-E (1981b) Sich der Krise stellen. Rowohlt, Reinbek

Riessman F (1986) The helper therapy principle. Social Work 10 (2): 27-32
Ritter K H J (1976) Psychologische Probleme in Familien von Heimdialysepatienten. Therapiewoche 26: 2593-2598
Rogentine G N, Kammen D P van, Fox B H, Docherty J P, Rosenblatt Y E, Boyd S G, Bunney W E jr (1979) Prospective factors in the prognosis of malignant melanoma: A prospective study. Psychosom Med 41 (8): 647-655
Roth J K (1984) Hilfe für Helfer: Balint-Gruppen. Piper, München
Rotkin I D (1955) Psychosexual factors and cervical cancer. Arch Gen Psychiatry 13: 552
Rüddel H (1980) Verhaltenstherapeutische Krisenintervension in der Betreuung von Tumorpatienten. In: Hautzinger M, Schulz W (Hrsg) Klinische Psychologie und Psychotherapie. Kongreßbericht. DGVT GwG, Berlin
Sandritter W, Beneke G (1974) Allgemeine Pathologie. Schattauer, Stuttgart
Schaeffer D (1984a) Zur historischen Entwicklung der Selbsthilfegruppen von Krebskranken in Berlin. In: Schaeffer D, Kriescher-Fauchs M (Hrsg) Krebs: Selbsthilfe? Institut für Soziale Medizin der Freien Universität, Berlin
Schaeffer D (1984b) Gesundheitsselbsthilfegruppen – Wunsch und Wirklichkeit. Entstehung, Entwicklung und Etablierung der Selbsthilfegruppen krebskranker Frauen. In: Schaeffer D, Kriescher-Fauchs M (Hrsg) Krebs: Selbsthilfe? Institut für Soziale Medizin der Freien Universität, Berlin
Schaeffer D (1985) Formen der Expertisierung in Selbsthilfegruppen. Mensch Medizin Gesellschaft 10: 39-44
Schaeffer D, Kriescher-Fauchs M (1984) (Hrsg) Krebs: Selbsthilfe? Institut für Soziale Medizin der Freien Universität, Berlin
Schafft S, (1981a) „Ich bin die Kontaktstelle, denn irgendwo müssen die Fäden zusammenlaufen". Ein Bericht über die Frauenselbsthilfe nach Krebs. In: Kickbusch I, Trojan A, (Hrsg) Gemeinsam sind wir stärker. Fischer, Frankfurt
Schafft S (1981b) Selbsthilfe und chronische Krankheit. Unterstützung und Belastung in einer Selbsthilfegruppe krebskranker Frauen. In: Badura B (Hrsg) Soziale Unterstützung und chronische Krankheit. Suhrkamp, Frankfurt
Schafft S (1987) Die Bewältigung von Krebserkrankungen in Familien und medizinischer Versorgung: Der „schwarze Peter" der Selbsthilfegruppen. In: Kaufmann F X (Hrsg) Staat – intermediäre Instanzen – Selbsthilfe Oldenbourg, München
Schauwecker C (1983) Selbsthilfegruppen für Menschen mit chronischen körperlichen Krankheiten. In: Studt H H (Hrsg) Psychosomatik in Forschung und Praxis. Urban & Schwarzenberg, München
Schettler G (1981) Die Aufklärung des Krebskranken. Kassenarzt 23: 2598-2607
Schmale A H, Morrow G R, Schmitt M H, Adler L M, Enelow A E, Murawski B J, Gates C (1983) Well-being of cancer survivors. Psychosom Med 45(2): 163-169
Schmidbauer W (1977) Die hilflosen Helfer. Rowohlt, Reinbek (2. Aufl 1980)
Schmidt U (1983) Die Frauenselbsthilfe nach Krebs. In: Jäger R, Bauer K (Hrsg) Psychologische Nachsorge von Krebskranken. Deutsches Institut für Internationale Pädagogische Forschung, Frankfurt
Schmidt-Thimme D (1985) Aus 15 wurden 100 000 – Ein Rückblick auf 25 Jahre Lebenshilfe. Zusammen 1:10-11
Schöttler C (1981) Zur Behandlungstechnik bei psychosomatisch schwer gestörten Patienten. Psyche 35: 111-141
Schulz K-H, Raedler A (1986) Tumorimmunologie und Psychoimmunologie als Grundlagen für die Psychoonkologie. Psychother med Psychol 36: 114-129
Schulz W (1965) Das Problem der Angst in der neueren Philosophie. In: Dithfurth H von (Hrsg) Aspekte der Angst. Starnberger Gespräche. Thieme, Stuttgart
Sellschopp A (1987) Probleme geheilter Patienten. Unver. Ms. München
Sellschopp A, Häberle H (1982) Selbsthilfe im Übergang zwischen Familie und Krankenhaussituation. In: Angermeyer M C, Freyberger H (Hrsg) Chronisch kranke Erwachsene in der Familie. Enke, Stuttgart
Selvini-Palazzoli M, Boscolo L, Prata G (1977) Paradoxon und Gegenparadoxon. Klett-Cotta, Stuttgart
Selye H (1956) Stress and disease. McGraw-Hill, New York

Shatan C F (1983) Militarisierte Trauer und Rachezeremoniell. IN: Pasett P, Modena E (Hrsg) Krieg und Frieden aus psychoanalytischer Sicht. Sternfeld/Roter Stern, Frankfurt
Shekelle R B, Raynor W J, Ostfeld A M et al. (1981) Psychological depression and 17-year risk of death from cancer. Psychosom Med 43(2): 117-125
Shekelle R B, Gale M, Ostfeld A M, Paul O (1983) Hostility, risk of coronary heart disease, and mortality, Psychosom Med 45(2): 109-114
Simonton O C, Matthews-Simonton S, Creighton J (1978) Getting well again. Tarcher, New York
Simonton O C, Simonton J C (1982) Wieder gesund werden. Rowohlt, Reinbek
Stierlin H, Wirsching M, Haas B, Hoffmann F, Schmidt G, Weber G, Wirsching B (1983) Familienmedizin mit Krebskranken. Familiendynamik 8(1): 48-68
Strotzka H (1972) Gesundheit für Millionen. Sozialpsychiatrie heute. Zsolasny, Wien
Strotzka H (1979) Professionalisierung im psychosozialen Bereich. Psychosozial 2:6-11
Stumpfe K-D (1974) Der psychogene Tod in der Kriegsgefangenschaft und Maßnahmen zu seiner Verhütung und Therapie. Wehrmed Wochenschr 18: 46-51
Stunder W (1987) Die Asymmetrie im Arzt-Patienten-Verhältnis bei der Visite. D Ärtzebl 84(15):30-32
Tausch A-M (1980) Personenzentrierte Hilfe für Krebspatienten. In: Hautzinger M, Schulz W (Hrsg) Klinische Psychologie und Psychotherapie. Kongreßbericht DGVT, GwG, Berlin
Teshima H et al. (1978) Stress and immune response. Third International Symposium on Psychobiologic, Psychophysiologic, Psychosomatic and Sociosomatic Aspects of Neoplastic Disease (Abstracts). Bohinj/ Jugoslawien
Thomas C B, Duszynski K R (1974) Closeness to parents and the family constellation in a prospective study of five disease states: Suicide, mental illness, malignant tumor, hypertension and wronary heart disease. J Hopkins Med 134: 251-270
Toman W (1974) Familienkonstellationen. Beck, München
Trojan A et al. (1986a) Die Ohnmacht ist nicht total. Persönliches und Politisches über die Selbsthilfegruppen und ihre Entstehung. In: Trojan A (Hrsg) Wissen ist Macht. Fischer, Frankfurt
Trojan A et al. (1986b) „Seitdem ich diese Gruppe habe, lebe ich richtig auf" Aktivitäten, Ziele und Erfolge von Selbsthilfegruppen. In: Trojan A (Hrsg) Wissen ist Macht. Fischer, Frankfurt
Trojan A et al. (1986c) Ist denn das noch Selbsthilfe? Erfahrungen und Empfehlungen zur Unterstützung von Selbsthilfegruppen. In: Trojan A (Hrsg) Wissen ist Macht. Fischer, Frankfurt
Trotnow S, Pauli H K (1973) Psychosomatische Forschung in der Gynäkologie: Cervix- und Corpuscarcinom. Proc. 2nd. Symp. Eur. Work. Group Psychosomat. Cancer Research
Trotnow S, Pauli K H (1976) Gibt es soziale Unterschiede zwischen Frauen mit bösartigen und Frauen mit gutartigen Brusttumoren? In: Abholz H H (Hrsg) Krankheit und soziale Lage. Campus, Frankfurt
Tsaltas M D (1976) Children of hemodialysis patients. JAMA 236 (24): 2764-2766
UICC (International Union Against Cancer) (1982) Klinische Onkologie. Springer, Berlin Heidelberg New York
Vaillant G E (1980) Werdegänge. Rowohlt, Reinbek
Verres R (1986) Krebs und Angst. Springer, Berlin Heidelberg New York Tokyo
Vester F, Henschel G (1977) Krebs – fehlgesteuertes Leben. Deutscher Taschenbuch Verlag, München
Vilmar F, Runge B (1986) Auf dem Weg zur Selbsthilfegesellschaft? Klartext, Essen
Voltz : zit. nach Baltrusch E (1964)
Walsh W H (1846) Nature and treatment of cancer. London
Watzlawick P (1969) Menschliche Kommunikation. Huber, Bern
Weiszäcker V von (1944) Körpergeschehen und Neurose. Hippkokrates, Stuttgart
Wenderlein J M (1981) Psychosomatik in der Gynäkologie und Geburtshilfe. Thieme, Stuttgart

Weschke B (1982) Selbsthilfegruppen. Institutionalisierungstendenzen und Auseinandersetzungen mit Professionellen. In: Keupp H, Rerrich D (Hrsg) Psychosoziale Praxis. Urban & Schwarzenberg, München

Willi J (1975) Die Zweierbeziehung. Rowohlt, Reinbek

Winkelvoss H et al. (1981) Zur Definition und Verbreitung von Gesundheitsselbsthilfegruppen. In: Kickbusch I, Trojan A (Hrsg) Gemeinsam sind wir stärker. Fischer, Frankfurt

Winicott D K (1973) Vom Spiel zur Kreativität. Klett, Stuttgart

Wirsching B, Wirsching M, Haas B, Weber G, Stierlin H (1982) Familiendynamik und Familientherapie bei Krebs. In: Angermeyer M C, Freyberger H (Hrsg) Chronisch kranke Erwachsene in der Familie. Enke, Stuttgart

Wirsching M (1979) Zur Psychosomatik des Brustkrebs – Stand der Forschung und neuere Entwicklungen. Z Psychosom Med 25: 240-250

Wirsching M, Stierlin H (1982) Krankheit und Familie. Klett-Cotta, Stuttgart

Wirsching M, Stierlin H, Haas B, Weber G, Wirsching B (1981a) Familientherapie bei Krebskranken. Familiendynamik 6: 2-23

Wirsching M, Stierlin H, Weber G, Wirsching B, Hoffmann F (1981b) Brustkrebs im Kontext – Ergebnisse einer Vorhersagestudie und Konsequenzen für die Therapie. Z Psychosom Med 27: 239-252

Wutke J (1980) Ziele und Probleme der Psychotherapieforschung. In: Wittling U (Hrsg) Handbuch der klinischen Psychologie, Bd 6. Hoffmann & Campe, Hamburg S 16-41

Wynder E L (1969) A study of epidemiology of cancer of the breast. Cancer 13: 559-570

Wynder E L (1969) Identification of woman at high risk for breast cancer. Cancer 24: 1235-1243

Wyss D (1986) Erkranktes Leben – Kranker Leib. Vandenhoeck & Ruprecht, Göttingen

Wynne L C (1977) Über Qual und schöpferische Leidenschaft im Banne des „double bind“ – eine Neuformulierung. Familiendynamik 2: 24-35

Ziegeler G (1982) Individuelle und familiale Bewältigungsstrategien am Beispiel von Herzinfarkt und Diabetes. In: Angermeyer M, Freyberger (Hrsg) Chronisch kranke Erwachsene in der Familie. Enke, Stuttgart

Ziegler G (1983) Psychosomatische Aspekte der Onkologie. Institut für Psychosomatische Forschung, Tübingen

Sachverzeichnis

edition ■ psychosozial

Horst-Eberhard Richter
Die Gruppe
Hoffnung auf einen neuen Weg, sich selbst und andere zu befreien

Psychoanalyse in Kooperation mit Gruppeninitiativen

Mit einem Nachwort des Autors sieben Jahre später und einem Vorwort von Hans-Jürgen Wirth 23 Jahre später

Unveränderte Neuauflage ‘95
380 Seiten, 36.-DM
ISBN 3-930096-37-4

Richters Ausführungen über die emanzipatorischen Chancen wie über den möglichen Mißbrauch gruppenpsychologischer Prozesse sind nach wie vor hochaktuell. Die Neuausgabe von Richters "Klassiker" in der "edition psychosozial" macht ein Buch wieder zugänglich, das Generationen von Sozialarbeitern, Lehrern, Psychologen, Sozialpsychiatern und sozial engagierten Bürgern begleitet hat und wohl auch in Zukunft eine wichtige Basislektüre sein wird.

Die Neuauflage folgender Werke von H.-E. Richter sind in Vorbereitung:

- *Engagierte Analysen*
- *Zur Psychologie des Friedens*
- *Lernziel Solidarität*
- *Sich der Krise stellen*
- *Alle redeten vom Frieden*

Psychosozial-Verlag • Dr. H.-J. Wirth
Friedrichstr. 35 • 35392 Gießen,
Tel: 0641/77819 • Fax: 0641/77742

www.ingramcontent.com/pod-product-compliance
Ingram Content Group UK Ltd.
Pitfield, Milton Keynes, MK11 3LW, UK
UKHW022029190726
13853UKWH00005B/2177

9 783930 096459